U0464327

研发支持信息

与我国高科技企业的融资能力

YANFA ZHICHI XINXI
YUWOGUO GAOKEJI QIYE DE
RONGZINENGLI

高洪利 ◎ 著

中国财经出版传媒集团

经济科学出版社
Economic Science Press

图书在版编目（CIP）数据

研发支持信息与我国高科技企业的融资能力／高洪
利著 . —北京：经济科学出版社，2021.7
ISBN 978 - 7 - 5218 - 2740 - 8

Ⅰ. ①研⋯　　Ⅱ. ①高⋯　　Ⅲ. ①知识产权保护 - 影响 -
高技术产业 - 企业融资 - 研究 - 中国　　Ⅳ. ①F279. 244. 4

中国版本图书馆 CIP 数据核字（2021）第 161964 号

责任编辑：张　蕾
责任校对：王京宁
责任印制：王世伟

研发支持信息与我国高科技企业的融资能力

高洪利　著

经济科学出版社出版、发行　新华书店经销

社址：北京市海淀区阜成路甲 28 号　邮编：100142

编辑工作室电话：010 - 88191375　发行部电话：010 - 88191522

网址：www. esp. com. cn

电子邮箱：esp@ esp. com. cn

天猫网店：经济科学出版社旗舰店

网址：http：// jjkxcbs. tmall. com

北京季蜂印刷有限公司印装

710 × 1000　16 开　13. 5 印张　230000 字

2021 年 9 月第 1 版　2021 年 9 月第 1 次印刷

ISBN 978 - 7 - 5218 - 2740 - 8　定价：89. 00 元

前　言

　　本书是在国家自然科学基金青年项目"技术距离、决策视野与高科技企业的自主创新——基于知识产权保护的视角"的资助和支持下，基于 2015 年南开大学博士论文《研发补贴信息、组织合法性与高科技企业融资能力——基于知识产权保护的视角》修改完善而成的。本书的研究工作是在南开大学商学院财务管理系李莉教授的指导下完成的，并且得到国家自然科学基金面上项目"知识产权保护、政治资源获取与高科技企业融资行为研究"以及 2013 年度南开大学"优秀博士学位论文培育基金"的支持。该博士论文获得 2019 年度天津（省部级）优秀博士论文称号，论文中的部分研究成果和重要发现发表于《经济研究》《南开管理评论》及 *Small Business Economics* 等国内外优秀期刊中。该博士论文聚焦于中国高科技企业的资源获取问题，并将中国知识产权保护的现实情境纳入课题的研究中，形成了较为丰富的理论成果和研究积淀，为相关领域的理论研究做出了重要的边际贡献，不仅有力地支撑了上述国家自然科学基金面上项目的研究，而且为国家自然科学基金青年项目"技术距离、决策视野与高科技企业的自主创新——基于知识产权保护的视角"的选题、论证和具体的研究工作提供了丰富的理论依据，并奠定了坚实的方法论基础。

　　本书主要探究了中国高科技企业自愿披露的获得政府研发支持的相关信息对企业融资能力的影响机理和实现路径，并全面考察了知识产权保护这一制度因素在其中的调节作用。本书通过对组织合法性理论进行情境化研究，首次在合法性理论框架下对政府研发支持信息的认证效应进行了深度剖析，为分析信息披露对企业融资能力的作用机理提供了一个全新的理论视角；同时本书综合运用了逻辑推演、数理分析和实证检验等多种研究方法，分析和检验了核心概念间的内在关系，为本领域的后续理论研究提供了丰富的方法论参考。本书的内容植根于中国的现实情境，不仅在理论上拓展和丰富了相关领域的研究，为高校教师和硕博士研究生等科研工作者提供了理论和方法参考，而且在实践中提出了解决我国高科技企业融资难融资贵的有效解决路径，为高科技企业合理制定投融资决策提供数据支持，也为政府优化相关政策制度、完善市场竞争环境以及引导高科技企业健康成长提供政策建议。

在本书成稿之际，首先感谢我的导师李莉教授，将我从一无所知的门外汉培养成为一名合格的博士，再到栽培成为一位不断努力进取、持续探求新知的高校教师，在我成长的过程中给予了无以复加的无私指导和悉心教诲，这一切都值得一生铭记。其次感谢在本书编写、出版过程中辛勤付出的天津财经大学硕士研究生王蓓同学，本书的顺利出版与王蓓同学认真扎实的工作是分不开的。

衷心地感谢国家自然基金委的各位领导，感谢南开大学对我的培养，感谢天津财经大学及会计学院各位领导、老师对我的帮助。最后，还要感谢经济科学出版社，感谢你们对本书出版的大力支持。

高洪利
2021 年 6 月

目 录
Contents

| 第一章 |
绪　　论

　　高科技企业与市场间存在着严重的信息不对称，长期面临着融资约束。特别是在我国知识产权保护尚需完善的情境中，高科技企业的投资价值难以获得投资者的认知和认可，使得融资约束问题表现得更为突出。如何提升高科技企业的融资能力是学术界和实务界关注的热点问题。已有研究表明，企业披露自身获得政府支持的相关信息可能会产生认证效应，从而帮助企业获得投资者资金支持。但已有研究并未对这些信息进行情境化分析，也未对这类信息影响企业融资能力的内在机理进行理论化探讨，相关研究成果较少且深入程度不足。据此，本书拟立足中国当前特殊的制度情境，以上市高科技企业和部分新三板挂牌的高科技企业为数据样本，探讨中国高科技企业披露政府研发支持的相关信息对其融资能力的影响，并考察知识产权保护这一宏观制度变量在其中的重要作用。

　　作为本书的起点，本章在阐述选题背景的基础上，提出旨在探索的研究问题并对相关概念进行界定，此后，进一步介绍研究内容、研究方法以及研究意义，并对本书可能的研究特色与创新之处进行说明。

第一节　研究背景与意义

　　高科技企业的融资约束问题广泛存在于主要的资本市场中，学者普遍认为企业与市场存在的信息不对称是造成企业融资困难的主要原因，因此，对该问题进行理论解释或提供解决方案时大部分研究成果也延续此思路，探讨企业披露信息或传递信号以缓解双方的信息不对称，进而获得融资支持。

　　融资约束问题同样困扰着中国高科技企业，而且这些企业的融资困境在中国这样的新兴经济体中表现得尤其严重也更为复杂。在中国当前特殊的制度环境中，知识产权保护水平仍需提高的情境因素不仅可能导致企业的信息披露不足，信息不对称程度较高，更重要的是可能导致研发项目及其成果的价值不确定性大幅增加，很多投资者对企业投资价值缺乏足够的认知和认可。因此，在研究中国高科技企业融资能力时，不仅需要解决信息不对称问题，更重要的是解决信任问题，如何提升投资者对企业研发能力与投资价值的认可水平才是解决中国情境中高科技企业融资困难的关键，这也是本书重点关注的问题。本节拟对本书研究的实践背景和理论背景进行阐述，在此基础上提出研究问题。

一、实践背景

近年来，我国高科技企业的发展取得了举世瞩目的成就，在我国产业转型升级和经济健康发展中扮演着重要角色。根据《中国高技术产业统计年鉴（2014）》的统计，我国高科技企业经历了多年的快速成长和发展，截至 2013 年底，经认定的高科技企业共计 54683 家，其中大中型企业共计 7809 家，占全部企业比例 14.3%，小微型高科技企业占全部企业比例 85.7%，显示出其强大的成长潜力。据统计，高科技企业在 2013 年末从业人数达 1810 万人，研发投入持续增长至 2034 亿元，实现工业总产值高达 175106 亿元，实现上缴税费达 9277 亿元，出口创汇达到 4916 亿美元，现已成为中国实现经济持续增长的重要力量。

在我国高科技企业取得辉煌成绩的同时，融资约束问题也一直困扰着这些企业，成为阻碍其进一步发展的主要瓶颈。我国高科技企业资金需求量相对较大，而目前很多企业仍以自有资金或资金成本较高的风险投资基金为其主要资金来源（刘降斌、李艳梅，2008；Czarnitzki and Hottenrott，2011），无论是银行贷款还是直接股权融资，都存在着不小的障碍。据统计，截至 2013 年底，我国上市高科技企业共计 553 家，仅占总量的 1% 左右[①]，近 5 年只有约半数上市高科技企业获得了股权融资的增长，而仅有约 43% 的企业新获得了银行短期贷款，新增长期贷款的企业占比平均约 11%，特别是在 2012 年该比例仅为 9.8%[②]。非

---

① 上市高科技企业指在沪深两市主板、中小板和创业板上市的高技术产业内的企业，共计 553 家。据最新公布的《中国高技术产业统计年鉴》（2014 年）显示，仅截至 2013 年我国高科技企业共计 54683 家。

② 考虑到 2008 年全球金融危机对我国经济环境及企业经营战略和融资策略造成的巨大冲击，作者重点考察 2009～2013 年数据窗口期内的上市高科技企业新增银行贷款情况。

上市高科技企业则面临更为艰难的境况，以新三板部分挂牌高科技企业①为例，近 5 年新增银行长期贷款的企业占比平均只有约 2.6%，2010 年该比例仅为 0.5%。

高科技企业面临的融资约束不仅局限在中国，也广泛存在于其他主要的资本市场中。学者普遍认为高科技企业通常具有较高的技术壁垒，普通投资者对其盈利前景和风险水平缺乏足够的认知，造成了严重的信息不对称（Guiso，1998；Guo et al，2005）。而由于研发相关信息很多都属于自愿披露的范畴，高科技企业并没有足够的动机向普通投资者披露详细的研发信息，从而加剧了双方的信息不对称（Anton and Yao，2002；赵武阳、陈超，2011；Ang，et al，2014）。同时，研发项目通常存在较高的风险，其盈利前景无法在财务报告等反映企业过去生产经营成果的材料中充分展现（崔也光和赵迎，2013；向显湖和刘天，2014），普通投资者难以根据这些传统财务信息准确评估高科技企业正在进行的研发项目，导致其投资价值被严重低估（Chan，2001；Czarnitzki and Hottenrott，2011）。特别对于银行来说，固定资产抵押是其提供贷款的常见形式，而作为轻资产企业的典型代表，高科技企业缺乏可抵押的实物资产，这更加剧了其融资难的困境。

高科技企业的融资约束问题在中国知识产权保护相对不足且地区存在差异的现实情境中表现得较为严重。当知识产权保护力度不足时，企业信息披露的成本和风险增加，为避免竞争者掌握企业核心信息以削弱其竞争力，很多高科技企业更倾向于将大量能够创造超额收益的无形资产隐藏在企业内部（张健华、王鹏，2012），而以描述性方式披露研发信息或对相关信息进行模糊化处理（赵武阳、陈超，2011；Athanasakou and Hussainey，2014）。不仅如此，较低的知识产权保护水平同时也大幅增加了很多研发项目及成果的价值不确定性（Weiss，et al，2013）。同时考虑到我国当前信用体系仍在建设完善的特殊情况，投资者仅依靠片面披露的信息（Ang，et al，2014）或是传统会计信息无法对企业价值进行准确的估值（向显湖、刘天，2014），从而造

---

① 新三板是由证监会和科技部发起，经国务院批准设立的全国性中小企业股份转让系统，旨在为非上市高科技企业的股权交易提供服务。同样为避免 2008 年金融危机的影响并保证统计的信度与效度，作者选取 2009～2013 年进入新三板且年报披露不少于两年的高科技企业进行统计分析，共计 192 家企业。

成高科技企业的研发能力与投资价值难以获得投资者的信任和认可（Chan，2001），企业融资能力始终无法得到提升的尴尬困境。

为了促进高新技术产业的发展，弥补融资约束对高科技企业造成的效率损失，我国政府积极开展相关工作，制定和实施了一系列支持政策。目前，已初步形成了以战略规划为指导、以法律法规为保障及以人才政策、技术政策和资金支持政策为具体支持手段的高新技术产业政策支持体系，为高科技企业的研发创新和健康发展提供了有力保障。在现有政策支持体系中，以政府研发补贴为代表的资金支持政策作为国家推动产业发展最有力和最直接的手段之一，一直是支持工作的重点。这些补贴通常是对具有突出研发能力的高科技企业以及具有较高潜在价值的研发项目提供研发资金支持，这在很大程度上提升了企业的研发能力和研发成功率，极大地推动了企业的创新活动，在促进高科技企业研发投资和技术创新方面具有重要的战略意义。

当然，各国政府也都十分重视高科技企业对技术创新与经济发展的重要作用，制定了相应的产业政策为高科技企业提供强有力的支持，极大地促进了企业的成长与发展。这些政府支持行为在为相关企业提供研发资助之外，还可能对投资者的投资决策产生影响。企业获得政府的研发支持，不仅意味着获得资金的支持，更意味着获得了政府对其研发能力及项目价值的认可。投资者因为信任政府的选择而改善对企业投资价值的认知，从而给予企业更多资源支持。也就是说，企业获得政府支持的相关信息具有认证效应[①]，有利于提升投资者对获得支持企业的认可度。

综上所述，高科技企业的融资约束问题普遍存在，而在中国知识产权保护力度仍需加强的情境中更加突出和复杂，其中企业的投资价值缺少市场的信任和认可是问题的关键所在。在部分发达国家中，政府在对企业的支持过程中也兼具了一定的筛选优质企业的功能，产生了认证效应，有利于提高企业的市场认可度。目前关于政府支持行为的相关信息对企业投融资的影响研究在中国情境中尚未完全展开，研究成果相对较少，这构成了本书创新活动

[①] "认证效应"引申自认证一词。认证是指具有资格的认证机构对企业的产品、管理及服务等相关内容进行评定，并提供符合规范的证明。在管理中，认证效应被用来说明社会公众接受和信任的第三方组织对企业的评价或选择具有可信度（Deephouse，1996；Sine，et al，2007；Meuleman and Maeseneire，2012）。

的现实情境，这类研究对于提高我国高科技企业市场认可度，缓解融资约束具有重要的现实意义。

二、理论背景

高科技企业普遍面临着融资约束的困境，如何提升企业的融资能力是国内外学者关注的焦点问题。已有研究认为由于高科技企业具有技术壁垒高、研发风险大、成果专用性强及资金需求量大等特点（Guiso，1998；刘降斌、李艳梅，2008），与市场存在严重的信息不对称，逆向选择与道德风险问题突出，从而导致企业融资困难。更为重要的是，作为衡量企业核心能力与发展潜力的重要参考变量，研发信息的缺失很大程度上影响着投资者对企业投资价值的评估及对企业的认可度，进而抑制了市场的投资兴趣。

现有研究对高科技企业的融资约束问题进行了较为深入的分析，并提出了相应的解决方案，归纳起来主要有三种研究思路。一是基于自愿信息披露的研究范式，探讨企业如何加强研发信息的披露，直接缓解市场的信息不对称程度（Han and Manry，2004；Xu，2006；陈修德等，2011；汪海粟、方中秀，2012；姚靠华等，2013），帮助企业获得投资者的支持。二是基于信息经济学的研究范式，探讨企业通过传递信号来间接反映企业的研发能力（Luo and Brick，2002；Hassan，et al，2009；Häussler，2009；Lei and Liu，2010；高艳慧等，2012；Francis，2012），在一定程度上缓解信息不对称。但很多研究对高科技企业传递的信号能否有效降低信息不对称持怀疑态度，他们认为企业基于信息披露成本和披露风险的考虑，可能会对研发等信息进行选择性披露或模糊化处理，无法有效降低信息不对称程度（Chan，2001；Ang，et al 2014），甚至可能会使投资者对企业投资价值的评估产生更大误差（Ciftci，2010）。目前这两类研究尚无法得到明确的结论，而且随着制度情境因素与企业特有属性逐步被列入研究范畴，基于信息不对称等经典理论的解释力也面临着挑战。

还有部分学者尝试从其他视角探讨高科技企业披露研发信息对其融资能力的影响，形成第三种研究思路。这一类研究从信息特征入手，认为研发信息是投资者即使支付大量识别成本或时间成本也无法充分了解和验证的一类特殊信息（Comyns et al，2013），通常难以获得外部投资者的信任和认可。而一些企业可以通过获得政府等权威机构支持的方式，利用认证效应提高投资者对企业的认知和认可水平来提升其融资能力。比如企业披露其获得政府支持的信息就具有认证效应，有利于企业获得风险投资公司的支持（Lerner，1999），参与战略联盟或政府的其他科研项目（Feldman and Kelley，2006）以及获得银行的长期贷款（Meuleman and Maeseneire，2012）等。目前这一类研究还只是停留在利用认证效应来解释企业获得政府支持的信息对缓解其融资约束的影响上，尚未形成完整的理论分析框架，也未从理论高度对其内在机理进行情境化探讨。

从目前的研究来看，多数学者基于信息不对称等经典理论来探讨两者间的关系。但这类研究忽略了一个基本前提，即企业总是会详细披露政府研发支持等研发信息，而一旦披露，投资者也总是能够接收、认可并有足够的能力来理解和运用这些信息进行价值判断，从而做出准确的投资决策。本书认为研发支持信息具有信任类信息的典型特征，在中国当前的特殊情境中，这类信息可能同样会产生"认证效应"，从而影响高科技企业的融资能力。基于信息不对称等经典理论的分析思路对此缺乏足够的解释力，而第三种研究思路也尚未形成一套完整的理论分析框架对这一内在影响机理展开深入剖析。

事实上，认证效应是组织合法性理论框架内的一个重要概念，现有关于认证效应的研究可以采用组织合法性理论进行解释。在管理学领域中，组织合法性理论通常被用来分析企业在不同制度环境中的生存与发展问题。从组织合法性理论来看，当企业与社会大众既有的认知体系相契合时，可以获得较为准确的认知和评价，企业因此获取到组织合法性。而组织合法性作为一种重要的先行资源（Zimmerman and Zeitz，2002），是企业顺利获取其他市场资源的重要前提。在组织合法性理论框架中，获取认证是企业较为常用的一种低成本高效率的获取组织合法性的手段，当社会普遍认可的机构为企业提供认证时，该行为即表现出一定的认证效应。有研究表明部分市场参与者可能为企业提供认证，这些参与者可以是商业合作者，如审计师（Godfrey and Hamilton，2005）或承销商（Higgins and Gulati，2003）等；可以是外部投资者，如风险投资（Wang et al，2003）或银行（Bharath et al，2007）等；也可以是市场评价者，如媒体（Petkova，et al，2013）、分析师（Botosan，2005）、认证中介机构（杨如彦、李自然，2004；杜运周等，2008）及信用评级机构（Bannier and Hirsch，2010）等。另外，政府也可以为企业提供认证，其对企业的支持行为也被发现具有认证效应（Lerner，1999；Feldman and Kelley，2006；Meuleman and Maeseneire，2012；Cho and Lee，2013）。

另外，在中国这样的转型经济体中，高科技企业的融资约束问题表现得更为突出和复杂，而知识产权保护水平在其中扮演着重要角色。学者普遍认为知识产权保护可能通过三条路径影响企业融资能力，首先当知识产权保护较差时，知识产权的外部性问题严重（Nelson，1959；Arrow，1962），大幅增加了企业知识产权等核心资产的价值不确定性（Guo et al，2005），抑制了企业融资能力的提升。其次，知识产权保护较差时，企业受到披露成本与风险的制约，更倾向于将核心信息或知识隐藏在内部，造成其市场价值被严重低估，从而使企业陷入融资约束困境。另外，在知识产权保护较差的环境中，企业内部人员可能会掠取知识产权获得私利（Anton and Yao，2002），造成知识产权保护的代理问题，从而抑制市场的投资兴趣。

综上所述，关于研发信息披露与高科技企业融资能力两者间关系的探讨日益成为学术界关注的热点。目前，该领域的研究主要基于信息不对称等经典理论展开，并形成了一定的研究成果。然而，考虑到不同制度情境的影响，两者间的内在逻辑关系并不清晰，研究结论也存在明显分歧。特别是"认证效应"等现象的出现，更直接挑战了经典理论的解释力。组织合法性理论为这一研究困境提供了新的分析思路，其是否能够解释中国情境下研发支持信息与高科技企业融资能力的内在作用机理还有待本书深入考察。

三、研究问题

如上文所述，高科技企业普遍面临着融资约束问题，其主要的解决方案就是通过披露研发等核心信息以缓解与市场的信息不对称，然而在知识产权保护相对不足的情境中，这一方案的可行性和具体实施效果还存在着不小的争议，目前尚未形成明确的结论。

根据现有信息披露规范，企业的研发相关信息并不在强制披露范畴之内，目前尚没有统一的披露规范，因此被"管理"的可能性较大且"噪声"较多（娄贺统、徐浩萍，2009；赵武阳、陈超，2011）。而笔者在查阅和整理上市高科技企业 2009～2013 年的企业年报时也发现，企业关于研发投资的披露质量确实存在较大差异。学者普遍认为知识产权保护薄弱使得高科技企业披露研发项目的详细信息可能被竞争者盗取从而削弱其核心竞争力，进而造成披露成本的大幅增加（Bloch and Markowitz，1996）；而当企业选择较少披露研发信息时，又会加剧双方信息不对称，导致其融资成本的大幅增加（Anton and Yao，2002；Ang，et al，2014）。因此在知识产权保护水平较低时，高科技企业通常会权衡信息披露成本和融资成本，倾向于以描述性方式披露研发信息或对相关信息进行模糊化处理（Athanasakou and Hussainey，2014）。

特别值得一提的是，笔者在查阅和整理企业年报时发现，很多高科技企业在披露研发信息时，都较为详细地披露了获得政府研发支持的项目信息。这不禁引起疑问，在中国知识产权保护还需加强的情境中，企业并没有动机主动披露研发的详细信息，那为什么愿意披露获得政府研发支持的相关研发项目信息？这与上文提到的政府研发支持所产生的认证效应是否有关联？中国情境中的政府研发支持信息是否同样具有认证效应，对高科技企业的融资能力产生积极影响？如果有影响，那么其内在机理是什么？另外，中国的知识产权保护水平是影响企业投资价值和融资能力的一项不可忽视的因素，这一外部制度因素是否在这一影响过程中起着重要作用？

这些问题对于我国高科技企业的生存和发展至关重要，但目前该领域的研究成果相对较少，仍然存在较大的创新空间。

四、研究意义

本书结合理论文献与中国现实情境提出研究问题，构建基于组织合法性的理论模型，并通过数理推导和实证分析方法对研究内容进行检验，研究具有重要的理论意义和现实意义。

（一）本书的理论意义

第一，本书从知识产权保护的视角出发，结合组织合法性理论与中国现实情境，构建了知识产权保护调节下的政府研发支持信息影响高科技企业融资能力的理论分析框架，并对其内在作用机理与实现路径进行了深入探讨。

本书探讨了中国情境下，企业通过披露获得政府研发支持这一非企业核心信息来提升其融资能力的现实可行路径，并基于组织合法性理论对其影响机理进行深入分析。本书的研究将管理学领域中的组织合法性理论引入到高科技企业融资问题的财务分析框架中，并将该理论与中国现实情境相结合，有助于丰富组织合法性理论的内涵与应用范畴，拓展该理论在更多情境中的适用性。

第二，本书验证了研发支持信息具有认证效应，有助于企业获取组织合法性，提升其融资能力。

知识产权保护薄弱会使得企业倾向于将研发及其成果等核心信息隐藏在企业内部，加剧与市场的信息不对称问题，同时也导致了企业无形资产的价值不确定性较高，价值评估不准确。企业依靠片面信息无法获得投资者对企业的研发能力与投资价值的信任和认可。本书提出并验证了企业可以披露政府研发支持信息这一非核心信息来获取投资者认可进而提升融资能力的解决方案。在当前我国信用体系尚需进一步完善的情境下，本书的研究结论为高科技企业更好地获取市场资源提供新思路，为市场优化投资决策提供数据支持，为政府构建和完善社会信用体系提供理论依据和实践参考。

第三，本书基于数理推导与实证分析等方法对已构建的理论模型进行检验，提高了研究结论的信度与效度。

本书在数理推导方面，基于组织合法性理论和信号传递理论，将不完全信息动态博弈方法与新古典经济学分析方法相结合，构建了符合中国情境的博弈模型。该博弈模型也可以在其他制度情境下进行拓展，具有一定的应用价值和解释能力，能够为相关的理论和实证研究提供参考依据。

本书在实证分析方面，将主板、中小板和创业板的上市高科技企业与部分新三板挂牌的高科技企业作为研究样本，采用非平衡面板数据实证分析政府研发支持信息对高科技企业融资能力的影响，以及知识产权保护这一宏观变量在其中所起的作用。本书同时设计了稳健性检验方法，对实证结果可能存在的其他解释路径以及内生性问题进行检验，提高了实证结果的信度与效度。

本书的数理推导和实证分析方法与理论模型有较强匹配度，能够很好地对理论模型进行检验，提高了研究结论的可靠性，研究方法可为后续研究提供参考。

（二）本书的实践意义

第一，本书通过研究政府研发支持信息影响高科技企业融资能力的内在机理，探讨轻资产类企业融资难问题的潜在解决路径。

高科技企业作为轻资产企业的典型代表（李莉等，2015），更可能面临着融资约束问题。本书基于组织合法性理论和中国现实情境，研究了企业披露政府研发支持信息影响融资能力的现实可行性，并对这一影响的内在作用机理进行了理论化探讨。本书的研究可以有效地缓解中国情境中高科技企业投资价值的市场认可程度不高等问题，并最终为提升其融资能力提供新的解决方案。

第二，本书基于上市高科技企业及新三板挂牌的高科技企业的数据样本，实证验证政府研发支持信息对高科技企业的融资能力普遍存在着积极影响。

中国高科技企业普遍面临着融资约束问题，登陆主板、中小板和创业板并获得直接融资机会的上市高科技企业仅占全部企业的1%左右，绝大部分高科技企业尚未获得上市机会，已有研究表明这些企业面临着更为严重的融资困境。因此，本书将新三板挂牌高科技企业也纳入考察范围，以提高本书研究结论的稳健性。这为我国高科技企业通过披露研发支持信息提升融资能力的解决方案提供更全面的样本支持，同时也为我国政府建立社会信用体系，评估其政策影响力提供更广泛的参考依据。

第三，本书考察并验证了知识产权保护这一宏观制度变量在政府研发支持信息影响高科技企业融资能力过程中的重要作用。

保护知识产权是维护市场秩序、保障技术进步和创新的重要条件（樊纲等，2010），也是高科技企业这类轻资产企业生存、发展和盈利过程中重要的影响因素。本书的研究验证了中国情境中，知识产权保护在研发支持信息影响高科技企业融资能力中的调节作用。这一结论突出了知识产权保护水平在高科技企业融资中的重要影响，为高科技企业关注知识产权，提高知识产权保护意识提供数据支持；推动政府加强知识产权保护执法力度，同时在制定和实施针对高科技企业的相关政策时充分考虑当地的现实情境，特别是知识产权保护水平的影响。

第二节　研究内容与方法

一、核心概念界定

本书拟对研究中涉及的相关核心概念进行简要梳理，并在本书的理解基础上做出概念界定，以此廓清研究范畴，明确研究主题。

（一）研发支持信息

高科技企业发展中面临着人才、技术和资本等诸多瓶颈，我国政府为了促进高科技企业的健康发展，自改革开放以来制定和实施了一系列支持政策，目前已初步形成了以战略规划为指导、以法律法规为保障及以人才政策、技术政策和资金支持政策为具体支持手段的针对高技术产业的政策支持体系。在高科技企业的支持政策中，资金支持政策作为国家支持高新技术产业发展最有力和最直接的政策手段之一，一直以来是工作的重点，其主要由税收优惠政策、金融扶持政策和直接的专项研发支持等构成。税收优惠政策和金融支持政策主要以国家认定的高科技企业为支持对象，提供税收减免、税收扣除和进出口退税等税收优惠，以及建立企业投融资平台等金融支持。

政府为实现国家科技创新战略，鼓励高科技企业的研发创新，同时弥补资本市场对企业研发支持的不足，设立了专项研发基金对具有突出研发能力的高科技企业以及具有较高潜在价值的研发项目提供直接支持。这些专项资金对于支持高科技企业持续展开高风险高投入的研发活动具有重要的推动作用，对企业的成长与核心竞争力的提升具有重要价值。

政府研发支持主要可分为两种类型，第一类是政府择优筛选有巨大商业潜力和示范作用的高科技企业提供资金支持，如《科技型中小企业创新基金》对实施技术创新的优秀高科技企业进行资助，以及《中小企业服务体系专项补助资金使用管理办法》对有商业潜力的高科技企业提供研发支持等。此外，国家对重点发展的科技前沿性产业也制定了相关的支持政策，如《集成电路产业研发专项资金管理暂行办法》及《电子信息产业发展基金》等。第二类是政府对有较高潜在商业价值或社会价值的研发项目进行资助，包括选择有较强研发能力的企业参与政府设定的创新研发项目，如国家"火炬计划"项目等一系列科技攻关计划等。

以往关于政府研发支持的相关研究涉及的概念外沿较广，通常包含税收优惠和政府补贴等几乎全部的补贴项目，在计量上通常以资产负债表中专项应付款或者补贴收入作为政府研发支持的代理变量（唐清泉等，2008；高艳慧等，2012），这些补贴和应付款项中既包含所有研发项目，也包含增值税返还等内容，上市高科技企业几乎都满足这些补贴标准（安同良等，2009），因此难以准确揭示企业的研发能力，获得补贴和享受退税并不代表企业研发项目就是优质的项目，也不代表这些企业都具有较强的技术实力，这种度量上过于粗糙，难以揭示这些深层次的问题，不适用于本书的研究。

基于以上分析，本书将政府研发支持界定为企业获得政府专项研发基金的直接支持，这些研发支持是政府择优筛选关系国计国生或有重大示范作用的高科技企业以及有较高潜在商业价值或社会价值的研发项目所进行的资助行为。企业选择披露获得研发支持的信息即为研发支持信息，现行会计准则要求企业在财务报告附注的政府补助科目中披露获得政府补贴的种类及金额等，但更多关于政府对研发项目进行支持的详细信息属于自愿信息披露范畴，并没有统一的披露标准，目前主要通过董事会报告及财务报表附注等进行披露。

（二）组织合法性

合法性（legitimacy）原指合乎法律，最初应用于政治学领域的国家理论与民主理论中，用以表明社会受众对社会规则的遵守程度与组织存在性的认同程度。韦伯（Weber，1958）在研究官僚组织时发现，官僚式管理结构有助于提升组织效率，从而逐渐制度化形成社会普遍接受和服从的共同信念，而组织合法性则反映了一个组织的管理体系与这一既有制度化信念的匹配程度。帕森斯（Parsons，1960）从社会规范的权威性出发，认为组织合法性是组织行为是否符合社会特定信念、规范和价值观的一种评价。之后梅耶和罗万（Meyer and Rowan，1977）引入社会认知因素，强调组织结构和形式都是社会理性化制度的反映，组织只有符合大众认可的社会观念和制度规范时，才可以获取组织合法性，进而获得其他资源。苏克曼（Suchman，1995）在整合认知与评价因素的基础上，将组织合法性界定为社会受众一般性的感知或假定，即在一个被广泛接受的制度规范、价值观念与评价标准的社会系统中，组织或企业的行为被认为是适当、正确和合意的。此后，学术界对组织合法性的理解趋于一致，普遍接受苏克曼的定义。随着对组织合法性内涵的深入探讨，越来越多的学者认识到组织合法性是一类重要的先行资源，不仅直接决定着企业的存续，而且可以帮助企业获取社会受众提供的其他重要资源，即组织合法性是企业获取其他资源的内在动因，而这些资源的取得是企业获得组织合法性的外在表现（Zimmerman and Zeitz，2002）。

国内学者针对组织合法性的讨论起步较晚，对组织合法性概念的探讨主要来源于周雪光（2003）的研究成果。他从制度视角讨论组织合法性的形成过程，认为组织是一个制度化的组织，当社会制度规范、文化观念或是特定的组织形式被广泛接受和认可时，这种特定情境就成为人们判断组织行为的标准，组织通过迎合这种既有观念来获取人们的认可，也就是获取到组织合法性。

考虑到苏克曼（1995）对组织合法性概念的界定被广泛认同，本书在参照苏克曼（1995）的研究成果和本书研究主题的基础上，认为组织合法性是指在一个价值信念、行为准则和规范标准等得到普遍接受的特定制度情境中，组织的结构特征及其行为被认知和认可的程度。在本书的研究中，获取组织合法性是企业获取其他资源的内在动因和先行资源，企业融资能力的提升是企业获取到组织合法性的外在表现。

（三）高科技企业

国际上并没有形成统一的高科技企业界定标准，目前主要有两类界定方法，一类是按生产要素投入进行界定，如美国等国家采用研发强度和科技人员占总劳动力比重两个指标来判断高科技企业。我国在1991年颁布的《国家高新技术企业认定办法》中也对高科技企业的判定指标如研发投资比例、科研人员比例等做出了明确的规定。另一类高科技企业界定方法是通过产业分类，如经济合作与发展组织（OECD）将涉足如航空航天、电子通信等九大行业的企业列为高科技企业，并时时更新企业名录；我国历年发布的《高技术产业统计年鉴》也采用这一认定方法，将投资于高技术产业中的企业界定为高科技企业展开统计工作。

本书基于数据的可获取性以及权威性的考虑，参考我国《高技术产业统计年鉴》对高新技术产业的界定范围，将涉足医药制造、航空航天器及设备制造、电子及通信设备制造、计算机及办公设备制造、医疗仪器设备及仪器仪表制造和信息化学品制造等六大类制造业行业以及包括信息服务、电子商务服务、检验检测服务、专业技术服务业中的高技术服务、研发设计服务、科技成果转化服务、知识产权及相关法律服务、环境监测及治理服务和其他高技术服务等九大类服务业行业的企业界定为高科技企业。

二、研究内容与框架

我国当前处于经济发展的特殊时期，制度环境与发达资本市场存在着较为显著的差异，高科技企业的融资约束问题表现得更为复杂。因此，在中国当前的现实情境中提升高科技企业的融资能力不仅仅需要解决双方的信息不对称问题，更重要的是提高投资者对企业质量与投资价值的认知和认可水平。

本书尝试从知识产权保护这一宏观制度视角出发，考察研发信息披露与高科技企业融资能力间的关系，并创新性地引入组织合法性理论对其内在作用机理进行深入剖析，分析政府研发支持信息影响融资能力的具体实现路径。同时，本书考察我国知识产权保护水平在研发支持信息影响高科技企业融资能力这一过程中的调节作用。

本书共分七章，各章的逻辑关系及拟解决的关键问题如图1-1所示。

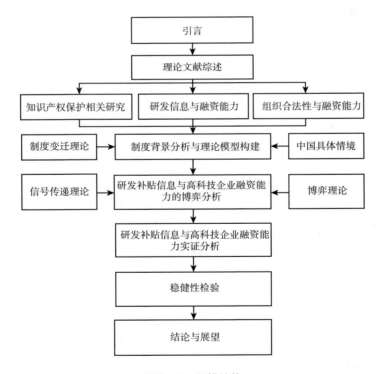

图1-1 逻辑结构

资料来源：作者整理。

第一章，绪论。本章在阐述研究背景的基础上提出旨在探索的研究问题并对相关概念进行界定，此后进一步介绍研究内容、研究方法以及创新之处，并对全书的逻辑结构和框架体系进行概述。

第二章，理论文献回顾。研究内容涉及知识产权保护、研发支持信息、组织合法性以及认证效应等多个核心概念，本书首先对知识产权保护的内涵及其对企业决策影响等方面展开文献梳理工作。其次，企业的政府研发支持信息属于自愿信息披露的范畴，本章从自愿信息披露入手，并重点考察研发支持信息影响企业融资能力的相关研究。组织合法性是本书研究的理论依托，也是政府研发支持信息影响企业融资能力的重要理论基础，因此本章随后对知识产权保护、研发支持信息与组织合法性等核心概念的内涵及其与高科技企业融资能力的相关关系研究进行系统性梳理，旨在明确政府研发支持信息影响我国高科技企业融资能力的理论基点。在此基础上，本章最后对这三部分内容的相关研究成果进行总结和评述，阐明现有研究的不足及未来研究的方向，为后文理论与实证的研究提供知识基础和创新空间。

第三章，制度背景分析与理论模型构建。本章首先对知识产权保护制度和信息披露制度等中国当前制度环境进行了回顾，并系统梳理了政府对高科技企业的相关支持政策，同时本章考察了我国高科技企业的特征以及发展历程，并对高科技企业的融资约束问题及其成因进行了深入分析。在此基础上，本章基于组织合法性理论对政府研发支持信息影响高科技企业融资能力的内在机理与影响路径进行了深入分析，并探讨了知识产权保护水平在其中的调节作用，进而构建出本书所依托的理论模型。

第四章，研发支持信息与高科技企业融资能力的博弈分析。本章拟引入信号传递理论，结合新古典经济学的研究范式，建立符合中国情境的不完全信息动态博弈模型，以此验证上文建立的理论模型，旨在证明政府的研发支持信息可以作为一类具有认证效应的信号，帮助高科技企业提升其组织合法性水平，缓解企业的融资约束问题。

第五章，研发支持信息与高科技企业融资能力的实证分析。本章首先从组织合法性理论出发，结合已有研究成果，在本书的理论分析框架下通过逻辑推演构建研究假设；其次阐明实证研究所涉及的变量设定、样本选择和研究方法等内容；最后在此基础上展开实证分析，通过对实证结果的解释和讨论检验理论假设。

第六章，实证结果的稳健性检验。本章就实证结果中可能存在的质疑，通过设计稳健性检验方法考察其他解释路径、检验内生性问题以及代理变量选择问题，以提高实证研究的信度与效度。

第七章，结论与展望。本章归纳出主要研究结论，并指出本书存在的不足和有待进一步改进的方向。

三、研究方法与技术路线

本书将规范研究与实证研究相结合：规范研究中主要使用了文献梳理、理论推演和数理推导等研究方法，实证研究中使用了描述性统计、分组逻辑回归和多元调节回归分析以及条件最大似然估计的离散回归检验等研究方法。如图 1-2 的技术路线所示，本书首先提出研究问题并基于文献梳理和中国情

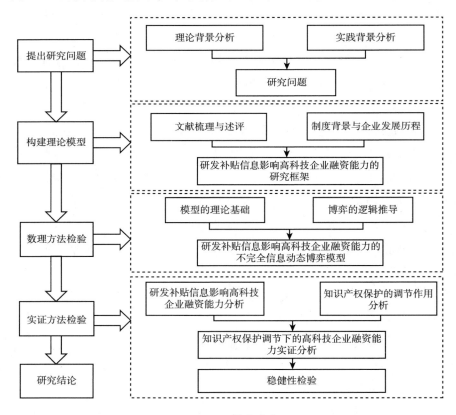

图 1-2　技术路线

资料来源：作者整理。

境构建理论模型，此后综合运用数理方法和实证分析对理论模型进行检验，最终得出较为稳健的研究结论。

本书第一章旨在通过理论与实践背景的分析提出所要解决的研究问题，并对相关核心概念进行界定，最后阐明本书的研究意见和创新之处。

第二、三、四章为理论研究部分。第二章使用规范研究方法对知识产权保护、研发支持信息及组织合法性等相关研究进行梳理，回顾相关理论的发展历程和当前研究热点并分析当前研究存在的不足，进而奠定本书所依托的知识基础。第三章在对我国制度背景及高科技企业成长历程的分析基础上，通过理论推演方法构建政府研发支持信息影响高科技企业融资能力的理论分析框架。第四章结合信号传递理论与组织合法性理论，基于数理分析方法构建不完全信息的动态博弈模型，以验证本书的理论框架。

第五章和第六章通过实证研究检验本书所构建的理论模型。第五章在理论分析框架基础上提出研究假设，采用我国上市高科技企业和部分新三板挂牌的高科技企业数据，应用描述性统计、分组逻辑回归、多元调节回归分析等方法对本书的理论模型展开实证检验，并对实证结果做出科学合理的解释。第六章检验实证结论的其他解释路径、检验内生性问题以及代理变量选择问题，以提高实证研究的信度与效度。

第七章是全书总结。本章对研究内容及结果进行总结和概括，说明研究不足与未来研究方向，并基于研究结论对企业、市场和政府的决策提供理论与数据支持。

四、创新之处

对于学术界而言，如何提升高科技企业的融资能力是一个既熟悉又新颖的研究课题。熟悉之处在于国内外学者已经在信息不对称或信号传递等传统的经济学或财务学的理论框架下对此展开了大量的研究。而新颖之处在于中国相对薄弱的知识产权保护力度与相对强势的政府研发支持行为并存，共同影响着我国高科技企业的资源获取能力。在我国这样特殊的制度情境中，高科技企业的融资过程出现了一些如"认证效应"等全新的现象，不断挑战着信息经济学等经典经济理论的解释力。就如同20世纪物理学晴朗的天空上飘浮的"两朵乌云"一样[①]，目前尚未就此现象形成严谨的理论解释，这大大增加了该领域的研究难度，但同时也为本书的研究提供了较大的创新空间。

本书将国内外的理论研究与中国现实制度情境相结合，尝试从知识产权保护的视角出发，综合运用理论推演、数理推导及实证分析等多种研究方法，系统性地对"政府研发支持信息——高科技企业融资能力"间的逻辑关系及其内在作用机理展开深入研究，旨在回答"高科技企业为什么选择披露研发支持信息"、"研发支持信息能否影响高科技企业的融资能力"以及"研发支持信息如何影响企业的融资能力"这三个重要的现实问题。本书研究紧跟学术前沿，研究过程充分体现出多学科的交叉特性。与已有研究相比，本书可能的创新之处主要体现在四个方面：

第一，本书对组织合法性的理论构念展开情境化研究，通过构建全新的理论框架，分析中国情境中高科技企业信息披露的内在动机，并深入探究研发支持信息影响企业融资能力的微观机理，以此拓展和深化相关理论的研究。

高科技企业的融资约束问题广泛存在于主要的资本市场中，在中国现实情境中表现得更为严重且复杂。知识产权保护的相对不足大幅提高了企业无形资产的价值不确定性，也促使企业将研发等核心信息隐藏在内部，这不仅造成了信息不对称的进一步加剧，而且严重抑制了投资者对企业研发能力与投资价值的信任和认可，使得企业难以获得市场的资金支持。因此，如何有效地展现企业的投资价值并获得投资者认可是解决问题的关键。一些研究发现政府支持行为可能产生认证效应（Feldman and Kelley，2006；Meuleman and Maeseneire，2012），有助于企业获得市场认可和资金支持。但目前相关研究还只是停留在利用认证效应来解释政府支持对缓解企业融资约束的影响，尚未形成完整的理论分析框架，也未从理论高度对政府支持影响企业融资能力的内在机理进行深入探讨。

---

① 19世纪末，开尔文男爵在发表题为《19世纪热与光动力理论上空的乌云》的演讲中提到，当前物理学已取得了伟大成就，物理大厦已经落成。今后的发展只剩下一些修饰工作。但物理学晴朗的天空上仍有"两朵乌云"笼罩，其一是迈克尔逊—克雷实验有悖于以太假说，其二是黑体辐射与紫外灾难。此后，经历了一个多世纪的发展，"两朵乌云"分别导致了相对论的革命和量子理论的产生。

　　本书认为以获取认证为主要手段，帮助企业赢得市场认可的组织合法性理论可以为此提供现实可行的新思路。组织合法性理论是管理学领域的概念，目前的研究主要以发达资本市场为研究情境，在中国现实情境下研究成果较少，相关研究也缺乏对组织合法性理论框架整体的把握。因此，本书创新性地将组织合法性理论与中国情境相结合，基于该理论探讨中国高科技企业的融资能力问题并对其内在机理进行深入分析，拓展了相关领域的研究，研究结论为提升高科技企业融资能力提供新的解决方案。

　　第二，本书通过深入探究研发支持信息的本质特征，基于组织合法性理论重新审视中国情境中，政府研发支持信息与高科技企业融资能力间的逻辑关系。从根本上厘清中国情境中两者间的内在影响机理，识别并验证了"研发支持信息—组织合法性—融资能力"的理论解释路径。

　　目前，关于两者间关系的研究，主要基于信息不对称等经典理论展开。这类研究大都基于这样一个基本假设，即企业总是会详细披露政府研发支持等研发信息，而一旦披露，投资者也总是能够接收、认可并有足够的能力来理解和运用这些信息进行价值判断，从而做出准确的投资决策。但这一假设前提对于不同研究情境以及不同研究对象来言，并不总是成立的。当知识产权保护相对不足时，高科技企业并不具备足够的动机充分披露研发信息。更为严重的是，高科技企业自身所具有的高技术壁垒和高风险等特征使得投资者始终处于天然的信息劣势和知识劣势。在这种情况下，投资者能否准确评估企业投资价值，信息传导路径是否依然畅通，都还值得商榷。因此，对这一基本假设的质疑，不禁让我们怀疑信息不对称理论在该问题研究中的适用性。

　　本书认为研发支持信息具有信任类信息的典型特征。中国情境中，这类信息可能会产生"认证效应"（Lerner，1999；Meuleman and Maeseneire，2012），促使投资者改善对企业投资价值的认知和认可水平，从而影响高科技企业的融资能力。基于信息不对称等经典理论的分析思路对此缺乏足够的解释力，而组织合法性理论可能弥补现有研究不足，为此提供新的研究思路。

　　第三，针对高科技企业的特有属性，本书将知识产权保护这一制度因素纳入企业融资能力的分析框架中，将制度情境、企业行为与政府支持整合到市场化的资源配置研究中，揭示了中国特殊的制度情境对高科技企业信息披露决策及其在资源获取能力过程中的作用机制。

以知识产权保护为代表的外部制度环境对高科技企业的信息披露决策及其融资能力产生重要影响，但目前尚未受到广泛关注。已有关于高科技企业信息披露及资源获取能力的研究大多局限在发达资本市场中。由于其知识产权保护的立法与执法水平一致性较强，在高科技企业的相关研究中并不是重要的考量因素。而我国的情况较为特殊，知识产权保护的立法水平与执法力度并不完全统一，因此在研究中国高科技企业的相关课题时，这一制度情境因素是一个不可忽视的重要变量。在这方面，李莉等（2014）和李莉等（2015）已经做了一些有益的尝试。本书将知识产权保护引入高科技企业融资能力的财务分析框架中，探讨其作为重要的宏观制度变量在研发支持信息影响高科技企业融资能力过程中的调节作用，丰富了相关领域的研究，也拓展了知识产权保护在中国情境下的重要影响。

第四，本书将不完全信息动态博弈方法与新古典经济学分析方法相结合，构建符合中国现实情境的博弈模型，以数理推演的方式揭示政府研发支持信息与高科技企业融资能力间的内在微观机理，检验了本书理论框架的有效性。

已有研究表明，高科技企业通常采用传递信号方式来间接反映其研发能力和投资价值，进而缓解企业的融资约束。一些学者也通过建立数理模型来检验其缓解信息不对称问题的有效性，如斯蒂格利茨和维斯（Stiglitz and Weiss，1981）的信贷配给模型验证了贷款利率可以作为信号识别企业项目风险。又如米尔迪和莱利（Milde and Riley，1988）基于新古典经济学的分析框架，发现企业申请贷款的额度可以作为传递企业项目风险程度的信号。此外，也有研究发现研发成果可作为创新能力的信号（Francis，2012）或高管持股情况作为发展前景的信号（Luo and Brick，2002）等。但这些研究主要基于较完善的发达资本市场，是以企业能够且愿意传递真实的信息，同时外部投资者也相信企业的信息真实有效为前提条件的。但在我国当前的特殊制度环境中，知识产权保护水平仍有待提升，并且信用体系还需进一步完善，此时，企业不愿意披露更多信息而投资者对企业质量与投资价值也缺乏足够的认可度，使得已有信息在中国情境中的有效性存在争议（Ciftci，2010），目前，尚未形成明确的结论。不同情境造成了模型假设、参数设计以及所采用的方法存在差异，现有模型尚无法完全解释中国情境中存在的问题，这为本书的研究提供了一定的创新空间，本书基于组织合法性理论与信号传递理论，并结合不完全信息动态博弈方法与新古典经济学分析方法，建立符合中国情境且具有一定拓展性的数理模型来探讨中国情境下的信号传递问题。

| 第二章 |
理论文献回顾

第一章阐明了研究主题和研究内容，在此基础上进行系统的理论文献梳理是科学研究必不可少的关键环节，这将为后文进行创新性的研究奠定坚实基础。本书拟从知识产权保护的视角出发，基于组织合法性理论探讨中国高科技企业自愿披露获得政府研发支持的相关信息对其融资能力的影响，研究内容涉及知识产权保护、研发信息披露、组织合法性以及认证效应等多个核心概念。高科技企业是轻资产企业的典型代表，其信息披露决策、市场投资价值及其融资能力等各方面更易受到外部制度环境，尤其是知识产权保护水平的影响，因此，本书首先从知识产权保护的内涵及其对企业决策影响等方面展开文献梳理工作。其次，企业获得政府研发支持等相关研发信息大都属于自愿信息披露的范畴，本章在进行文献综述时从自愿信息披露入手，并重点考察研发支持信息影响企业融资能力的相关研究。组织合法性是本书研究的重要理论依托，因此，本书随后从理论内涵、发展脉络、获取策略及其对高科技企业融资能力的影响等多方面对组织合法性理论进行系统性梳理，旨在明确政府研发支持的信息披露影响我国高科技企业融资能力的理论基点。在此基础上，本章最后对这三部分内容的相关研究成果进行总结和评述，阐明现有研究不足及未来研究的方向，为后文理论与实证的研究提供知识基础和创新空间。

第一节　知识产权保护的相关研究

本节系统梳理知识产权保护的内涵及其影响信息披露与融资能力等企业决策的相关研究成果，同时对现有关于知识产权保护度量方法的研究进行回顾和分析，为后文探讨知识产权保护在研发支持信息与高科技企业融资能力关系中的作用奠定基础。

一、知识产权保护的内涵及其对高科技企业决策的影响

高科技企业持续进行研发投入以期获得技术成果或知识积累等无形资源，并依赖于这些资源构建企业的核心竞争力，形成具有商业价值的知识产权。宏观制度环境对企业知识产权的保护，很大程度上影响着企业的信息披露策略与投融资决策。因此，明确知识产权保护的内涵有利于深入了解其影响企业决策及价值形成的具体路径。

（一）知识产权保护的概念与内涵

关于知识产权（intellectual property）内涵的界定，目前国内外学者尚未形成统一的权威标准，大多采用枚举法将知识产权涵盖的范围在法律条文及国际公约中列明，如1967年《关于建立世界知识产权组织的公约》中指出，知识产权应当包含如文学艺术和科学作品、表演和广播节目、人类创造性活动相关的发明、与科学发现相关的内容、工业外观设计、商标和服务标志、与防止不正当竞争有关的权利以及其他工业科学及文学艺术领域的智力创造活动所产生的权利等内容。世界知识产权组织（World Intellectual Property Organization）进一步将知识产权概括为"人类的创造，例如，发明、文学艺术作品、标示、名称、图像和商业设计等"。另外，世界贸易组织（WTO）在《与贸易有关的知识产权保护协定》（TRIPs）中也以列举的方式定义了包括版权、商标权等在内的八类知识产权。我国学者也针对知识产权的概念进行了一定程度的探讨，但多数从法律视角出发，未形成统一的表述，如郑成思（1993）认为知识产权是"人们可以就其智力创造的成果所依法享有的专有权利"；刘春田（2000）将知识产权概括为"基于创造性智力成果和工商业标记依法产生的权利的统称"。

上述关于知识产权概念的界定，主要从法律视角对其属性及对象进行了抽象概括和探讨。事实上知识产权还是一个经济学概念，从资源基础观的视角来看，企业拥有持续竞争优势和较高市场价值的重要源泉来自价值稀缺、难以模仿和不可替代的资源（Baney，1991）。很明显，对于以专利权等知识产权作为盈利手段的高科技企业而言，这些知识产权通常可以产生超额收益或较高的市场价值（董雪兵、史晋川，2006）。企业的知识产权等无形资产与有形资产不同，强调企业的创造性智力成果的研发过程和这些成果的市场

价值以及专属收益权，这两方面直接影响企业尤其是高科技企业核心竞争力的培养（郑亚莉、宋慧，2012）。知识产权保护制度的基本职能就是保证企业能够充分进行研发创新，并有效运用其知识产权资源。如果技术创新无法得到强有力的法律保护，这些创新所产生的知识产权很容易被竞争者模仿，使得企业难以建立持久的竞争优势。尤其对于从事高密度的研发活动并以这些研发成果作为生存、发展和盈利依托的高科技企业，知识产权保护水平的影响更为显著（董雪兵、史晋川，2006；柴江艺、许和连，2012）。

（二）知识产权保护对高科技企业自愿信息披露的影响

资本市场中存在的信息不对称问题可能导致投资者在对高科技企业进行价值评估时处于有效信息缺失的状态，不足以支持其做出准确的投资决策，限制了资本市场的有效性。在我国的资本市场中，企业与投资者之间同样存在信息不对称问题，根据2009年全球资本市场透明度排名以及2012年出版的《中国上市公司信息披露指数报告》，中国资本市场中的信息透明度仍然需要进一步提高。特别是我国高科技企业自身具有技术壁垒高、研发风险大、成果专用性强及资金需求量大等特点（Guiso，1998；Giudici and Paleari，2000；张维迎等，2005；刘降斌、李艳梅，2008），双方存在着天然的信息不对称，投资者很难充分了解其投资价值，使得企业陷入融资约束的困境。自愿信息披露作为与市场沟通的有效方式，可以在一定程度上缓解企业与市场的信息不对称程度，促进投资者准确了解企业研发能力，从而有效提升企业融资能力。

外部制度环境中知识产权保护的水平直接影响着高科技企业的自愿信息披露行为。当知识产权保护较弱时，高科技企业选择披露研发项目的详细信息，虽然能够在一定程度上缓解与外部投资者的信息不对称，但同时更有可能使竞争者了解企业的核心信息从而使其面临市场价值与核心竞争力被削弱的风险（Bloch and Markowitz，1996），大幅增加了信息披露成本。这种现象在我国当前市场环境中更加突出。

高科技企业为了尽可能降低知识产权保护薄弱导致的知识外溢以及知识产权被盗取的风险，减少信息披露成本，通常会选择不向市场投资者更多披露研发项目等内部信息（Anton and Yao，2002；Ang，et al，2014），这进一步加剧了企业内外部的信息不对称程度。在这种情况下，投资者对企业研发项目的技术特征和未来盈利的价值等内容缺乏足够的认知（Guo，et al，2005），企业的投资价值波动性大大提高。为了补偿这一不确定性可能造成的损失，投资者需要更高的信息风险溢价水平，这又导致高科技企业的融资成本大幅增加，使之无法摆脱融资困境（Merton，1987）。

因此，在知识产权保护薄弱的市场环境中，高科技企业需要对披露成本和融资成本进行权衡，通常倾向于较少地自愿披露企业研发内容的详细信息，而更多以描述性的形式披露其研发信息（赵武阳、陈超，2011；Athanasakou and Hussainey，2014）。这种自愿披露方式既满足自愿信息披露的法律要求，又可以表现出企业披露信息的良好意愿，成为很多高科技企业的现实选择。

（三）知识产权保护对高科技企业融资能力的影响

一般而言，外部制度环境中的知识产权保护水平可以从外部性、信息不对称和代理问题三条路径影响企业的价值评估及市场的投资意愿，进而对企业融资能力产生作用。

企业的知识产权是一种无形的知识资源，与其他有形资源的明显区别就是易于被其他人模仿和复制，如企业的一些商业秘密、秘方或是特殊生产工艺与流程等内部信息和技术可能被竞争者直接盗取或将掌握这些技术的员工"挖"走，从而造成该企业研发投资产生的实际收益远低于期望收益，造成知识产权保护的外部性问题（Nelson，1959；Arrow，1962；Ang，et al，2014）。较低的知识产权保护水平使得这种侵权行为的成本更低，企业无形资产的价值估值不足且稳定性差（Guo，et al，2005），此外被侵权企业还要承受因巨额研发投资导致的现金流短缺等财务风险问题（史宇鹏等，2013），这加剧了外部性问题对企业价值的负向影响，也显著抑制了市场的投资意愿，使得企业融资面临困境。知识产权保护水平的提高使得企业更愿意以申请专利的形式保护其研发成果，从而有利于投资者更清晰地了解企业研发能力，不仅如此，专利还可以作为企业具有优秀技术实力和管理能力的信号，向市场表明其投资价值（Häussler，2009；Fabrizi，et al，2011；Ang，et al，2014），吸引更多的投资者参与。

知识产权保护水平也可能通过影响高科技企业与市场的信息不对称程度来影响企业的融资能力。如前文所述，知识产权保护水平直接影响高科技企业自愿信息披露的行为，在保护薄弱的环境中，高科技企业自愿披露详细研发信息的动机不足，披露的内容也倾向于描述性的模糊性信息或是对企业有利的片面信息，从而加剧双方的信息不对称，抑制了企业融资能力的提升。不仅如此，高科技企业是轻资产企业的典型代表，知识产权等无形资产是其赖以生存和发展的核心资产，但由于现有会计制度关于无形资产核算和计量上存在局限性，估值主观性强且准确性差（汪海粟、方中秀，2012；崔也光、赵迎，2013），导致这些知识产权的市场价值一直无法得到准确度量，投资者在评估企业投资价值时存在着天然的信息不对称。在知识产权保护薄弱时，企业选择将大量核心技术或知识隐藏在企业内部，其价值信息也被排除在传统会计系统外（向显湖、刘天，2014），使得这些知识产权的市场价值不确定性进一步增加，从而造成企业的投资价值被严重低估，融资能力无法得到提升。随着知识产权保护水平的提升，高科技企业更愿意以专利的形式保护其技术成果并自愿披露相关信息（Ang，et al，2014），这样双方的信息不对称得以有效缓解，有利于企业摆脱融资约束的困境。

另外，在信息不对称的情况下，企业内部具有信息优势的高管或股东（Aboody and Lev，2000）也有可能掠取这些信息资源挪为他用进行套利或是自己另行投资，特别是当风险投资公司参与企业运营时更有可能发生此类行为（Anton and Yao，2002），形成企业内部严重的代理问题。德赛等（Desai，et al，2004）发现在知识产权保护较差的地区，一些合资公司的外方合作者由于担心企业的知识产权被当地合作方挪用或侵犯，相互间分享的技术或知识产权非常有限，使得企业很难有效增强其技术实力以及融资能力。可见，知识产权需要依赖法律进行有效的保护，以促进发明创造和技术转让，提高企业乃至整个国家的创新能力。

二、知识产权保护水平的测量

本书拟对知识产权保护水平的度量方法进行全面梳理，既为后文的实证研究奠定基础，也为政府在支持高科技企业发展中综合考虑支持方式及相关支持政策产生的影响提供重要的理论依据。由于知识产权属于无形资产，其典型的无形性、地域性及易于被复制的特征导致对其进行保护时受到多种因素的影响和制约，对保护强度进行准确测量一直以来都面临着较大的困难。

（一）国外相关研究

国外关于度量知识产权保护强度的研究开始于 20 世纪 90 年代，归纳起来主要有三种方法，即问卷调查法、立法评分法和综合评分法。

1. 问卷调查法

20 世纪 90 年代初期，学术界尚未形成统一的知识产权保护强度的测量体系，很多学者尝试采用田野法实地调研知识产权的保护强度，如曼斯菲尔德（Mansfield，1995）在其博士论文中对部分企业高管和专利律师进行了问卷调查，发现在一些发展中国家的化工制药等知识产权敏感的行业中，知识产权保护力度并不强。此后，舍伍德（Sherwood，1997）沿用此思路，从立法水平、执法能力、行政管理效率、商业秘密保护以及公众保护意识等方面对部分拉丁美洲的发展中国家进行了实地调查，并列示了各国知识产权保护力度的排名情况。但是由于问卷调查的方法成本较高，主观性较强，并不能全面准确地度量知识产权保护力度，更多学者尝试基于客观可度量的法律文本进行探索。

2. 立法评分法

最早基于法律文本对知识产权保护水平进行量化分析的是拉普和罗泽克（Rapp and Rozek，1990），他们根据专利法，将专利保护强度分为五个不同等级，以此度量了 159 个国家的专利保护力度（RP 方法）。虽然这种方法简单易行，但由于其只考虑专利权的静态法律制度而忽略实际实施效果，同时五等级判断标准过于粗糙，在对大样本数据进行度量时准确度不足。因此，吉纳特和帕克（Ginarte and Park，1997）优化了这一度量方法，初步建立了测量知识产权保护强度的 GP 指数。他们将知识产权保护水平的指标分为保护覆盖范围、是否为国际条约成员、权利丧失的保护、执法措施以及保护期限等五个类别，每个类别内又分别包含若干个二级指标。通过对各指标赋值最终确定量化的知识产权保护水平。GP 指数有效克服了度量标准粗糙的缺点，也避免了调查问题方法的主观性和弱再现性，因此 GP 指数成为目前国外大部分学者普遍认可的评价方法。

3. 综合评分法

GP 指数虽然被学者普遍认可，并广泛应用于评价一国的知识产权保护水平以及对比国家间保护水平的差异，但这种方法也同样存在缺陷，其主要问题是只对一国是否制定知识产权保护的相关法律进行评价，而忽略了法律的实际执行效果，即仍然无法解决 RP 方法中制度的静态指标与实际实施效果不一致的问题。因此，一些学者尝试将问卷调查法和立法评分法结合起来，建立综合的知识产权保护评价体系。孔多（Kondo，1995）将各国的相关制度规定与这些制度条约的具体实施情况相结合，从专利保护期限、排除条款和范围条款等三方面对知识产权保护水平进行评价，并最终将三方面的得分加权汇总。其中专利保护期限和排除条款基于各国专利法的立法水平进行评价，而范围条款则通过问卷调查企业高管对这些条款的实施情况，进而得到一个全面的评价体系。莱塞（Lesser，2003）更突出了法律条款的执行效果，通过考察一国法律条款是否符合 TRIPS 协议、是否是国际公约的缔约方来评价知识产权法律制度的水平；通过"透明国际"（transparency international）披露的国家"清廉指数"来衡量法律执行因素；通过国家专利局网站是否有详尽的网页页面来评价其行政管理能力。作者基于这四方面来考察 44 个发展中国家的知识产权保护强度并进行排名。

总体来看，调查问卷法和综合评价法虽然涵盖了知识产权保护水平多方面的评价内容，但由于调查的研究设计、变量度量、样本选择等受到研究者主观影响较大，评价结果不确定性较大，因此国际上仍然以 GP 指数作为一国知识产权保护水平的主要度量标准。虽然其未考虑法律的具体实施效果，但在司法制度比较健全的发达国家中，以静态指标度量的保护水平与实际保护水平之间不会出现显著的差异（韩玉雄、李怀祖，2005）。然而在我国这类司法体系正在完善中的转型经济体中，立法与执法并不完全同步，只考察立法水平的 GP 指数是否依然适用还需要深入探讨。

（二）国内相关研究

国内学者关于度量知识产权保护水平的相关研究起步较晚，从最初的简单运用国外的评价方法逐步深入，目前初步形成了一系列符合中国实际情况的度量方法，本书拟对国内主要的研究进行细致梳理和对比，为本书选择适合的中国知识产权保护水平测量方法奠定基础。

我国学者韩玉雄、李怀祖（2005）最早对中国知识产权保护的强度进行了细致研究，发现我国在保护的立法方面已相当完备，如仅以 GP 指数进行测量的话，仅在 2001 年时我国的保护水平就已超过绝大多数发达国家，只基于我国较为完备的立法水平度量知识产权保护强度并不能真实反映我国的现实情况，完备的法律制度还需要有效的执行力才能够达到实际的保护效果。考虑到中国正处于转型过程中，立法水平与执法力度并不总是相匹配，而且社会受众对知识产权保护意识方面还有待加强，因此他们结合中国特殊情境，引入执法力度指标作为知识产权保护实际执行效果的变量对 GP 指数进行中国情境化的修正。执法力度的数值为 0~1，分为四个二级指标，分别为社会法制化程度（以律师占总人口的比例衡量）、法律制度的完备程度（以立法时间衡量）、经济发展水平（以人均 GDP 衡量）以及国际社会的监督与制衡机制（以是否为 WTO 成员衡量）等，最后将四个指标进行等权重加权平均，并与 GP 指数相乘，以此方法得到的我国知识产权保护水平较为真实地反映了中国现实情况。这一修正方法虽仍以国家为基本单位进行度量，但为我国知识产权保护水平的准确度量提供了一条可实现的路径。此后我国学者大多基于这一思路，对执法力度的测量指标进行改进，主要研究成果如表 2-1 所示。

表 2-1　　　　　中国知识产权保护水平度量方法的相关研究

层面		主要指标	代理变量	文献来源
国家层面	执法力度	（1）社会法制化程度	律师占总人口的比例	韩玉雄、李怀祖（2005）
		（2）法律制度完备程度	立法时间	
		（3）经济发展水平	人均 GDP	
		（4）国际社会的监督与制衡	是否为 WTO 成员	
国家层面和省际层面	执法力度	（1）司法保护水平	律师占总人口的比例	许春明、单晓光（2008）
		（2）行政保护水平	立法时间	
		（3）经济发展水平	人均 GDP	
		（4）国际社会监督与制衡	是否为 WTO 成员	
		（5）社会保护意识	成人识字率	
省际层面	执法效果	（1）社会法制化程度	律师占总人口比例	姚利民、饶艳（2009）
		（2）政府的执法态度	专利侵权案件的结案率	
		（3）服务机构配备	能办理知识产权事务律所比例	
		（4）社会保护意识	人均专利申请数	
省际层面		（1）专利申请与受理的情况	专利申请受理量/科技人员数	樊纲等（2010）
		（2）技术市场的活跃程度	专利申请批准量/科技人员数	

资料来源：作者研究整理。

许春明、单晓光（2008）将执法力度重新做出调整，引入社会公众的知识产权保护意识的二级指标（以成人识字率来衡量），并以此度量方法对我国1985～2004年知识产权保护强度进行了纵向对比。同时两位学者考虑到我国各地区知识产权保护保护差异较大的具体情况，以执法力度中我国各地区存在差异的人均GDP、成人识字率以及律师比例作为评价标准进行横向对比，并首次计算出我国不同省际的知识产权保护水平。姚利民、饶艳（2009）针对中国各地区社会发展水平不均衡的特殊情况，将间接测量实际执法效果的执法力度指标替换为执法效果指标来修正GP指数，直接度量我国各地区知识产权保护相关法律法规的实施效果，更真实地反映我国各地区知识产权保护强度。执法效果的指标也分为四个二级指标，分别是社会法制化程度、政府的执法态度、服务机构配备情况以及社会知识产权保护的意识等四方面。

另外，我国学者在研究制度环境对企业投融资影响时普遍参考樊纲等（2010）制定的中国市场化指数，这一综合性的指数旨在衡量我国各地区或各产业部门市场化的相对进展状况，对学术界和政府以及企业都具有重要的参考价值。在市场化指数的23个主要度量指标中包含有各省市知识产权保护水平的测量，在他们的报告中知识产权保护水平用专利申请与受理的情况来反映，包含两个二级指标，分别为科技人员数平均的三种专利申请受理数量和三种专利申请批准数量与科技人员数的比例，两个指标具有相同的权重。

三、理论研究评述

国内外学术界对知识产权的认知从最初法律层面的产权性质逐渐拓展到经济学和管理学等多个学科领域，将其视为企业形成核心竞争力的重要构建要素。知识产权的保护水平直接影响着信息披露与投融资等企业决策行为，因此这方面的研究日益受到学者的关注。

自愿信息披露是企业与市场沟通的主要手段，有利于缓解双方的信息不对称，促进企业提升融资能力。特别是考虑到高科技企业自身的特征，其与市场存在着更为严重的信息不对称，理论上讲企业应向市场自愿披露更多更详细的信息以帮助投资者充分了解企业价值。但在知识产权保护薄弱的现实情境中，高科技企业披露研发项目的详细信息可能使竞争者掌握企业核心信息从而削弱其核心竞争力，造成披露成本大幅增加（Bloch and Markowitz，1996）；而当企业选择较少披露研发信息时，又会加剧双方信息不对称程度，引起企业融资成本的大幅增加（Anton and Yao，2002；Ang，et al，2014）。因此，在知识产权保护水平较低时，高科技企业通常会对信息披露成本与融资成本进行权衡，倾向于以描述性方式披露研发信息或对相关信息进行模糊化处理。

在知识产权保护影响企业融资能力方面，学者普遍认为这种影响可能存在三条主要路径。第一条影响路径是当知识产权保护较差时，知识产权的外部性问题严重（Nelson，1959；Arrow，1962），导致企业的知识产权等核心资产更易于被竞争者盗取，从而使得企业的市场价值面临严重低估的风险（Guo，et al，2005），抑制了企业融资能力的提升。第二条路径是知识产权保护通过影响信息不对称水平对融资能力起作用。目前会计制度对企业知识产权等无形资产进行估值时主观性较强并且准确度欠佳（汪海粟、方中秀，2012；崔也光、赵迎，2013），企业更倾向于将核心技术或知识隐藏在内部，其价值信息也被排除在会计系统外（向显湖、刘天，2014），造成其市场价值不确定性大，并且被低估的可能性也显著提高，从而使企业陷入融资约束困境。第三条路径是在知识产权保护较差的环境中，企业内部人员可能会掠取知识产权获得私利（Anton and Yao，2002），造成知识产权保护的代理问题，从而抑制市场的投资兴趣。较好的知识产权保护可以有效减少外部性问题，缓解信息不对称和代理问题（Ueda，2004），帮助市场了解企业真实的技术水平、盈利能力与发展前景等，提升其对企业投资价值的认知水平，从而真正提高企业的融资能力。

知识产权属于企业的无形资源，对知识产权的保护受到多方面因素的影响，因此如何度量知识产权保护水平也是近年来学者研究的热点问题。由于发达国家的市场经济制度较为成熟，知识产权保护相关法律制度的立法水平与其具体实施效果一致性较强，因此以立法水平作为知识产权保护强度代理变量的 GP 指数（Ginarte and Park，1997）被学者普遍认可，成为度量国家层面知识产权保护水平时较为常用的方法之一。但由于我国仍处于转型经济中，知识产权保护的法律制度与具体执行效果间存在较大差异，仅以立法水平衡量中国情境下的保护强度存在较大的误差，因此我国学者尝试构建符合中国真实情况的知识产权保护水平的度量方法。

目前，我国学术界比较认可的是将以 GP 指数为代表的立法评价法与我国具体制度环境相结合对我国知识产权保护水平进行综合评价，在研究国家层面的知识产权保护水平时韩玉雄、李怀祖（2005）年的方法被较为普遍地采用，而姚利民、饶艳（2009）以及樊纲等（2010）针对我国各地区法律执行力度和执法效果的差异建立的省际层面评价体系也逐渐被学者采纳并应用在制度环境影响各地区企业投融资问题的研究中。

第二节　研发信息披露与高科技企业融资能力

随着各国资本市场的不断发展和经济全球化的持续深化，市场对企业信息的质量、内容与范畴都提出了更高的要求。由于强制信息披露是在法律法规的强制要求下，企业基于守法理念面向历史经营状况加工处理而形成的，受到多方面因素的制约，导致很多重要的多样化信息无法完全通过传统的财务报表及附注形式传递给市场的信息使用者，而自愿信息披露的实施恰好弥补了强制披露制度的不足。自愿信息披露的内容、形式及量化标准等并不会受到法律法规的强制要求，因此，企业更多将其视为缓解信息不对称问题的有效工具，向市场展示企业的真实价值（崔学刚，2004）。从该角度来看，自愿信息披露实质是企业在信息不对称的环境中通过主动披露更多多样化的信息来进行信号传递的一种自利性的理性市场行为。

尤其是在日益加剧的市场竞争压力下，越来越多的高科技企业关注其核心竞争力，而研发投资行为作为提升技术能力和创造经济价值的源泉，对企业保持竞争实力以及提高生存与发展能力起着极为关键的作用。企业自愿披露其研发投资的具体信息，如投资金额、研发项目进展情况、可能产生的资产及其市场价值预期，甚至是否获得政府的研发支持等内容，都可能使潜在投资者更清晰地了解企业生存、发展与盈利能力等真实状况，降低双方的信息不对称程度，从而能够更加准确地评估企业的投资价值，更愿意为企业提供资金等资源的支持，促进企业融资能力的提升。

一、研发信息的自愿披露

高科技企业披露研发相关的信息属于自愿信息披露的范畴，因此目前大部分研究也主要基于自愿信息披露与信息不对称关系的分析框架展开，认为企业为了表明其具有良好的发展前景并有能力提升或维持其核心竞争力，通常会主动披露其研发相关信息，以期缓解市场的信息不对称程度，帮助投资者更准确地做出投资决策。特别是高科技企业本身具有的高技术壁垒和高风险会导致严重的信息不对称程度，而研发投资的行为又加剧了双方的信息不对称，使得这些企业研发投资相关信息的披露对其融资能力的影响显得尤为重要。

（一）研发信息的会计处理与经济特征

知识经济时代最明显的特征是国家间技术与知识的竞争，研发活动不仅是企业通过投资知识研究与技术开发以获取未来收益，也是企业核心竞争力培养的重要手段，更是一个国家综合国力的核心构成要素。

最早关于研发投资信息披露的研究主要从会计视角入手，探讨研发投资不同会计处理方式的合理性及其对企业的影响。如美国软件行业依照会计准则（SFAS No. 86）需要对研发成本进行资本化处理，阿博迪和列夫（Aboody and Lev，1998）在考察美国 90 年代软件行业企业进行研发投资资本化的价值相关性时，发现企业披露研发资本化信息可以缓解市场的信息不对称程度，对当期和跨期的市场价值都有影响。罗纳德·赵（Zhao，2002）在对比法国、德国、英国和美国披露研发报告与其市场价值的关联时，发现德国和美国（除软件行业外）的企业按会计准则的要求于当期将研发投资进行费用化处理，其研发支出费用总额的披露可以为投资者提供可参考的信息；而法国、英国以及美国软件行业的企业则需要对研发投资进行资本化和费用化的区分和处理，当企业披露两项支出信息时，可以进一步缓解信息不对称程度，为投资者的投资决策提供信息支持。

我国 2007 年以前实施的会计准则规定企业研发投资需要全部进行费用化处理，直接计入当期损益，因此在财务报表中披露的研发定量信息价值含量较少。此外企业还可以在年报的报表附注或董事会讨论等位置中自愿披露研发相关信息，但这类信息的披露属于自愿披露范畴，在当时的市场环境中对研发投资信息的关注尚存在不足。本书经过手工查询所有上市高科技企业2000～2007年的年报发现，采用报表附注或董事会讨论等方式自愿披露相关信息的企业占比很低且信息以描述性为主，这在赵武阳、陈超（2011）针对信息产业研发披露状况的研究中也得到了验证。在这一时期内研发信息的缺失不仅造成了市场严重的信息不对称，投资者很难从中了解到企业的真实状况，而且也限制了学术界进行相关研究，致使国内在这一时期针对此类课题的研究相对滞后。这一阶段的研究成果相对较少，主要集中在探讨企业披露研发信息的状况及其对经营绩效的影响。薛云奎、王志台（2001）统计发现我国2000年前后的上市公司几乎没有一家自愿披露研发的相关信息，甚至投资的具体数额都无从了解，作者建议企业应该在报表中披露投资的具体数额和项目进展情况，以使投资者更准确地评估企业研发可能产生的经济价值。罗霞等（2002）分析了企业研发采用费用隐性披露或资本化方式的弊端，认为企业应加强研发费用的显性披露。

自2007年开始，我国实施的新会计准则对企业研发支出的会计处理方式做出调整，将企业的研发活动区分为"研究阶段"和"开发阶段"两部分，"研究阶段"的支出可进行费用化处理，而"开发阶段"则进行资本化处理，并逐步确认为无形资产。然而资本化处理的条件并无客观明确的规范，依然很大程度上受到管理者主观意愿的影响，而管理者极有可能出于盈余管理等方面的动机对研发投资的信息披露进行调整，导致这类信息的噪音依然较多。一些研究探讨了研发投资不同会计处理方式和披露方式的选择，但研究结果并不一致。梁莱歆、严绍东（2006），许罡、朱卫东（2010），周艳、曾静（2011），王宇峰（2011）以及王燕妮、张书菊（2011）认为企业披露研发信息，特别是资本化信息可以促进其价值的提升。蔡强等（2010）也认为在位企业披露研发项目信息易被竞争者了解企业的核心知识，而适当延迟披露可以发挥其先发优势。赵武阳、陈超（2011）探讨了市场对企业主要研发披露方式的认同度，发现董事会报告中的研发披露信息含量最高。而王燕妮等（2013）则认为资本化研发投资信息的披露对企业的成长无显著影响。

研发信息本身的特殊性及其对企业的影响不仅受到会计学界的关注，在经济学和管理学等领域中，学者在研究高科技企业投融资决策及进行市场价值评估时，也十分重视研发信息的重要影响。本书认为只有充分了解企业研发信息的经济特征，才可能更好地理解这类信息对企业融资能力的影响。一些研究已在这方面做出了一定的贡献。

有学者在研究产品质量时，依据质量识别成本将产品分为搜索类、体验类和信任类三种类型，其中搜索类产品是指消费者在购买前就能够以较低的成本来了解其质量和性能的产品（Stigler，1961），而如果识别质量的成本较高，甚至高于其购买价格，消费者会选择直接购买产品，通过直接体验来获得质量信息（Nelson，1970）。信任类产品则较为特殊，是由于普通消费者受到识别成本和专业知识的限制，无论购买前还是购买后都无法充分了解，而只能给予信任的产品（Darby and Karni，1973）。科尔曼和库克茨（Kollmann and Kuckertz，2010）在考察风险投资企业如何评估新创高科技企业风险并做出投资决策时，从信息经济学的视角将这一产品质量的分类方法引入企业风险信息的研究中，探讨搜索类、体验类和信任类三种信息类型对市场投资决策的影响。科明斯等（Comyns，et al，2013）在考察企业自愿披露可持续发展报告的质量问题时，也采用了同样的信息分类方法。

本书认为企业自愿披露的研发信息同样可以参照这一方法进行分类。基于信息经济学的理论分析框架，本书尝试根据识别成本与识别能力的不同，将企业披露的信息分为搜索类、体验类和信任类三种类型。搜索类信息是投资者能够及时了解和验证的信息，如公司概况、规模和一些基本的财务数据等。投资者通过支付较小的识别和分析成本即可了解企业概况及这些信息背后的内涵，这种情况下的信息不对称水平较低。而体验类信息则需要投资者支付较高的识别成本或者较长时间来验证企业披露的这些内容，如企业在董事会讨论等部分中披露的盈利水平、绩效目标、战略发展等预测性信息以及承诺履行的条款等，投资者往往只能等待时间来检验其真实性。这类信息虽然无法即时地缓解企业与市场的信息不对称程度，但随着企业的持续经营和强化披露，其预期的目标或做出的承诺最终会得以验证，这种因投资者不了解或信息本身的不确定性导致的信息不对称水平会逐渐下降，甚至消失。

信任类信息则是指投资者即使支付大量识别成本或时间成本也无法充分了解和验证的一类特殊信息，如企业自愿披露的研发投资相关信息等。由于高科技企业研发项目具有技术壁垒高、专业性强、缺乏准确的测量与估值方法以及未来产生市场价值的不确定性大等特征，普通的投资者无论在事前、事中还是事后都很难对其进行验证，也难以估量这一项目对企业的影响程度，因此造成了企业与市场天然的信息不对称。即使是权威的审计机构，由于审计成本和评估方法的限制，对这类信息的解读也很难得到准确结论（Co-myns, et al, 2013）。米勒（Miller, 2010）就认为处理研发信息需要付出高额的成本，以中小股东为代表的投资者由于无法支付过高的成本而不能很好理解并充分运用这些信息。

正是由于企业研发信息的这些特殊性，导致市场与企业间存在严重的信息不对称，进而影响其价值判断。因此，学者开始将研究重点放在企业如何缓解这种天然的信息不对称，向市场传递有助于识别企业研发能力的有效信号，帮助其了解企业的竞争实力及发展前景。

（二）研发信息披露的动机及其影响因素

高科技企业与市场间严重的信息不对称阻碍了企业的价值实现及融资能力的提升，学者普遍认为企业对研发信息进行自愿披露可以增加其在资本市场中的关注度，展现企业竞争实力与投资价值。企业选择自愿披露研发信息通常具有趋利的动机：一方面，企业管理者为了向市场表明其具有足够的管理能力应对复杂的市场环境和激烈的市场竞争（Trueman, 1986）而进行信息披露，从而实现其自身利益的最大化（Aboody and Kasznik, 2000）；另一方面，企业考虑到资本市场的不完善可能出现较为严重的逆向选择问题，质量较高的企业无法被市场准确识别，从而导致其投资的风险溢价过高，企业只能被迫承担较高的外部融资成本（Myers and Majluf, 1984；乔旭东，2003；巫升柱，2007；程新生等，2011）。而当企业主动披露能反映其盈利能力的相关信息时（林斌、饶静，2009），可以帮助投资者更准确地识别优质企业，降低两者间的信息不对称，为企业融资提供便利（Lang and Lundholm, 1996），这种情况在外部融资需求较大的企业中更为显著（Francis, et al, 2005）。

一些学者也发现企业自愿披露研发信息有可能是出于避害动机。帕尔蒙和耶泽格尔（Palmon and Yezegel, 2012）认为企业进行研发投资是导致信息不对称的重要因素之一。当外部环境不确定性较高或企业的市场表现较差时，理性的企业管理者通常会加强自愿信息披露，尤其是盈利预测和研发投资等相关信息来向市场解释企业绩效及市场表现较差的原因，降低市场对其未来不确定性的担忧（Jones, 2007）。

另外，由于信息的披露需要支付一定成本，如果披露成本较低，而其因此获得的融资便利足以使企业获利，那么企业通常会倾向于自愿披露信息（Grossman，1981）。相比于传统企业，高科技企业自愿披露研发信息的成本往往过高，一方面，高科技企业具有天然的技术壁垒和信息壁垒，外部投资者较难通过财务报表等强制信息披露手段充分理解和评估企业的核心竞争力与企业价值，这就要求企业支付更高的信息披露成本向市场解释其现有的技术水平及未来发展前景（Guiso，1998）；而另一方面，外部制度环境，特别是知识产权保护水平，也会对高科技企业自愿披露研发信息行为产生重要影响（Ueda，2004；Guo，et al，2005）。企业在竞争激烈的市场环境中披露研发信息，可能使竞争者了解企业的核心信息造成披露成本的大幅提高，从而使其面临核心竞争力被削弱的风险。而与强制信息披露的法律法规不同，自愿信息披露的相关制度法规赋予了企业较大的自由裁量权，因此，很多企业在权衡利弊的基础上，更多以描述性的形式披露其研发信息及其他展现企业竞争力的预测性信息（赵武阳、陈超，2011；Athanasakou and Hussainey，2014），很多学者对这类信息是否具有缓解信息不对称的作用，有助于提升企业融资能力展开了较为深入的研究。

（三）研发信息披露对企业融资能力的影响

研发投资本身的高度不确定性和较强的专业性是造成高科技企业与市场信息不对称的重要来源（Palmon and Yezegel，2012），企业对研发投资相关信息进行自愿披露可以缓解双方的信息不对称程度，促进其融资能力的提升。

有研究发现企业披露研发投资的额度可以吸引投资者的关注，如韩和曼利（Han and Manry，2004）在研究韩国企业研发投资的价值相关性时，发现企业披露的研发支出总额与其市场价值正相关，并且研发支出资本化部分比费用化部分的相关性更强，作者认为投资者通过研发投资额度的信息间接了解企业的发展潜力，研发支出资本化的部分在投资者看来更能反映其未来的盈利能力。帕尔蒙和耶泽格尔（2012）认为适当披露研发投资的额度等信息可以为分析师对企业投资价值的评估提供更有意义的线索，从而间接缓解企业与市场的信息不对称。

也有一些研究认为企业披露研发项目的相关信息可以缓解信息不对称，从而对企业融资能力与盈利能力产生影响。徐（Xu，2006）实证研究发现美国生物科技企业主动披露研发项目进展情况的信息，会对其市场价值产生影响，降低企业的股价波动性及偏离度。同时这种降低的趋势与研发项目成功率正相关，作者认为研发项目进展传递与风险相关的信息，可以解释股价的波动。霍尔和奥利亚尼（Hall and Oriani，2006）以法国、德国和意大利的上市企业为样本，对其披露研发投资信息与市场表现进行了实证研究，发现在控制大股东持股后，研发投资与其市场价值正相关。希利（Heeley，2006）认为研发投资展现了企业的技术水平与发展前景，自愿披露这些信息可以增加其获得并购的吸引力。萨阿德等（Saad，et al，2009）从反面验证了研发投资信息的有用性，发现当企业披露研发项目终止的信息时，股价出现明显的下降，而这种负相关关系在中小规模及市场绩效低的企业中更为显著，认为项目终止信息的披露向市场传递了企业现金流紧张或发展前景不明朗的信号，从而影响投资者的决策。

企业自愿披露研发成果的信息同样可以展现其竞争实力和投资价值，提升企业融资能力。豪斯勒（Häussler，2009）对德国生物行业进行了实证研究，认为很多新创高科技企业进行的研发投资行为不确定性异常高，而企业选择将研发的成果（如专利等）作为其技术水平和盈利能力的信号向市场披露时，会吸引到更多更好的风险投资参与。哈桑等（Hassan et al，2009）发现当企业选择披露研发投资的成果信息作为其盈利能力的信号时，其市场价值有明显的增长。弗朗西斯（Francis，2012）研究发现企业自愿披露专利申请情况和研发投资情况的相关信息可以展现企业的创新能力，缓解市场的信息不对称程度，进而获得银行等投资者的支持。

然而，也有研究认为高科技企业少量披露研发信息并不能有效缓解市场的信息不对称程度，外部的信息使用者无法准确了解甚至错误估计企业的研发投资情况，从而增加其对企业质量与市场价值评估的不确定性，甚至可能导致更高的信息不对称水平。布洛赫和马科维茨（Bloch and Markowitz，1996）通过建立多阶段博弈模型来研究企业研发信息披露的时机选择问题，认为当企业披露研发项目的进展情况使之成为共同知识时，外部竞争者会了解企业研发状态，从而使得竞争者对其自身研发项目进行调整，而企业适当延后披露项目进展可减小这种负面影响。这一理论性的结论表明企业自愿披露研发信息具有较强的自主性，管理者通常会基于自身利益最大化选择不同的披露行为。阿博迪和列夫（2000）认为很多企业关于研发投资的相关信息披露较差，管理者拥有更多私有信息，这可能导致其更易于获得超额收益，其研究结论也验证了这一论点，发现研发投资相关信息的缺失是导致信息不对称问题的一个主要因素，而高科技企业的高管更容易通过变更研发投资预算来获得超额利润。常国芝（Chan，2001）实证检验了股价是否能够充分反映企业的无形资产价值，特别是研发项目的价值。研究发现由于研发信息披露不足且其本身存在较高的不确定性，导致市场普遍对企业进行高强度研发投资持悲观态度，其发展前景明显被低估，其价格波动性也相对较大。作者认为很多企业调整研发信息披露行为的动机可以采用两种假说进行解释，即加大研发投资以向市场传递其具有良好发展前景的信号假说，或者减少研发投资来向市场显示其拥有足够现金流量的盈余假说。达鲁和兰根（Darrough and Rangan，2005）在 IPO 企业中检验了这两种解释途径，实证结果支持盈余假说，认为研发投资产生的未来收益不确定性很大，且无形资产的价值估值准确性较差，增加对研发的投资额度并不能很好地吸引投资者关注。

片面披露研发信息也可能会加剧信息不对称程度，如列夫和苏吉安尼斯（Lev and Sougiannis，1996）发现企业披露研发资本化的信息对当期股价没有明显影响，而对跨期的股票市值具有显著相关性，认为即使企业对外披露研发的全部信息，由于研发投资本身具有高度的不确定性，企业与市场的信息不对称程度也不会有明显缓解，导致投资者无法了解研发项目的价值，对这类企业进行评估时会产生系统性的误差，抑制了市场的投资兴趣，而当研发项目产生成果时投资者才会进行投资行为。阿博迪和列夫（1998）在认可研发资本化信息的披露具有缓解信息不对称作用的同时，也指出由于这些信息往往仅包含后期可直接产生收益的部分，因此，部分披露的研发信息反而导致分析师对企业价值预测出现更大幅度的波动。巴斯和卡斯尼克（Barth and Kasznik，1999）在研究无形资产对企业股权回购的影响时，发现研发投资高的企业回购可能性更大，认为由于企业财务报表中关于研发投资及其形成无形资产的信息披露相对较少，与市场的信息不对称程度高，使得投资者无法准确评估这些研发投资产生经济效益过程中的巨大不确定性。西夫西（Ciftci，2010）在研究美国软件业企业对研发投资进行资本化处理时发现资本化的支出并不能提升其盈利水平，甚至一些企业的盈利水平反而明显下降。作者认为由于资本化过程在会计处理上的自由度较高，导致很大比例没有盈利前景的研发支出也计入其中，从而增加盈利预测的噪声，使得企业盈利水平面临较高的不确定性。

另外，由于企业进行研发投资的过程及结果本身就具有较高的不确定性，即使在企业如实披露其投资额度与相关项目情况时，市场对这些项目产生的价值也很难准确评估，双方的信息不对称仍然存在，导致投资者对企业市场价值的认可度较低。埃伯哈特和麦克斯韦（Eberhart and Maxwell，2004）基于1951~2001年8313家企业的面板数据进行实证研究，发现随着研发投资的逐步增长，这些企业的长期绩效出现大幅增长，股东获得了显著的高额回报。作者验证了研发投资对于提升企业绩效，培育核心竞争力都具有重要作用，但同时也指出由于研发投资具有较大的不确定性，市场对其未来盈利水平的认知有较长时间的滞后，企业的这些投资并不能即时获得收益，甚至会在短期内为其市场价值带来负向影响。郭瑞金等（Guo，et al，2005）基于美国1990~2000年生物科技企业的IPO样本，运用IPO定价的三阶段模型对影响企业IPO估值准确性的因素进行了实证研究，作者指出企业研发投资水平是影响IPO定价的重要因素，但由于研发投资本身具有较高不确定性，其信息含量不足，对IPO的准确估值有一定限制作用。之后郭瑞金等（2006）实证考察了美国1980~1995年企业IPO过程中出现严重折价问题及其绩效的异常行为，指出由于现行美国会计准则只要求公布研发活动的总支出，企业自愿披露的相关研发投资信息相对较少，使得外部投资者处于严重的信息劣势地位，研发项目本身的高度不确定性也助长了投资者的怀疑情绪，因此，进行研发投资的企业更容易出现IPO折价问题，并且其长期财务绩效也并不理想。巴拉特巴特（Balatbat，2006）的研究也进一步验证了郭瑞金等（2006）关于企业披露研发投资加剧信息不对称程度的结论。扎尼茨基和霍滕罗特（Czarnitzki and Hottenrott，2011）采用面板数据研究企业进行不同研发项目是否受到不同程度的融资约束，发现由于高精尖的研发项目本身具有较高的不确定性，更难获得信贷支持。

国内针对研发投资的自愿披露问题也进行了初步探索，但在研究内容和研究方法上受到西方学者的影响，大部分成果止于中国情境下的验证。本书以R&D、研发信息、披露等关键词在CSSCI规定的核心期刊列表中搜索相关研究主题，共查询到相关研究 14 篇，大部分研究主要探讨了企业研发投资的会计处理方式或披露方式及其经济后果（9 篇），目前，只有 5 篇探讨在中国的制度环境中，企业如何通过披露研发的相关信息来缓解与市场的信息不对称，实现其自身研发能力、盈利能力和市场价值的提升，其研究内容、研究方法和研究结论都与国外相关研究保持较强的一致性，如他们发现在中国特定的环境中，企业研发投资的额度（陈修德等，2011；汪海粟、方中秀，2012）、项目进展信息（姚靠华等，2013）以及政府的研发补贴（高艳慧等，2012）等具有一定的信号传递作用，有利于缓解信息不对称程度，提升企业融资能力。

二、研发支持信息及其对企业融资能力的影响

已有研究表明高科技企业可以通过自愿披露研发投资额度、研发项目进展以及研发成果等信息向市场传递其具有较高的技术水平、可控的投资风险或者良好的发展前景等内容。不仅如此，企业获得政府研发支持的相关信息也可以作为其技术水平与发展前景的信号来缓解市场对其未来不确定性的担忧，降低投资者对风险溢价的要求（Jones，2007）。

雷和刘（Lei and Liu，2010）实证研究发现政府对高科技企业进行研发支持的额度可以作为信号让市场了解企业的研发能力，这类信息的披露对市场有积极反应。克莱尔（Kleer，2010）通过建立信号传递模型研究高科技企业将政府补贴作为信号向市场传递其盈利能力的可行性。模型在假设政府的项目识别能力优于银行等投资者的前提下，发现银行可以根据政府是否给予企业研发支持这一信号间接了解企业的研发投资项目情况，在一定程度上判断项目的质量及其未来的盈利水平，进而做出投资决策。而研发支出额度的信息却无此作用。我国学者高艳慧等（2012）在我国转型经济的背景下，验证了中国政府对高科技企业的研发支持不仅能够直接为企业带来现金收益，同样也具有信号传递作用，有助于企业获得更多的银行贷款，缓解企业融资约束，其在实证研究中将补贴的额度作为研发支持信息的代理变量。

上述关于政府研发支持对高科技企业融资能力的相关研究主要基于自愿信息披露与信息不对称的理论分析框架，认为研发支持是一类反映企业研发

能力的正向信号，通过缓解企业与市场的信息不对称程度来帮助企业克服融资约束。

同时，一些研究发现研发支持信息具有认证效应，通过提升市场对企业投资价值的信任水平影响企业的融资能力，如勒纳（Lerner，1999）基于1983～1997 年美国高科技企业创新研究项目的 1435 家企业样本，首次检验了政府的研发补贴对其成长、绩效及外部融资的影响。实证研究发现，获得资助的企业成长更快、绩效更好，而且研发补贴可以向市场展现企业的技术实力和发展前景，更有可能获得风险投资的资金支持，而资助额度对企业的绩效和融资无显著影响，作者认为研发补贴对企业融资的正向影响很可能是通过认证效应起作用。费尔德曼和凯利（Feldman and Kelley，2006）基于申请美国国家标准与技术研究所高科技资助项目的 240 家高科技企业的访谈与问卷，实证研究了政府研发补贴对企业知识溢出的影响，结果发现获得研发补贴的项目更可能获得进一步研究的机会，企业也较容易获取其他渠道的资源，如风险投资、战略联盟及政府的其他科研项目，从而增加了企业获得其他外源融资的能力。梅勒曼和梅塞内尔（Meuleman and Maeseneire，2012）发现很多国家都存在为中小企业创新项目提供研发补贴的行为，而这种补贴可作为政府对企业的一种认证或奖励，来帮助其获得更多外部融资。文章通过实证检验了政府研发补贴的认证作用，发现企业披露获得政府补贴的信息有利于企业获取长期贷款。

三、理论研究评述

现有关于企业研发信息披露的研究已日臻完善，从早期局限在会计学领域中会计处理方式的初步探讨逐步深化，越来越多的研究开始立足制度环境和企业战略，关注研发信息的披露动机、影响因素及其经济后果等方面。研究范畴也逐步拓展到经济学、管理学和金融学等领域，尤其对于企业如何通过自愿披露研发相关信息克服外部环境的缺陷（如信息不对称等）来获取外部资源和提升市场价值的相关研究，日益成为近年来国内外学者关注的热点。从已有研究来看，该问题目前主要有三种研究思路：

研发投资行为是高科技企业持续盈利和保持核心竞争力的重要手段，也是市场对企业进行投资价值评估时重要考察的因素之一，但由于研发项目通常具有技术壁垒高、专业性强、缺乏准确的估值方法以及潜在市场价值的不确定性大等特征，使得双方存在着严重的信息不对称（Palmon and Yezegel，2012）。很多学者在研究中通常延续自愿信息披露的研究范式，基于信息不对称理论探讨企业如何提高研发信息的披露质量、丰富披露内容以及增加披露频率来帮助外部投资者更多地了解企业真实经营状况以及未来的盈利价值，缓解市场的信息不对称程度，从而获得投资者的支持。比如企业自愿披露研发投资的额度（Han and Manry，2004；陈修德等，2011；汪海粟、方中秀，2012）或研发项目的进展情况（Xu，2006；姚靠华等，2013）等，可以使投资者更充分地了解企业研发项目的具体情况，缓解双方信息不对称，提升企业融资能力。

关于研发信息影响企业融资能力的第二种研究思路属于信息经济学的研究范式，一些研究结合研发信息的具体内容与投资者的信息需求，基于信号传递理论，寻找可供投资者识别并理解的信号来间接反映企业的研发能力，在一定程度上缓解信息不对称或者缓和投资者因研发本身的高度不确定性引起的担忧，以此促进企业融资能力的提升。比如企业将研发成果作为盈利能力和创新能力的信号（Hassan，et al，2009；Häussler，2009；Francis，2012）、将企业高管的持股情况作为企业发展前景的信号（Luo and Brick，2002）或者将政府研发补贴额度作为研发项目潜在商业价值的信号（Lei and Liu，2010；高艳慧等，2012）等。

以上两种思路具有共同的理论基础，即将信息不对称理论作为逻辑解释路径，认为企业披露研发信息的主要作用是缓解其与市场的信息不对称，使投资者能够更准确地进行投资价值评估，进而提升企业融资能力。但有学者指出基于信息披露成本和披露风险的考虑，很多高科技企业通常对研发信息进行选择性披露或者进行模糊化处理（Athanasakou and Hussainey，2014），这些片面或模糊的研发信息并不能有效缓解信息不对称程度（Aboody and Lev，2000；Chan，2001；Darrough and Rangan，2005），甚至可能会加剧双方的信息不对称，使投资者对企业投资价值的评估产生更大误差（Lev and Sougiannis，1996；Aboody and Lev，1998；Ciftci，2010）。另外，即使企业如实披露其投资额度与相关项目情况，企业研发投资过程及成果价值的高度不确定性也可能导致市场无法对企业的投资价值进行准确评估，企业仍然很难摆脱融资约束的困境（Guo，et al，2005，2006；Hottenrott，2011）。

由此可见，关于企业自愿披露研发信息是否可以有效缓解信息不对称，从而提升企业融资能力的这一影响路径目前仍存在一定的争议。因此，一些研究尝试从其他视角考察高科技企业披露研发信息对其融资能力的影响，形成第三种研究思路。这一类研究从研发信息的特征入手，认为研发信息是投资者即使支付大量识别成本或时间成本也无法充分了解和验证的一类特殊信息，属于信任类信息的范畴（Comyns，et al，2013）。高科技企业可以通过获得政府等权威机构支持的方式，利用认证效应提高投资者对企业的认知和认可水平来促进企业融资能力的提升。比如企业披露其获得政府研发支持的信息就具有认证效应，有利于企业获得风险投资公司的支持（Lerner，1999），参与战略联盟（Feldman and Kelley，2006）以及获得银行的长期贷款（Meuleman and Maeseneire，2012）等。

目前，这一类研究还只是停留在利用认证效应来解释政府支持行为对缓解企业融资约束的影响上，尚未形成完整的理论分析框架，也未从理论高度对研发支持促进企业融资能力提升的影响机理进行深入探讨，这也为本书的研究提供了创新的空间。本书认为，认证效应可以通过管理学领域中的组织合法性理论得到合理解释，而这也为中国情境中提升高科技企业融资能力提供了新的解决思路。因此下文对组织合法性理论及其对企业融资能力影响的相关研究进行系统性梳理，为本书基于组织合法性建立理论分析框架奠定坚实的基础。

第三节　组织合法性理论及其与企业融资的关系

"合法性"最早起源于政治学领域，长期以来等同于政治合法性，随着研究的深入，这一概念逐步拓展到社会学和管理学等领域，成为组织制度研究中的重要理论之一。虽然针对合法性的研究成果颇丰，但实际上在管理学领域中的研究历史较短，直到 20 世纪后期，辛格和塔克（Singh and Tucker，1986）针对组织生存率的探讨才真正开启了合法性在管理学领域内的系统性研究，研究内容也从最初的概念探讨逐步深化形成了组织合法性的理论体系，并于近些年广泛应用于企业行为决策的研究。本节拟对组织合法性的相关理论文献进行系统性梳理，为后文的理论与实证研究提供坚实的理论依托。另外，本节也对组织合法性的研究现状与不足之处进行分析，并指出未来发展的方向。

一、组织合法性概念与内涵

合法性（legitimacy）源于拉丁文，原意指合乎法律，最初应用于政治学领域的国家理论与民主理论中，用以表明社会受众对社会规则的遵守程度与组织存在性的认同程度（本书所指的社会受众不仅包含普通的消费者，还包括市场投资者在内的利益相关者）。我国《现代汉语词典》中对"合法性"的解释也具有符合法律与规则的含义。在合法性理论被引入到组织制度等管理学领域后，合法性的概念与内涵得到进一步的扩充和丰富，合法性中"法"的含义也不再局限于狭义的权威制度和国家法律规范，而更多从广义上指权威或规则的存在在法理、道德和认知上具有正当性与合规性。从这一层面上讲，合法性不仅包含强制性的法律制度，还涉及行为规范、一般性的标准、模式和规律等诸多更宽泛的内涵，本书拟对管理领域中合法性理论的相关研究进行系统性的梳理，深入探究其具体概念与内涵。

（一）组织合法性的概念及演变历程

学术界对组织的认识经历了从理性的封闭系统逐渐转变为组织与环境间相互影响的开放系统过程，开始关注组织生存和发展的内在动因。德国政治社会学家韦伯（Weber）第一次从社会学视角探讨合法性的概念，进而影响到组织制度等管理学的研究。在其论著《新教伦理与资本主义精神》中，韦伯首次提出以规则为主体的组织体系和管理方式可以获得社会普遍的认可。此后，韦伯将合法性等同于组织中权力结构的稳定性，认为这种稳定性来源于社会受众对该组织存在意义的普遍信念。韦伯认为除了领袖魅力获得的感召型权威和君权神授带来的传统型权威之外，组织的管理结构是否建立在理性制度规范基础之上，是否遵从社会标准和正式法律的规范从而获得社会受众的认同和服从，也是该组织存在的重要依据，这种对规范的信仰被称为合法性权威。几乎在同一时期，新制度学派的重要开创者帕森斯（1960）在研究组织的制度趋同现象时引入组织合法性的概念，他认为组织合法性是在特定信念、规范和价值观的社会背景下，组织的行为是否符合大众期望的一般认知和假定。这一界定认同了韦伯关于强制性法律制度具有合法性的观点，但同时强调组织的价值观需要与其所处社会情境的价值体系保持一致，通过遵从上层系统的价值体系来获得组织合法性。

如果说 20 世纪 70 年代以前组织合法性的研究处于萌芽阶段的话，那么梅耶和罗万（1977）的研究则进一步发展了组织合法性的概念，推动合法性理论进入概念明晰阶段。两位学者通过引入社会认知因素丰富了合法性的内涵，强调组织结构与组织形式都是社会中理性化制度规则的反映，组织只有符合被大众认可的社会观念和制度规范时，才可以获取组织合法性，进而获得更多其他资源。此后虽不断有学者探讨组织合法性的概念，但都局限于上述学者的研究思路。如迪马吉奥和鲍威尔（DiMaggio and Powell，1983）侧重于合法性的最初定义，认为组织遵从普适的社会价值体系，符合专业标准和规范是合法性的关键因素。

直到苏克曼（1995）在《管理学评论》上发表《合法性的管理：战略与制度的方法》一文，才标志着组织合法性理论的初步建立。苏克曼在梳理以往组织合法性的大量研究基础上，整合了社会受众对组织结构或行为的评价和认知因素，将组织合法性定义为一般性的感知或假定，即在一个被广泛接受的制度规范、价值观念与评价标准的社会系统中，组织或企业的行为被认为是适当、正确和合意的程度。此后，学术界对组织合法性的理解趋于一致，普遍接受苏克曼的定义，组织合法性理论也正式成为管理学领域中的一个重要理论，广泛应用于组织或企业行为的研究中。

国内学者针对组织合法性的讨论起步较晚，大部分研究出现在 21 世纪，而且主要集中在运用组织合法性理论解释组织的生存与成长问题，对组织合法性概念的探讨主要来源于周雪光（2003）的研究成果。他从制度视角讨论组织合法性的形成过程，认为组织是一个制度化的组织，当社会制度规范、文化观念或是特定的组织形式被广泛接受和认可时，这种特定情境就成为人们判断组织行为的标准，组织通过迎合这种既成观念来获取人们的认可，也就是获取合法性。

本书认为学者对组织合法性概念的理解从最初政治制度自上而下的权威性拓展到价值观念和标准规范等多维社会体系的一致性，从最初基于权威性的评价视角拓展到社会受众对组织的认知和评价的双重视角，甚至拓展到组织自下而上的趋同性。基于苏克曼对组织合法性概念的界定，本书认为组织合法性是指在一个价值信念、行为准则和规范标准等得到普遍接受的特定制度情境中，组织的结构特征及其行为被认知和认可的程度。这一定义强调了组织与外部情境的互动关系。

（二）组织合法性的内涵与类型

在组织合法性引入管理学领域的初期，大批学者着重探讨如何准确界定其核心含义，而随着合法性概念的日渐明晰，组织合法性的具体内涵与类型逐渐受到学者的关注。企业作为最为广泛存在的一类组织，成为学者主要的研究样本，迪马吉奥和鲍威尔（1983）最早开展了这方面的研究工作，他们在研究新兴行业内企业的组织结构趋同现象时，按行为动机将组织结构的一致性过程分为强制性、模仿性和规范性，认为强制性趋同是出于企业获取政治影响力和合法性的考虑，模仿性趋同更多是为了应对环境的不确定性，而规范性趋同则源于企业专业化的分工。这一研究成果虽然并未对组织合法性做出明确的分类，但其基本思想却为后续研究奠定了坚实的基础。

辛格等（Singh，et al，1986）在研究如何提高新创企业的生存概率时，首次将组织合法性分为内部合法性和外部合法性，认为新创企业由于尚未获得外部制度的支持而缺乏合法性，而企业进行法律备案、拥有慈善行为的认证可以获得外部合法性，从而提高其生存概率。这种两分法虽然较为粗糙地按组织与环境两个层面对组织合法性进行分类，但却代表了制度学派对合法性内涵的普遍理解。制度学派认为组织合法性是全体社会构建的一种集体评价，反映的是组织个体与社会系统共同信念的一致性。组织个体是否具有合法性，在于社会受众对该组织结构与行为的总体评价。这种重点突出外部环境对组织个体的合法性评价过程的理解也被称为组织合法性的制度观。与此相对应，自梅耶和罗万（1977）将社会认知因素引入组织合法性后，一些学者开始探讨合法性在企业生存发展中所起到的作用，认为当企业与外部环境具有一致性时，这些企业就会被认为符合社会规范和大众期望，社会受众也会更加认可和认同企业的组织结构与行为，从而愿意为企业的生存发展提供资源支持。即合法性是一种先行资源（Zimmerman and Zeitz，2002），当组织（企业）获取到合法性后，获得其他资源会变得更容易，这些资源不仅包括金融、人力等有形的资源，还包括社会受众的信任等无形的资源。这一研究视角从组织个体出发，强调获取组织合法性的有用性，重点突出了社会受众对组织合法性的认知过程，也被称为战略观视角。

一些学者整合了制度观与战略观视角，从合法性的来源出发重新审视组织合法性的类型，主要形成三种代表性的观点。奥尔德里奇和菲奥尔（Aldrich and Fiol, 1994）认为新兴行业内的企业，如很多高科技企业，面临着严重的组织合法性约束问题。按照合法性约束的不同来源，两位学者将组织合法性分为社会政治合法性（sociopolitical legitimacy）和认知合法性（cognitive legitimacy）两种类型，社会政治合法性指在既定的制度环境中，包括核心利益相关者、政府监管者等在内的权威机构或成员对企业组织结构与行为的认可度；而认知合法性则是指基于社会受众对企业的认知水平，接受并认为企业的存在具有合理性的程度。

斯科特（Scott, 1995）基于迪马吉奥和鲍威尔（1983）的分类逻辑，进一步拓展和深化了奥尔德里奇和菲奥尔（1994）关于社会政治合法性的研究，将组织合法性细分为规制合法性（regulative legitimacy）、规范合法性（normative legitimacy）和认知合法性（cognitive legitimacy）三种类型。规制合法性建立在韦伯提出的权威法律与标准规范的基础上，反映组织（企业）是否在正确地做事。当企业的组织结构和行为等与外部制度环境保持一致时，社会受众会认为该企业具备了规制合法性，这些既定的制度既包括强制性的法律制度，也包括政府、行业协会、专业机构等权威行政部门制定的规则标准等。规范合法性，也称为道德合法性（moral legitimacy），主要来源于帕森斯（1960）所提出的社会价值体系，反映了组织（企业）是否做正确的事。社会受众根据企业的组织结构、产品及行为等与社会普遍存在和接受的价值观念进行对比，从而对企业是否具备规范合法性做出判断。认知合法性与奥尔德里奇和菲奥尔（1994）的结论相似，反映了社会受众对企业的组织结构、产品及行为是否充分理解和接受，从而影响其对组织认知合法性的判断。

同年，苏克曼（1995）在对组织合法性进行系统性的理论构建时，也对其类型进行了探讨，认为组织合法性可分为实用合法性（pragmatic legitimacy）、道德合法性和认知合法性。实用合法性是指利益相关者为了自身利益而对组织提供支持，后两种类型与斯科特等学者的分类方式相似。

此后，也有学者基于不同样本和不同情境，对组织合法性的类型提出了新的修正性研究。齐默尔曼和泽茨如（Zimmerman and Zeitz，2002）在斯科特（1995）的研究基础上引入产业合法性的概念，认为对于新兴行业中的新创企业，要尤其关注产业合法性的重要性，获得合法性即是企业获取其他资源的重要先行资源。格林伍德等（Greenwood，et al，2002）认为具有高技术知识壁垒的高科技企业对于组织合法性的需求应该更加细化，通过引入专业合法性（professional legitimacy）来区分不同社会受众对企业行为与结构安排的认知程度，从而突出企业获得专业性机构或人员认知的重要作用。达金和奥利弗（Dacin and Oliver，2007）在研究企业间战略联盟对各企业资源获取与绩效表现时，从制度视角将组织合法性分为市场合法性（market legitimacy）、投资合法性（investment legitimacy）、关系合法性（relational legitimacy）、社会合法性（social legitimacy）与联盟合法性（alliance legitimacy）五类。陶斯特（Tost，2011）在研究社会受众对组织合法性的评价过程时，将其分为工具合法性、关系合法性及道德合法性。由于国内针对组织合法性理论开展的研究起步较晚，涉及合法性类型的研究并不多见，通常采用国外的划分标准有针对性地研究特定类型的合法性对组织的影响。

总体而言，组织合法性表征社会受众对组织与外部环境一致性的认知和评价过程，因此学术界普遍认为1995年斯科特和苏克曼的研究较为准确地描述了组织合法性的内涵，尤其是斯科特提出的分类标准，更是得到广泛的支持和应用（杜运周等，2009）。从认知合法性到规范合法性，再到规制合法性，制度的权威性与强制性逐渐增加，制度规则也渐次明确，而组织获取合法性的策略与方式也越单一，战略灵活度也越小。

组织合法性在管理学领域的研究在经历了概念引入阶段、概念明晰阶段和理论建立阶段后，关于组织合法性概念与内涵等抽象性的理论探讨日趋减少，国内外学术界将注意力更多集中在运用组织合法性理论来解决现实问题上。在这一时期，基于现实数据分析企业的生存和发展问题的实证研究开始大量出现。本书重点研究高科技企业如何通过研发支持信息来获取外部利益相关者的认知和认可，从而提升其融资能力的问题，主要涉及组织合法性的获取策略及其经济后果，因此在下一部分着重分析这方面的研究成果。

二、组织合法性的获取及其对高科技企业融资能力的影响

组织合法性如何获取及其对企业资源获取能力的影响是近年来国内外学术界关注的热点，也是本书在中国高科技企业如何提升融资能力的研究中重点关注的内容。为了考察中国特殊的情境下高科技企业通过披露政府研发支持信息来获取组织合法性并提升其融资能力的现实可行性，本书拟对国内外组织合法性的相关研究进行系统的梳理，在考察中国制度环境以及高科技企业本身特征的基础上，整合并筛选现有研究成果，从而更好地为本书的研究主题服务。

本书首先从制度视角、生态学视角、创业者文化视角、印象管理视角与社会迁移视角等五个研究视角（Uberbacher，2014）对组织合法性理论的应用研究展开梳理工作，探讨组织合法性的研究思路。之后本书按照普遍获得认同的组织合法性获取策略将现有研究重新整合，详细论述不同策略下企业获取组织合法性的具体手段与方式，尤其对于企业在适应环境的策略导向下实施的信息披露行为及其影响进行梳理，为后文的理论构建与实证研究奠定坚实基础。

（一）五种研究视角

1. 制度学视角

很多学者从制度学视角研究组织合法性的形成过程及合法性获取问题，普遍认为外部的制度环境在评判企业是否具有合法性时具有权威性，甚至从宏观层面来讲，通常会决定企业的合法性水平。这一视角认为社会既有的认知体系将企业是否采用标准化和规范化的组织结构和经营行为作为合法性的评判标准，从而直接影响社会受众对企业是否具有组织合法性的评判。社会认知体系所持的认知标准通常包括企业是否具有符合社会受众认知的行业属性（Meyer and Rowan，1977；Rao，2004；Pontikes，2012；Glynn and Navis，2013；Scherer，et al，2013）、是否采用规范化的组织结构（McKendrick，et al，2003；Barreto and Baden，2006；Lieberman and Asaba，2006；Tornikoski and Newbert，2007；Drori，2009；Jonsson，et al，2009；Santos and Eisenhardt，2009；Khaire，2010；King，2010；Cornelissen and Clarke，2010；Etzion，2010）、是否是具有特定背景和特征的企业家（Cohen and Dean，2005；Godwin，et al，2006）、是否进行标准化的商业行为（Delmar and Shane，2004；Karlsson and Honig，2009；Etzion，2010），甚至企业进行广告宣传或发布招聘启事（Khaire，2010）时是否具有特定的规范等。当企业遵守既有的规范时，也就自然地符合了社会受众的认知标准，从而获取到合法性，也提升了该企业获取其他资源的机会和能力。

也有一些研究认为社会中具有权威性的制度化组织或中介机构，包括政府、行业协会、行业分析机构、审计机构以及媒体组织等，对企业做出的评价可以影响社会既有的认知体系，从而间接影响社会受众对企业是否具有组织合法性的判断。当社会受众进行合法性判断或做出投资决策时，他们会同时考虑自身具有的认知体系和权威组织提供的评价体系。比如，政府持股的风险投资公司对特定企业的投资行为被看作该企业具有发展潜力（Cho and Lee，2013），政府对企业的某些研发项目进行专项补贴具有认证效应（lerner，1999；Feldman and Kelley，2006；Meuleman and Maeseneire，2012），银行对某些企业提供长期贷款可认为该企业具有较低的财务风险（Bharath，et al，2007；Focarelli，et al，2008；Ross，2010），第三方的评级机构帮助市场投资者识别企业的信用水平或产品质量（Terlaak and King，2006；Bongaerts，et al，2012），还有社会媒体对企业及相关行业的报道和分析直接影响投资者对企业的认知和评价（Pollock and Rindova，2003；Sine，et al，2007；Petkova，et al，2013）等。

总体而言，制度学视角是以社会为中心，突出社会受众在企业获取组织合法性过程中的决定性作用。处于主动地位的社会受众，通过识别、认知和评估企业是否符合社会既定的认知标准来赋予企业一定程度的合法性。从制度学视角研究合法性，既包含自上而下的宏观层面也包含自下而上的微观企业层面。宏观层面即指制度环境或行业特征决定微观个体的合法性，微观层面则强调在同一个外部环境中的不同企业特征也可以具有不同的合法性水平。

2. 生态学视角

在生态学视角看来，企业是否具有组织合法性是由其所在的结构化情境决定的（如所处市场、行业及同一情境中企业数量与密度等）。当社会既有认知体系对特定的市场环境有较为清晰和明确的认知时，该环境中的在位企业通常较容易被社会受众所认知和接受（Rao，2004；Pontikes，2012；Etzion，2010；Glynn and Navis，2013；Scherer，et al，2013），从而获得组织合法性，而潜在进入者也会较容易被市场接受并获得合法性（Khaire，2010；King，2010）。相反，如果社会受众对行业等外部情境缺乏足够的认知，则整个行业内的企业都可能面临着合法性缺失的困境。如市场对一些新兴行业或高科技产业的认知不明确，导致企业丧失合法性，也在资源获取等方面面临困境（Aldrich and Fiol，1994；Zimmerman and Zeitz，2002；Navis and Glynn，2010；Dobrev and Gotsopoulos，2010；King，et al，2010；Glynn and Navis，2013）。

与制度学视角相似，生态学视角也认为既有的社会认知体系或已建立的产业构念对企业的组织合法性水平具有决定性的影响。当企业满足具有明确认知的情境化构念时，较容易被社会受众接受和认可，从而获得所需的社会资源。反之，如果企业的特征与社会认知不一致，则很难获取到组织合法性以及其他资源，从而最终被社会抛弃。由此可见，生态学视角也是自上而下地将外部情境视为组织合法性判断的唯一权威，但与制度学视角不同，生态学视角更突出外部情境的决定性影响而忽视企业个体的能动作用，同时也更强调社会受众的认知和理解程度在组织合法性评判过程中的重要作用。

3. 企业家文化视角

外部情境对企业的组织合法性获取具有重要影响，但并不是说微观层面的企业个体就只能扮演被动接受的角色。基于企业家文化视角的研究就突出了企业的能动作用。企业家及高管团队作为决定企业战略行为的主导者和实施者，其自身文化特征对于组织合法性的获取同样具有重要作用。一些研究认为企业家及高管团队的价值理念、创新意识和文化内涵等与社会普适认知标准的一致性程度对企业的组织合法性水平产生重要影响。比如企业高管向外部自愿披露其研发信息（Guo，et al，2005）及申请专利（Hoenen，et al，2014）的情况会促进市场投资者相信企业具有较强的创新意识和创新能力。企业披露自身产品获得政府的认证（Narayanan，et al，2000）或者研发项目得到政府补贴（Feldman and Kelley，2006）也会得到市场的认可。另外，企业家个人进行商业演讲或描述企业发展蓝图（Lounsbury and Glynn，2001；Martens，et al，2007；Baron，2008；Clarke，2011；Petkova，et al，2013；邓学军、夏洪胜，2006；胡艳曦、曾楚宏，2008）以及向市场宣传产品设计理念（Hargadon and Douglas，2001；Shepherd and Zacharakis，2003；Rao，2004；Rindova and Petkova，2007；Eisenman，2013）等也较容易获得社会受众的认可，从而获取组织合法性。

企业家文化视角站在企业的立场，认为企业及其管理者能够通过主动意识和积极行为改变社会受众对企业的认知，强调企业控制或重塑合法性的评价标准及其再获取的过程（Suchman，1995）。企业家个人及高管团队可以通过其积极的行为向市场传达企业的文化或产品的设计理念，来增进社会受众的理解和认知，从而提高企业的组织合法性水平。

4. 印象管理视角

企业家也可以通过对其个体、高管团队以及企业进行有针对性的信息披露和印象管理，塑造符合社会认知规范的良好形象来获取社会受众的认可，从而获取组织合法性，这就是印象管理视角的研究内容。在自愿信息披露一节中，本书提到企业在进行融资前有时会选择性地披露信息，从印象管理视角来看，这种更多披露有利信息（Elsbach，2003；Pache and Santos，2012）和展现其良好声誉（Certo，2003；Navis and Glynn，2011；Stern，et al，2014）的行为可能是企业试图对外塑造高质量企业的形象。从某种意义上讲，企业履行社会责任（Hooghiemstra，2000；Katre and Salipante，2012）或者采取慈善捐款（胡艳曦、曾楚宏，2008）等非营利行为也属于印象管理的范围。此外，企业还可以通过展现高管团队的声誉（Florin，et al，2003；Chen，et al，2008）或能力（Zott and Huy，2007）等象征性行为（Caldwell and O'Reilly，1982）来迎合社会对企业的期望，吸引投资者的关注，从而获取合法性。

印象管理视角的研究也站在企业个体的立场，探讨企业在组织合法性获取中的积极作用。与企业家文化视角中企业努力提升社会的认知水平不同的是，印象管理视角下企业获取合法性的主动性更强，行为更多样化，不仅试图提升社会受众的认知水平，还希望通过印象管理和象征行为改变市场对企业的评价。

5. 社会性运动视角

如前文所述，在某种情境中，比如一些新兴行业或高技术壁垒行业中的企业通常很难得到市场认知和认可，从而面临合法性缺失的困境。这些企业可以主动采取信息披露等策略来提升社会受众的认知水平或改善市场对企业的既有形象。当这些企业的行为在时间或方式上具有一致性时，即形成了群体行动。在社会学领域中，以群体行为作为表现形式的社会性运动通常指社会成员为了某种政治目的或社会问题而采取的统一且非正式的行为。在某些新兴行业整体缺乏认知和了解时，生存在其中的所有企业都有动机通过采取一致性的群体行动的方式改变社会受众对该行业或企业的既有认知（Weber，et al，2008；Hiatt，et al，2009），帮助市场建立企业的价值评估体系，使其更易于被市场接受并获取组织合法性（Benford and Snow，2000；尹压林、任兵，2009；Wry，et al，2011）。

社会性运动视角的研究同样是以企业个体为中心，而将社会受众视为完全被动的角色，探讨企业的群体行为对组织合法性获取的作用机理。这一视角通常将已经处于合法性缺失状态的企业作为研究对象，强调企业的主动行为对社会受众认知水平和评价过程的积极影响。企业的群体行为旨在改变市场对特定情境的固有认知模式或者构建全新的认知标准，因此这种影响甚至可以完全颠覆社会受众的组织合法性认知评判标准。

（二）策略导向的组织合法性获取方式

由上文论述可知，现有探讨组织合法性获取策略及方式的研究主要从五种视角展开，本书拟按照企业对待外部环境的策略将现有文献进行重新整合，并在各策略类型内细化组织合法性的获取行为，以便为后文探讨政府研发支持信息作为中国情境中高科技企业获取组织合法性的一种有效方式奠定基础。

事实上，关于企业为获取组织合法性所采取的应对策略已有学者进行了分析，其中苏克曼（1995）提出的三分类应对策略最具有代表性。苏克曼认为企业的应对策略可分为适应型、选择型和操纵型三类，其中适应型策略是指企业依从于既有的情境规则，按照社会受众广泛接受的文化秩序和制度规范来组织企业的活动，通过展现自己或改变自己来适应环境，保持与外部情境的一致性，从而获取组织合法性。选择型策略是指当企业处于复杂多变或者尚未被社会普遍认知和接受的情境中时，企业不必一味地约束自己来适应环境，还可以通过采取一些主动行为来选择有利的环境或改善局部环境，比如企业选择细分化的市场、整合社会资源或者进行企业间的战略联盟等都是实现这一目的的有效手段。第三种类型是操纵型策略，相比于被动适应环境和适当选择环境，操纵型策略表现出企业更强的主动性。企业通过积极采取行动主动干预外部环境，影响既有的制度规范或价值观念，甚至改变现有的标准或模式，从而改变社会受众对企业的认知和评价，从而主动争取到合法性。齐默尔曼和泽茨（2002）在认同这一分类标准的同时，也认为操纵型策略并不能完全突出企业个体的主动行为，他们发现在一些新兴行业中，企业的组织结构或者经营行为无法被社会受众认知，导致其组织合法性的缺失。这时很多企业通过采取一致性的主动行为帮助社会建立对该情境的认知体系，即企业可以更为主动的创造环境，因此他们在三种成熟的策略基础上加入创造型策略。

总体而言，获取组织合法性的三分法策略普遍被学术界接受和认可，因此本书采用这一成熟的分类方式梳理现有文献，表2－2是基于这三个策略维度对组织合法性获取行为进行重新整合的结果。

表2－2　　　　　　　策略导向下的组织合法性获取方式

策略	方式	实施手段	实施主体	来　源
适应环境	服从规范	采取规范化的商业计划书等	企业	德尔玛和谢恩（Delmar and Shane，2004）；卡尔森和霍尼格（Karlsson and Honig，2009）
		符合社会熟悉的行业分类标准	企业	梅耶和罗万（1977）；庞蒂克斯（Pontikes，2012）；格林和纳维斯（Glynn and Navis，2013）；舍勒等（Scherer，et al，2013）
	模仿方式	将陌生的新兴行业与成熟行业类比	企业	桑托斯和艾森哈特（Santos and Eisenhardt，2009）；科尼利森和克拉克（Cornelissen and Clarke，2010）；埃特锡安（Etzion，2010）
		模仿成熟企业的结构、产品等	企业	迪马吉奥和鲍威尔（1983）；迪普豪斯（Deephouse，1996）；麦肯德里克等（McKendrick，et al，2003）；巴雷托和巴登（Barreto and Baden，2006）；利伯曼和阿萨巴（Lieberman and Asaba，2006）；托尼科斯基和纽伯特（Tornikoski and Newbert，2007）；德罗里（Drori，2009）；琼森等（Jonsson，et al，2009）；卡伊尔（Khaire，2010）；克恩（King，2010）；埃特锡安（2010）

续表

策略	方式	实施手段	实施主体	来源
适应环境	认证方式	企业家与高管团队的声誉、能力与社会地位	个人	纳维斯和格林（Navis and Glynn, 2011）；斯特恩等（Stern, et al, 2014）等
		企业的规模、年龄及能力	企业	崔（Choi, 2005）；吴月瑞、崔毅（2010）等
		权威的认证证书	第三方机构	泰拉克和克恩（Terlaak and King, 2006）；杜运周等（2008）等
		承销商的声誉		希金斯和古拉蒂（Higgins and Gulati, 2003）；戈弗雷和汉密尔顿（Godfrey and Hamilton, 2005）等
		审计师的声誉		比蒂（Beatty, 1989）；戈弗雷和汉密尔顿（2005）等
		媒体报道与分析报告		拉明和扎希尔（Lamin and Zaheer, 2012）；佩特科娃等（Petkova, et al, 2013）
选择环境	合作联盟	女企业家与男性共同创业	个人	戈德温等（Godwin, et al, 2006）
		与知名企业进行战略联盟	企业	鲍姆和奥利弗（Baum and Oliver, 1991）；达金等（Dacin, et al, 2007）；英格拉姆和岳（Ingram and Yue, 2008）
	网络联系	建立社会网络，整合企业现有资源	企业	奥尔德里奇和菲奥尔（1994）；胡曼和普罗曼（Human and Provan, 2000）；希金斯和古拉蒂（2006）；约翰逊（Johnson, 2007）；卡塔尼等（Cattani, et al, 2008）；德萨（Desa, 2012）
操纵环境	象征行为	创业演讲、描述发展蓝图等	个人	阿什福思和吉布斯（Ashforth and Gibbs, 1990）；朗斯伯里和格林（Lounsbury and Glynn, 2001）；马滕斯等（Martens, et al, 2007）；巴隆（Baron, 2008）；克拉克（Clarke, 2011）；佩特科娃等（2013）；邓学军、夏洪胜（2006）
		普及产品知识，宣传和展示产品的功能及设计，提高公众认知度	企业	哈格顿和道格拉斯（Hargadon and Douglas, 2001）；谢泼德和扎查拉基斯（Shepherd and Zacharakis, 2003）；拉奥（Rao, 2004）；林多娃和佩特科娃（Rindova and Petkova, 2007）；艾森曼（Eisenman, 2013）
	印象管理	选择性披露有利信息	企业	埃尔斯巴赫（Elsbach, 2003）；帕奇和桑托斯（Pache and Santos, 2012）
		履行社会责任	企业	考德威尔和奥赖利（Caldwell and O'Reilly, 1982）；胡姆斯特拉（Hooghiemstra, 2000）；卡特尔和萨利潘特（Katre and Salipante, 2012）
		慈善捐款等非营利行为	企业	卡特尔和萨利潘特（2012）

续表

策略	方式	实施手段	实施主体	来　源
操纵环境	集体行为	同行业创业者一致性的宣传行为	个人	奥尔德里奇和菲奥尔（1994）；戴维斯等（Davis, et al, 2008）；希亚特等（Hiatt, et al, 2009）；纳维斯和格林（2010）；尹压林、任兵（2009）；韦伯等（Weber, et al, 2008）；瓦耶等（Wry, et al, 2011）
		改变社会认知的行业分类标准与等级	企业	汉南（Hannan, 2010）；多布雷夫和哥索普洛斯（Dobrev and Gotsopoulos, 2010）
		组织密度	企业	麦肯德里克和卡罗尔（McKendrick and Carroll, 2001）

资料来源：作者根据相关文献研究整理。

1. 适应环境

当社会受众对企业个体缺乏认知或者认可度不高时，企业将处于合法性缺失的困境，进而失去获得其他资源的机会和能力。企业为获取并保持组织合法性，应对策略之一即是服从社会既有的制度规范和认知标准来适应环境（Meyer and Rowan，1977；Scherer, et al，2013），这种策略成本最小且效果显著。企业适应环境的行为主要可分为三种方式，即服从规范、类比方式和认证方式。

有学者认为企业通过守法经营等方式来保持与外部环境的一致性，并向市场展现其规范性，可以获得一定程度的组织合法性。如德尔玛和谢恩（Delmar and Shane，2004）在调查瑞典233家企业成长状况时发现企业遵守法律制度并且在经营中采用规范化的商业计划书可以提高企业的生存概率。有些企业则是把计划书当作企业质量的信号，传递企业具有完善治理结构和明确经营战略等信息（Karlsson and Honig，2009）。另外，如果企业的产品定位和市场行为与市场现有的分类标准无法保持一致性，社会受众也无法准确识别组织身份及其市场价值（Glynn and Navis，2013），从而会造成合法性缺失。美国软件行业就曾因一度定位不明确，导致其组织合法性水平降低，市场吸引力下降（Pontikes，2012）。

同样，当企业处于认知度较低的新兴行业中或者企业刚刚创立缺乏足够知名度时，也面临组织合法性缺失的问题。此时企业可能会采取模仿成熟行业或企业的行动（Cornelissen and Clarke，2010）作为规范化的机制，提升市场对企业的认知水平。桑托斯和艾森哈特（Santos and Eisenhardt，2009）在研究网络购物产业发展历程时，发现最初生存在这一相对陌生领域的企业将网站设计成实体超市类似的购物模式，如添加购物车及银台结账等社会熟悉的环节来提升社会受众的了解和熟悉程度，帮助社会受众建立起对该领域的认知框架，从而获得组织合法性，一些制度的形成，如可持续发展报告披露的制度化过程也源自类比行为。

一些企业也可能通过模仿行业内成熟企业的组织结构（DiMaggio and Powell，1983；Deephouse，1996；McKendrick，et al，2003）、市场定位（Lieberman and Asaba，2006）与行为规范（Khaire，2010）等方式脱离合法性缺失的困境（Tornikoski and Newbert，2007）。同一制度环境中银行的制度趋同现象（Barreto and Baden，2006）及互联网企业间相似的行为准则与市场定位（Drori，2009）都印证了这类模仿行为的存在。当然，相似的结构也存在着风险，琼森等（Jonsson，et al，2009）发现瑞典保险行业内的企业特征相似，当其中一家企业出现丑闻时，其他企业也会出现合法性损失，包括绩效与资源获取能力等都有明显下降。因此很多企业在经历初期模仿行为获得一定的合法性后，还可能会通过个性化的行为建立企业个体身份（King，2010），或强调被模仿者的弱点，突出自身优势来引导市场关注企业本身，从而更好地获取合法性及其他市场资源（Etzion and Ferraro，2010）。

理论上讲，当企业规范的组织结构、完善的治理机制以及丰富的运营经验被市场观察到并且符合投资者衡量优质企业的标准时，企业通常会获取较高水平的组织合法性。但由于现实市场环境的限制，比如严重的信息不对称，不完善的信用体系等，企业的质量可能无法被社会受众准确识别，此时企业可以通过认证方式向市场传递其与社会认知体系的一致性。企业采取的认证方式可以是管理层的声誉与社会地位等自我认证，也可以是企业规模、年龄及运营能力的企业认证，另外由政府（Terlaak and King，2006）、承销商（Higgins and Gulati，2003）、审计师（Godfrey and Hamilton，2005）、分析师甚至媒体（Petkova，et al，2013）等第三方组织机构参与的第三方认证，也可以提升社会受众对企业的认知水平和认可程度，从而帮助企业获取组织合法性。

2. 选择环境

企业获取组织合法性的第二类策略是选择环境，主要包含合作联盟与网络行为两种方式。行业内具有相似特征的企业间通常会在资源与市场的获取上展开激烈竞争，但出于合法性的需求（Ingram and Yue，2008），企业也可以建立战略联盟，通过合作提升其各自的绩效及总体的社会福利（Baum and Oliver，1991），并最终获取联盟合法性（Dacin，et al，2007）。如戈德温等（Godwin，et al，2006）发现在一些男性主导的文化情境中，女性企业家在组织合法性的获取上存在着天然的障碍，当其与男性合作者建立联盟来共同管理企业时，企业可以提高合法性水平，由此获取大量资源并建立更庞大的社会网络。

企业也可以通过拓宽社会网络（Human and Provan，2000），整合现有资源（Aldrich and Fiol，1994）等行为来选择适宜的环境。当企业基于社会网络与社会受众保持关联和互动时，可以提升市场对企业的认知水平（Cattani，et al，2008）。而如果企业在互动中吸收外部环境中的特定元素并形成其专属特征，则可有效提高其合法性水平（Johnson，2007）。同样，企业可以基于社会网络整合现有资金、人力和技术等资源，通过影响制度环境来获得社会的认可，从而获取组织合法性（Desa，2012）。有时候，社会网络不止以企业为节点，高管团队及个人的关系特征也可以成为有效的资源（Ashforth and Gibbs，1990），帮助企业吸引高质量的机构投资者或与具有较高声誉的企业达成合作（Higgins and Gulati，2006）。

3. 控制环境

社会受众普遍缺乏对新兴领域或新创企业的准确认知，甚至无法对其做出明确的市场定位，在这种情境中的企业天然地缺失组织合法性，获取资源的能力也面临着严重约束。一些学者研究发现企业可能通过广告宣传、形象管理甚至集体行为来重新构建社会认知体系和规则标准，实现控制环境，获取合法性的目的。

很多新创企业的管理者善于自我宣传，通过创业演讲（Lounsbury and Glynn，2001）和吸引媒体关注（Petkova，et al，2013）等方式宣扬个人特质（邓学军、夏洪胜，2006；Baron，2008）、企业定位（Martens，et al，2007）以及战略蓝图（Clarke，2011），借此向市场展现企业的盈利能力和发展前景，帮助企业获取市场认知及组织合法性，进而获得包括资金、市场等其他资源的支持。

除了企业家采用创业演讲和企业宣传等意义给赋行为来改变社会对企业的评价外，企业的高管团队也会通过积极普及产品知识（Shepherd and Zacharakis，2003）、展现产品设计理念（Rindova and Petkova，2007；Eisenman，2013）等方式加深社会受众对产品的了解和认知，提升企业品牌的知名度，从而获取组织合法性。比如哈格顿和道格拉斯（Hargadon and Douglas，2001）在研究爱迪生电力系统推广案例时就发现当企业将创新的理念通过具体的产品设计细节表达出来时，可以提高社会的接受度和企业的影响力。另外，企业积极参与行业内权威的会议或是展览时（Rao，2004），也会增加社会受众对企业的关注度和认知度，从而提高其合法性水平。

企业也可以采取选择性披露有利信息（Elsbach，2003；Pache and Santos，2012）、选择信息披露的时机与方式（Caldwell and O'Reilly，1982）、履行社会责任（Hooghiemstra，2000）或实施慈善捐款等非盈利行为（Katre and Salipante，2012）进行形象管理，帮助企业与外部投资者建立社会联系，提升社会受众对企业的关注度和认可度，进而改善外部不利的环境以获取合法性。

另外，当某些宏观环境（如新兴行业等）并不被社会受众所准确了解和认知（Dobrev and Gotsopoulos，2010），甚至无法做出明确的行业分类（Hannan，2010）时，在位企业在争取合法性的过程中可能会达成一致（Davis，et al，2008），形成集体行为（Aldrich and Fiol，1994；Weber，et al，2008；Wry，et al，2011）。如纳维斯和格林（Navis and Glynn，2010）在研究美国卫星通信市场的兴起历程时，发现起初行业内企业家通常做出一致性宣传，发布企业间联合公告等，强化市场对该行业的认知，而随着行业的发展，企业更加关注媒体及投资者对企业自身的评价。作者认为新兴行业的合法性由对行业总体的评价逐步细化到行业内的各个企业。一些非营利组织也同样存在这种现象，如希亚特等（Hiatt，et al，2009）通过考察基督教妇女禁酒联合会的集体行动，检验组织个体的社会运动在改变外部环境中的重要角色。文章认为该组织的戒酒运动导致大众对酒精饮品的态度发生改变，这对啤酒厂和软饮料的生产商产生巨大负向影响，使其组织合法性逐渐丧失。而该运动又间接创造了替代性饮品的市场需求，为新饮品生产商增加合法性提供了支持。另外，集体行为也促进更多潜在进入者投资到这一行业中，从而增加行业的组织密度，从生态学视角考虑，这种密度的增加提升了整个行业的组织合法性水平（McKendrick and Carroll，2001；Dobrev and Gotsopoulos，2010）。

面对外部市场环境及所在行业整体的合法性缺失，企业可以采取主动行为选择适宜的环境甚至改变和操纵环境，但这种主动行为的成本比较高，改变既有的社会认知体系的难度也较大，实施效果不佳。出于理性考虑，较少有企业组织愿意支付如此高的成本，并承担极高的失败风险去改变社会对行业或企业自身的认知，从现有的研究来看，这两种主动的组织合法性获取策略仍缺少普适性。通常只有某些刚刚兴起的行业或者新创企业倾向于主动行为，这也是学术界关于选择环境和操纵环境策略的研究中通常采用理论推演和案例研究的原因之一。

更为普遍的是企业在既定的社会规范与市场制度中选择适应环境的策略，并以此获取组织合法性及其他资源。如前文所述，自愿信息披露恰恰就是企业试图向市场表明其与社会制度规范和认知标准具有一致性的有效行为。通过自愿信息披露行为，具有较好规范性和较高认知度的企业可以向市场澄清（unraveling result）① 其与社会规则的一致性，增进市场的了解和认可。就已有研究成果来看，企业可以通过两种方式获取市场资源，一种是依靠自愿信息披露向市场传递其技术能力和盈利能力，并对发展前景作出相应预测来缓解信息不对称程度，帮助外部投资者了解企业的研发能力，从而做出准确的投资决策。另一种获取资源的方式是在适应环境的策略框架下的认证方式，企业通过展示自身的声誉与社会地位等内容，对企业的技术能力、盈利能力与发展前景做出承诺和保证，即对企业的研发能力进行认证，从而强化投资者对企业的认知和认可来获取组织合法性，最终获取其他的市场资源。认证方式能够通过组织合法性的形式，使外部投资者信任企业的能力与发展前景，从而帮助企业得到所需的资源。

---

① 澄清过程是指高质量的企业倾向于首先对外披露信息以使其与低质量的企业相区分。澄清理论最早出现在 Viscusi, W. Kip. A Note on "Lemons" Markets with Quality Certification. *Bell Journal of Economics*, 1978. 9（1）：277 - 279. 中，在 Bolton 与 Dewatripont 合著的《合同理论》一书中有专门论述。

　　基于已确定的研究主题，本书着重分析企业的认证方式，根据认证主体的不同将其分为个人认证、企业认证以及第三方认证等三种类型，表2-3详细列举了企业适应环境策略框架下的各类认证方式。在组织合法性的理论框架下，各类认证主体对企业的支持行为都表现出一定的认证效应，本书旨在探讨企业利用这些具有认证效应的信息来提升市场的认知水平和认可程度，从而获取组织合法性的可行性与有效性。

表 2-3　　　　　　　　　　适应环境策略框架下主要的认证方式

方式	认证内容	来　源
个人认证	企业家的声誉与社会地位	纳维斯和格林（2011）；纳吉等（Nagy, et al, 2012）；斯特恩等（2014）
	高管团队的声誉、能力与社会资本	希金斯和古拉蒂（2003）；塞尔托（Certo, 2003）；埃尔斯巴赫（2003）；弗洛林等（Florin, et al, 2003）；科恩和迪恩（Cohen and Dean, 2005）；帕卡伦（Packalen, 2007）；佐特和休伊（Zott and Huy, 2007）；陈等（Chen, et al, 2008）
企业认证	企业自身的声誉	约翰和纳克曼（John and Nachman, 1985）；戴蒙德（Diamond, 1989）；李玉刚、杜俊（2008）
	企业规模和年龄	崔（2005）
	创新研发与专利	郭金瑞等（2005）；霍宁等（Hoenen, et al, 2014）
第三方认证	审计师的声誉	蒂特曼和特鲁曼（Titman and Trueman, 1986）；比蒂和里特尔（Beatty and Ritter, 1986）；比蒂（1989）；戈弗雷和汉密尔顿（2005）；杨如彦、李自然（2004）
	承销商的声誉	卡特和马纳斯特（Carter and Manaster, 1990）；卡特等（Carter, et al, 1998）；希金斯和古拉蒂（2003）
	风险投资的声誉	梅金森和维斯（Megginson and Weiss, 1991）；杰恩和基尼（Jain and Kini, 2000）；杰恩（Jain, 2001）；王等（Wang, et al, 2003）；查因等（Chahine, et al, 2007）
	银行贷款	比蒂和里特尔（1986）；詹姆斯（James, 1987）；罗斯（Ross, 2010）
	联合贷款	巴拉斯等（Bharath, et al, 2007）；福卡雷利等（Focarelli, et al, 2008）
	战略合作者声誉	斯图尔特等（Stuart, et al, 1999）

续表

方式	认证内容	来　源
第三方认证	消费者的评价	德万和徐（Dewan and Hsu，2004）
	媒体报道与分析报告	波洛克和林多娃（Pollock and Rindova，2003）；林多娃等（Rindova，et al，2005）；韦德等（Wade，et al 2006）；锡恩（Sine，et al，2007）；普法雷尔（Pfarrer，2008）；纳维斯和格林（2010）；拉明和扎希尔（2012）；佩特科娃等（2013）
	信用评级	彭和布鲁卡托（Peng and Brucato，2004）；卡尔森和黑尔（Carlson and Hale，2005）；基斯根（Kisgen，2006）；班尼埃和赫希（Bannier and Hirsch，2010）；博世和斯特芬（Bosch and Steffen，2011）；邦盖特等（Bongaerts，et al，2012）
	专业机构认证	尼科洛和塞勒斯（Nicolau and Sellers，2002）；科贝特等（Corbett，et al，2005）；克恩、勒诺克斯和特拉克（King，Lenox and Terlaak，2005）；泰拉克和克恩（2006）；锡恩（2007）；杜运周等（2008）
	政府背景的风投	赵和李（Cho and Lee，2013）
	政府补贴	鲍姆和奥利弗（1991）；勒纳（1999）；费尔德曼和凯利（2006）；塔卡洛和塔纳亚马（Takalo and Tanayama，2010）；克莱尔（2010）；梅勒曼和梅塞内尔（2012）

资料来源：作者根据理论文献研究整理。

已有研究认为成立初期的企业尚无法得到社会受众的广泛认知，往往创立之初即陷入组织合法性缺失的困境中，当企业家向外展现其个人身份特征（Navis and Glynn，2011）或声誉水平（Nagy，et al，2012；Stern，et al，2014）时，企业获得的市场认可度更高，这种传递个人特征的行为即为个人的认证。如斯特恩等（Stern，et al，2014）发现如果高科技企业的创立者具有较高的学术地位和声望，则企业可获取更高水平的组织合法性。当然，这种个人认证方式不仅限于企业家自身，企业的高管团队同样可以是企业获取组织合法性的重要因素（Cohen and Dean，2005；Zott and Huy，2007）。研究发现，当企业的管理团队或董事会具有较高的声誉（Certo，2003；Elsbach，2003；Chen，et al，2008）、丰富的从业经历（Higgins and Gulati，2003）以及强大的社会资本（Florin，et al，2003；Packalen，2007）时，企业更易于获取组织合法性，其投资价值也容易得到市场的认可，从而易于得到更多的市场资源。

　　企业作为组织主体，通过向市场展现其自身特质可以增加社会受众对企业的认知，提高市场对企业投资价值的认可度，从而帮助企业获取组织合法性。比如企业自身的声誉水平（John and Nachman，1985；Diamond，1989；李玉刚、杜俊，2008）、企业规模及年龄（Choi，2005）等特征都是社会受众评估企业是否与社会认知体系具有一致性以及是否具有合法性的重要考察因素。尤其对于高科技企业而言，企业的核心竞争力与发展前景很大程度上取决于其研发能力，因此企业进行创新研发的投入（Guo，et al，2005）以及获取的专利（Hoenen，et al，2014）等创新行为也是一种认证方式。比如霍宁等（Hoenen，et al，2014）在研究美国生物科技公司 IPO 定价谈判时发现投资者认为专利对于企业提升竞争力和促进成长等具有积极影响，拥有更多专利可以帮助企业在 IPO 过程中提升谈判地位。在信息不对称程度高以及市场互信程度低的情境中，这类信息可以看作是投资者识别高质量企业的有效信号，对企业组织合法性水平的评价有重要影响。

　　如前文所述，由于现实情境的约束，企业出于自我保护等目的，通常对信息进行选择性披露或者模糊化处理，这很大程度上影响了信息的真实性和有效性，导致投资者对企业研发能力与发展前景的评估准确度不高，从而影响其投资决策。考虑到企业家及企业自身声誉的价值及其认证作用存在较大的不确定性，实务界与理论界逐渐将目光聚焦在第三方认证上，学者普遍认为经过具有公信力且独立的第三方认证后，企业的质量更容易获得市场的认可（Dranove and Jin，2010）。实施第三方认证的主体范围较为宽泛，主要可分为四类，包括审计师、承销商等在内的商业合作者，包括风险投资、银行及企业联盟等在内的投资者，包括媒体、消费者、分析师、信用评级机构等专业机构在内的市场评价者，以及包括政府、行业协会等在内的独立第三方组织。

　　一些研究发现企业雇用有声誉的审计师（Titman and Trueman，1986；Beatty，1989）有助于投资者相信企业的财务质量并增加未来发展前景的信心，从而利于 IPO 的准确定价及融资能力的提升（杨如彦、李自然，2004）。特别是当企业进行大额的研发投资时，其经营风险及未来发展的不确定性增加，这时企业更倾向于雇用高声誉水平的审计师来传递其具有良好经营状况和发展前景的信心，这种现象在高科技企业中更为普遍（Godfrey and Hamilton，2005）。企业在 IPO 时雇用高声誉水平的承销商（Carter and Manaster，1990；Carter，et al，1998）通常也出于提高发行成功率和实现较高定价的目的（Higgins and Gulati，2003）。

企业获得认可度较高的投资者支持也被发现具有认证效应，帮助企业提高其组织合法性，特别是认知合法性水平。具有较高声誉的风险投资公司参与企业的 IPO，可以提高 IPO 的成功率（Wang，et al，2003），使其折价程度降低（Megginson and Weiss，1991），也可以促进其经营绩效的提升（Jain and Kini，2000；Jain，2001；Chahine，et al，2007）。不仅限于风险投资的参与，银行对企业的授信行为同样具有认证效应（Beatty and Ritter，1986；James，1987；Bharath，et al，2007）。外部投资者通常认为银行为企业提供长期贷款后，对债务人的投资决策可以起到较强的监管和治理作用，尤其是拥有较高声誉水平的银行，其治理水平更为突出（Ross，2010），市场通过信任银行的内控水平和治理能力，从而信任企业，给予企业资源的支持（陈超、甘露润，2013）。有学者研究发现企业获得银团贷款的信息也具有一定的认证作用，如福卡雷利等（Focarelli，et al，2008）基于 80 个国家的银团贷款数据，实证检验了银行的参与和企业融资成本间的关系，结果表明授信银行具有认证作用，帮助企业降低融资成本，提供融资便利。同时作者发现银团发布公告对企业市场价值具有正向影响，说明这种认证效果不仅存在于信贷市场，同样也对金融市场的投资者产生积极影响。另外，企业与具有较高声誉的其他企业进行战略联盟也可以增加市场对企业的认知和认可，从而获取组织合法性（Stuart，et al，1999）。

社会受众对企业的认知和评价过程在很大程度上受到包括媒体和分析师在内的外部评价机构的影响，从而影响企业合法性水平的评判。波洛克和林多娃（Pollock and Rindova，2003）发现媒体发布信息的数量与企业 IPO 折价呈负相关关系，而与股票换手率呈正相关关系，认为媒体信息不仅能反映企业的合法性水平，而且还可以通过认证效应影响其他投资者的行为。此外，媒体对企业的排名（Rindova，et al，2005；Wade，et al，2006）与正面评价（Sine，et al，2007；Navis and Glynn，2010）等关注企业的行为（Petkova，et al，2013）都具有认证效应。企业面对媒体等机构的分析和披露，其做出的反应也对其获取合法性产生重要影响（Pfarrer，2008；Lamin and Zaheer，2012）。

在发达国家的资本市场中，市场化的金融机构或中介机构也会对投资者等社会受众产生认证作用（Peng and Brucato，2004），特别是商业化的信用评级机构，其影响效果备受学者关注。卡尔森和黑尔（Carlson and Hale，2005）基于博弈模型研究信用评级机构在资本市场中的作用，发现评级机构的参与使企业违约的可能性明显下降，从而在企业融资的博弈中形成多个均衡点。企业也充分认识到信用评级对于市场的认证作用，因此往往在信用级别即将变更时减小申请贷款（Kisgen，2006）。外部投资者认为信用评级机构的经济功能不仅具有认证效应，还包括主动的监控功能，因此获得这些机构的好评对企业本身也具有较强的认证作用（Bannier and Hirsch，2010；Bongaerts，et al，2012），未经评级机构认证的企业甚至无法获得贷款支持（Bosch and Steffen，2011）。另外，普通消费者的评价也可能对企业组织合法性的获取产生影响，德万和徐（Dewan and Hsu，2004）对网上购物的行为进行实证研究时，发现具有较多好评的卖家销量较高，这表明社会受众的评价对其他信息使用者的行为产生认证效应。

在以制造业为代表的诸多行业中，企业能否占领市场和获取资源取决于产品质量和技术水平，当企业获得专业机构的质量认证时，社会受众通常会认可其技术能力并看好企业的发展前景，从而给予企业所需资源（Nicolau and Sellers，2002）。比如科贝特等（Corbett，et al，2005）发现美国制造业企业获取 ISO 质量认证能够引起绩效的大幅度增长，他们认为质量认证不仅可以通过促进企业内部生产效率来提升其财务绩效，而且由于 ISO 质量认证的权威性，市场将这种对权威的信任转移到对企业质量的信任，从而提升其市场绩效。很多学者在此基础上细化质量认证的内容，并深入探讨企业获得特定质量认证后的状况，发现企业获得 ISO 14001 管理体系标准（King，Lenox and Terlaak，2005）、ISO 9000 质量管理标准（Terlaak and King，2006；杜运周等，2008）或者行业专业技术标准（Sine，et al，2007）等认证以后，不仅自身能力有所提升，还可以获得供应链中其他企业以及消费者的信任，帮助企业在竞争中取得优势地位。因此，由权威的专业机构提供的认证是企业获取合法性的一种有效方式，在企业的合法性较差或行业认可度较低时，这类认证的效果更显著。

另外，研究发现政府、行业协会等独立第三方组织提供的认可和支持也具有认证效应，有利于提升社会受众对企业的认知和认可程度，对企业获取组织合法性同样具有积极的影响。当企业在组织结构、行为规范甚至投融资决策等都表现得与政府所提倡的规范相一致，并由此获得政府的认可和支持时，更有可能获得组织合法性。比如鲍姆和奥利弗（Baum and Oliver，1991）以加拿大幼儿园为研究对象考察其如何在激烈的市场竞争中生存发展时，发现有些幼儿园通过保持与政府或者行业协会制定规范的一致性来建立外部制度联系，使社会受众相信这些组织具有较好的资质并且有能力提供优质服务，从而获取到大量资源，表现出强大的生命力。

企业获得拥有政府背景的风险投资公司的支持也较容易吸引到其他投资者的关注，比如赵和李（Cho and Lee，2013）基于韩国2001~2008年高科技企业IPO的截面数据，研究了研发投资对企业IPO折价的影响机理，并探讨政府背景的风险投资在其中的作用。实证发现由于研发项目具有较大不确定性，市场信息不对称程度增加，这会导致明显的IPO折价，而政府背景的风投可以利用自身的声誉，通过投资于研发强度大的企业，为其盈利能力和发展前景进行认证，促使市场认可企业的投资价值，从而降低企业的折价程度。

当然，政府的研发支持可以看作是政府作为权威机构对企业最直接的支持措施，对企业自身的发展以及获得市场的认可起着重要作用。政府对企业产品或研发的支持可以向市场传递企业质量，企业通过认证方式来缓解融资约束（Narayanan，et al，2000）。在实践中，各国政府都存在着对高科技企业的研发支持，当企业披露政府的研发支持时，更容易吸引风险投资、银行等外部投资者（lerner，1999；Feldman and Kelley，2006；Meuleman and Maeseneire，2012）的关注，获取金融等市场资源。

（三）组织合法性的测量方法

组织合法性是一个非常抽象的概念，其内涵不仅涉及法律制度、道德规范，还涉及社会文化、价值观念等诸多领域。对合法性的准确度量一直以来是合法性理论研究的难题，到目前为止还没有形成权威性的度量方法，这也是组织合法性相关研究大多采用理论逻辑推演或案例研究的重要原因。

总体来说，组织合法性水平的度量可为分三类，即基于主观感知的问卷调查法、基于合法性获取方式的测度法以及基于合法性结果的测度法。

（1）基于主观感知的问卷调查法：塞尔托和霍奇（Certo and Hodge，2007）从制度学派的视角出发，认为当企业具有合法性时，企业通常会与外部环境保持高度的一致性，并获得广泛认可。基于核心利益相关者认可的理念，两位学者设计了一个主观评价量表，主要调查顾客、供应商、内部员工甚至竞争者对企业的认可程度，以此度量企业的合法性水平。我国学者杜运周等（2012）在此基础上加入政府和投资者对企业认可程度的调查，形成 7 题项的组织合法性量表。该组织合法性的度量方法较为新颖，体现了管理学领域的最新动态。但其缺点同样突出，仅采用 7 个问题对顾客、供应商等七类利益相关者对企业的态度进行考察，无论是样本来源还是量表设计，都严重缺乏稳健性。同时，基于主观感知的调查能否真实有效反映企业的组织合法性，还缺乏明确的证据。

（2）基于合法性获取方式的测度法：这类测试方法较为常见，一些学者认为企业采取的行为属于组织合法性特定的获取方式，即可表明其具备了一定的组织合法性水平，企业行为及其产生的结果也可在组织合法性的理论框架内得以解释。鲍姆和鲍威尔（Baum and Powell，1995）将企业获取认证视为企业是否具有组织合法性的代理变量，认为这是种群（行业）内部构建新规范的过程。此后，更多学者延续这一思路，将合法性的获取手段作为企业是否具有合法性的代理变量。杜运周等（2008）直接将企业是否获取 ISO 质量认证作为企业合法性的代理变量，基于合法性理论框架分析中小企业成长中合法性缺失的问题。此外，企业获得媒体曝光的频率（Deephouse，1996）、医院是否属于美国医学协会成员（Ruef and Scott，1998）、组织进行战略行为（Tornikoski and Newbert，2013）等都被作为度量组织合法性的代理变量。

（3）基于合法性结果的测度法：也有一些学者将合法性获取后的外在客观表现作为度量合法性的代理变量。汉南等（Hannan，et al，1995）从生态学视角探讨种群密度作为合法性水平的可行性，并基于组织合法性理论解释并验证了公司地域特征对新企业成立速率之间的关系。

从上述分析可以看到，目前对于组织合法性水平的度量尚没有统一的权威标准，甚至代理变量的选择思路都存在着巨大差异。关于合法性的度量难题还有待学者进一步的探索。

三、理论研究评述

经过学术界与实务界近半个世纪的努力，关于组织合法性的研究已经从最初的概念探讨发展成为管理学领域中的主要理论之一，大批学者基于组织合法性理论来分析企业在不同制度环境中的生存与发展问题。在组织合法性理论看来，当企业与外部情境的现行制度规范和社会受众既有的认知体系相契合时，社会受众对企业有较为准确的认知和评价，企业因此获得组织合法性。而组织合法性作为一种重要的先行资源（Zimmerman and Zeitz，2002），是企业顺利获取其他重要资源的重要前提。因此，如何获取组织合法性成为众多学者关注的焦点。

已有研究表明企业为获取或保持组织合法性而采取的应对策略主要可分为适应型、选择型和操纵型三类（Suchman，1995）。企业在这三种应对策略中的主动性依次提升，而其成本也随之大幅增加。尤其是当选择操纵环境的相关行为策略时，企业需要改变既有的社会认知体系，不仅要支付高额成本，而且还要承担极高的失败风险，使得这类策略的普适性较差，较少有企业采用。而更多企业出于理性的考虑会选择成本低且成功率较高的适应环境策略，其中认证方式被认为是较为有效的行为方式之一。从企业家个人到企业主体再到第三方机构对企业的支持都被发现具有一定的认证效应，能够帮助企业提升组织合法性水平。

目前，关于企业家个人或是高管团队的特征是否具有认证效应的研究主要是以新创企业为考察对象（Navis and Glynn，2011；Nagy，et al，2012；Stern，et al，2014），从企业家文化视角或是印象管理视角出发展开的，通常认为由于新创企业的商业纪录较少，投资者对企业投资价值的判断存在困难。当这些企业向市场传递其声誉、地位以及信用水平等信息时，可以为企业投资风险和投资价值的可信度进行认证，提高投资者对企业的认可水平，从而帮助其获得组织合法性。但是，即使在发达资本市场中，企业出于披露成本或自我保护的目的，也可能对信息进行选择性披露或模糊化处理，导致企业自身信息的质量无法真正得到提升，基于自我认证来获得市场组织合法性的方案并不总是有效。因此，很多研究开始关注第三方认证，发现在获得第三方组织认证后，企业质量更容易获得市场认可（Dranove and Jin，2010）。具有认证效应的第三方机构包括审计（Megginson and Weiss，1991）、风险投资公司（Zott and Huy，2007；Wang，et al，2003）、银行（Bharath，et al，2007；Focarelli，et al，2008）、质量标准认证机构（Terlaak and King，2006）或媒体（Rindova，et al，2005；Wade，et al，2006）等。

另外，政府等独立的第三方组织对企业的支持和认可也具有一定的认证效应。由于高科技企业进行的高强度研发活动具有较大的不确定性，导致市场对这些企业投资价值的认可程度低，这严重抑制了企业融资能力的提升。而政府具有的公信力、独立性以及较高的声誉可以为企业的盈利能力和发展前景进行认证，提升市场的认可度，为企业获取组织合法性及其他资源提供便利。比如具有政府背景的风险投资公司对高科技企业的资金支持能够有效降低企业 IPO 过程中的折价程度（Cho and Lee，2013）。同样，政府对高科技企业提供的资助与补贴也可能为企业的技术能力和发展前景提供认证，帮助其吸引风险投资、银行等外部投资者的关注，获取市场资源（lerner，1999；Feldman and Kelley，2006；Meuleman and Maeseneire，2012）。

我国学者针对组织合法性理论的概念探讨较少，更多是基于该理论来解释新创企业或高科技企业等合法性缺失导致的绩效下降以及资源获取能力不足等问题。在经历了初期基于理论模型考察第三方组织机构的认证效应（杨如彦、李自然，2004）之后，近年来也出现一些实证研究成果，验证了第三方机构的认证效应（杜运周等，2008；陈超、甘露润，2013）。但这些研究更多的是验证国际上普遍存在的质量认证以及银行参与的认证效应在中国的适用性，对中国现实情境的分析不足，也缺乏对组织合法性理论框架整体的把握。尤其对于如何提高高科技企业组织合法性水平以及融资能力等问题，相关研究尚缺乏深入且全面的探讨，这也为本书的研究提供了可拓展的空间。

第四节　已有研究评述

本章依据研究主题对涉及的知识产权保护、研发补贴信息披露和组织合法性等核心概念的相关研究进行了全面系统的文献梳理。关于高科技企业自愿披露研发信息与其资源获取能力之间的关系研究日益受到国内外学者的重视，研究成果也日渐丰富。同时，近年来的研究发现以知识产权保护为代表的外部制度环境对高科技企业的信息披露决策、资源获取能力以及两者间的关系产生了较大的影响。本节首先对已完成的文献梳理工作进行归纳和总结，在此基础上探讨已有研究成果存在的局限性及其对本书研究的启示，为后文理论分析框架的构建与研究创新提供空间。

一、本章主要内容与结论

企业在进行信息披露决策时需要考虑其所处的外部环境，而其市场价值与融资能力也很大程度上受到外部环境的影响。高科技企业是轻资产企业的典型代表，其信息披露决策、市场投资价值及其融资能力等各方面都更易受到外部制度环境，尤其是知识产权保护水平的影响。

随着知识产权保护对企业技术创新与市场价值的影响与日俱增，学术界和实务界逐渐将其视为企业决策过程中不可或缺的重要影响因素之一。特别对于无形资产占比较大的高科技企业而言，在进行研发信息披露时就不得不充分考虑其外部环境中知识产权保护的影响。在知识产权保护薄弱的地区，高科技企业披露的研发信息很可能被竞争者掌握而削弱其核心竞争力，造成信息披露成本增加（Bloch and Markowitz，1996；蔡强等，2010）。在这种情境下，高科技企业通常倾向于以描述性方式披露研发信息或对相关信息进行模糊化处理（赵武阳、陈超，2011；Athanasakou and Hussainey，2014）。

知识产权保护对企业融资能力同样具有重要影响，这种影响可概括为三条主要路径：（1）知识产权保护薄弱会导致无形资产的外部性问题严重（Nelson，1959；Arrow，1962），高科技企业的投资价值可能被严重低估（Guo，et al，2005），使其面临严重的融资约束。（2）较差的知识产权保护抑制了高科技企业披露研发信息的动机，使无形资产更多隐藏在企业内部（Ang，et al，2014；Athanasakou and Hussainey，2014），其价值信息也被排除在会计系统之外（汪海粟、方中秀，2012；崔也光、赵迎，2013；向显湖、刘天，2014），双方的信息不对称可能造成企业投资价值估值不准确，市场认可度低。（3）知识产权保护不力可能会导致企业的委托代理问题严重，内部员工可能以较低成本利用知识产权获得私利（Anton and Yao，2002），造成企业价值的损失，同时也抑制了市场的投资兴趣。

目前，对于高科技企业研发信息与其融资能力关系的研究可概括为以下三种思路：（1）由于研发相关信息披露属于自愿信息披露范畴，很多学者在自愿信息披露的分析框架下，基于信息不对称理论探讨企业披露如投资额度（Han and Manry，2004；陈修德等，2011；汪海粟、方中秀，2012）、研发项目进展（Xu，2006；姚靠华等，2013）等研发相关信息对双方信息不对称的缓解作用及对企业资源获取能力的影响。（2）将信息不对称理论与信息经济学的分析方法相结合，考察企业披露的研发信息对其资源获取能力的影响。他们认为高科技企业片面披露的研发信息可能无法直接降低双方的信息不对称水平，但可以作为信号向市场传递其技术水平或发展前景的信息，间接展现其投资价值，从而利于其获取市场资源。这些信号可以是研发成果（Hassan，et al，2009；Häussler，2009；Francis，2012），也可以是高管持股（Luo and Brick，2002）等，政府研发支持的信息也被认为具有一定的信号传递功能（Lei and Liu，2010；高艳慧等，2012）。（3）政府研发支持信息影响企业融资能力的研究不仅局限在缓解信息不对称问题上，还有一类研究思路是基于组织合法性理论中的认证效应展开的，这一研究路径恰好弥补了基于信息不对称理论相关研究的不足。这一类研究立足研发信息的特征（Comyns，et al，2013），认为企业获得政府等权威机构的支持具有认证效应，能够提高市场对企业的信任水平，从而促进其融资能力的提升。

研发支持信息具有的认证效应可以在组织合法性理论框架中得到解释。目前组织合法性理论逐渐成为管理学领域中备受关注的新兴理论之一，大批学者基于合法性理论来分析企业的生存发展问题。学者普遍认为组织合法性是一种重要的先行资源（Zimmerman and Zeitz，2002），是企业顺利获取其他重要资源的前提。从现有的研究成果来看，组织合法性的研究主要从制度学视角、生态学视角、企业家文化视角、印象管理视角以及社会运动视角等五个研究视角展开。企业获取组织合法性的策略行为也因不同的研究视角而有所区分，但总体上，合法性获取成本较低且效果显著的适应环境策略受到学者的广泛关注，其中认证方式就属于这一策略。在认证方式的研究中，学者发现企业家个人到企业主体以及第三方机构等认证主体对企业的支持都可能产生认证效应，能够帮助企业获取组织合法性，促进企业融资能力的提升。

尤其值得一提的是，政府对企业的研发补贴等支持行为也被发现具有认证效应（Cho and Lee，2013）。学者普遍认为这类支持信息的披露可以为企业的技术水平与发展前景提供认证，促进其资源获取能力的提升（lerner，1999；Feldman and Kelley，2006；Meuleman and Maeseneire，2012）。

我国学者对组织合法性的研究起步较晚，近年来正努力借鉴该理论来探讨新创企业或高科技企业合法性缺失问题导致的绩效下降以及资源获取能力不足等问题。相关研究不仅限于构建理论模型考察第三方权威机构的认证作用（杨如彦、李自然，2004），越来越多的学者也开始尝试基于实证数据验证第三方机构认证效应的存在（如杜运周等；2008；陈超、甘露润，2013）。

二、现有成果对本研究的启示

纵观现有研究成果，关于高科技企业的研发信息与其资源获取能力之间关系的研究已初具规模。目前主要基于信息不对称等经典理论展开，多数研究认为企业披露研发信息可以直接或间接地展现其投资价值，因此具有缓解信息不对称的作用。但也有不少学者对这一结论的稳健性提出质疑，特别是"认证效应"等现象的出现，使得经典理论的解释力受到挑战。另外，企业研发信息的披露决策及其对资源获取能力的影响很大程度上受到外部环境的制约，不同情境下研发信息对资源获取能力的影响路径和结果可能存在显著差异。对这些内容的探讨构成了本书所依托的重要研究情境。

在中国当前特殊的制度环境中，政府的研发支持在高科技企业的发展中起着至关重要的作用。那么研发支持信息作为研发信息的重要组成部分，能否对高科技企业的融资能力产生积极影响？知识产权保护因此在其中扮演着怎样的角色？信息不对称理论的逻辑推导路径是否依然适用？这些问题看似简单却极富挑战性，从目前来看并未引起学者的广泛关注，这为本书的研究提供了创新空间。

第一，已有研究在分析政府研发支持信息与高科技企业融资能力间的逻辑关系时，并未考虑到研发支持信息的本质特征，使得两者间的内在作用机理无法从根本上得到解释。目前的研究主要基于信息不对称等经典理论展开，而这类研究忽略了一个基本前提，即企业总是会详细披露政府研发支持等研发信息，而一旦披露，投资者也总是能够接收、认可并有足够的能力来理解和运用这些信息进行价值判断，从而做出准确的投资决策。本书认为研发支持信息具有信任类信息的典型特征，在中国当前的特殊情境中，这类信息可能会产生"认证效应"（Lerner，1999；Meuleman and Maeseneire，2012），从而影响高科技企业的融资能力。基于信息不对称等经典理论的分析思路对此缺乏足够的解释力，现有研究尚未形成一套完整的理论分析框架对这一内在影响机理展开深入剖析。

第二，以知识产权保护为代表的外部制度环境对高科技企业的信息披露决策及其融资能力产生重要影响，但目前尚未受到广泛关注。已有关于高科技企业信息披露及资源获取能力的研究大多局限在发达资本市场中，其知识产权保护的立法与执法水平较为一致，在高科技企业的相关研究中并不是重要的考量因素。因此，在研究中国高科技企业的相关课题时，这一制度情境因素是一个不可忽视的重要变量，在这方面，李莉等（2014）和李莉等（2015）已经做了一些有益的尝试。

第三，在研究方法的运用方面，现有研究大多基于多元线性回归等实证研究方法展开，鲜有通过严谨的数理模型检验研发支持信息与高科技企业融资能力间的内在逻辑关系，相关理论研究有待加强。同时，已有的实证研究多数采用这样一种研究模式，即基于信息不对称理论进行理论逻辑推导，再通过回归分析检验两者的相关关系。这种模式并未深入检验两者关系的逻辑解释路径，在实证设计中也缺乏对内生性问题的详细考察，这使得研究结论的稳健性存在潜在风险。

第四，研究样本与代理变量选择的不同可能造成结论差异。截至2013年年底，全国高科技企业共计54683家，上市高科技企业共计553家，仅占全部企业的1%左右。目前国内研究主要以上市高科技企业或其子样本展开研究，这些企业的信息披露质量与融资能力存在明显优势，并且符合政府资助标准并享受研发支持的企业占比也较大（安同良等，2009）。选择此样本可能造成系统性的差异，其信度与效度受到影响。今后的研究可以将非上市高科技企业纳入实证研究中，通过更全面地考察高科技企业研发信息披露情况及其对融资能力的影响，可以得到更稳健的实证结果。

另外，在代理变量的选择上，目前很多研究（唐清泉等，2008；高艳慧等，2012）通常以资产负债表中专项应付款或者补贴收入的额度作为政府研发支持的代理变量，这些补贴和应付款项中既包含所有研发项目，也包含增值税返还等内容，上市高科技企业几乎都满足这些补贴标准，因此难以准确揭示企业真实的质量，也难以揭示更多深层次的问题。

| 第三章 |

制度背景分析与理论模型构建

在中国现实情境中，高科技企业的投资价值不易于得到市场的充分了解和认可，使其面临着融资约束问题，这很大程度上抑制了企业的成长壮大。为此，国家对高科技企业提供了大量的研发支持，企业也尝试通过披露这些研发信息与市场进行沟通，来获得投资者更多的认知和认可。因此，在考察企业的努力能否起到作用时，就需要将中国的制度环境以及高科技企业自身因素纳入研究范畴之内。

本章应用制度经济学的相关理论，深入考察知识产权保护制度的演化过程以及政府支持政策的发展历程，系统梳理中国的制度情境对高科技企业组织合法性获取的影响。在此基础上，探讨高科技企业面临组织合法性获取困境与融资约束的成因，并探讨研发支持信息对高科技企业融资能力可能产生的认证效应，结合第二章对理论文献的回顾工作，构建出本书的理论分析框架。

第一节 中国知识产权保护制度的演化与现状

本节旨在梳理知识产权保护制度的发展过程，并基于知识产权保护这一制度视角系统回顾我国高科技企业的发展历程，以此深入理解中国制度环境的变迁对高科技企业成长产生的影响，为建立本书的理论分析框架奠定基础。

一、知识产权保护制度的演化

英国 1623 年颁布的《垄断法规》标志着现代知识产权保护制度的建立，自此以后知识产权保护制度在西方发达国家中逐渐得到发展和完善，在经济发展与社会进步过程中发挥着巨大的作用。我国目前的经济增长方式正处于由资源驱动型向创新驱动型的深刻变革之中，建立和健全知识产权保护制度，提升知识产权保护的立法和执法水平对于我国有效实施创新型国家战略，转变经济增长方式具有重要意义。

我国现代知识产权保护制度的确立是在新中国成立之后，制度的演化与发展过程也经历了一些波折，伴随着国内外环境的巨大变革，我国政府日益重视知识产权保护制度的建设，近年来积极参与国际合作，加入国际知识产权保护的公约，充分体现了政府加强知识产权保护的决心，也在一定程度上提升了我国知识产权保护的水平。从已有资料来看，我国知识产权保护制度的发展历程主要可分为三个阶段，分别是制度的建立阶段（1949～1978 年）、制度的健全阶段（1978～2001 年）以及制度的发展阶段（2001 年至今）。迄今为止，我国已形成一套知识产权保护制度体系，并加入了世界主要的知识产权保护组织和国际公约，为我国自主创新能力的提升做出了巨大贡献。

在新中国成立初期（1949～1978 年），我国知识产权保护领域几乎一片空白，受苏联相关制度的影响，我国相继颁布了一系列知识产权保护的管理法规，如 1950 年颁布的第一部商标管理法规《商标注册暂行条例》以及同年颁布的《保障发明权与专利权暂行条例》等。但这些法规条例无法构成完整的制度体系，且带有明显的计划经济色彩，使得企业与个人普遍缺乏创新激励，抑制了全社会的创新意识与创新动力。此后受到"文革"的影响，制度的建设几乎完全瘫痪。改革开放以后随着计划经济向市场经济的转轨，国际制度环境对中国知识产权保护形成了较大的外部压力，而国内企业的成长与发展也对知识产权保护制度进一步的健全产生了内在需求，知识产权保护问题才再次引起重视。此后，我国对知识产权保护制度展开了新一轮的改革浪潮。

改革开放以来，我国加强了知识产权保护的立法工作，陆续制定实施了一系列法律法规，其中 1982 年颁布的《中华人民共和国商标法》成为我国系统建设现代知识产权保护制度的重要标志。此后《中华人民共和国专利法》《中华人民共和国著作权法》《中华人民共和国反不正当竞争法》等制度陆续出台，为进一步扩大改革开放成果提供了制度保障。

自加入世界贸易组织（WTO）之后，我国履行 WTO 的相关承诺，对知识产权保护的相关法律法规及其司法解释进行了重新修订，实现了与 WTO《与贸易有关的知识产权协定》（TRIPs）制定的国际知识产权保护标准相接轨，自此，我国的知识产权保护制度进行了快速发展阶段，建设步伐也大大加快。自 2001 年起我国的大量知识产权保护法律得到重新修订，如 1982 年颁布实施的《中华人民共和国商标法》于 1993 年和 2001 年进行了修正、1985 年《中华人民共和国专利法》于 1992 年和 2000 年及 2008 年进行了三次修订、1990 年《中华人民共和国著作权法》分别是 2001 年和 2010 年进行了两次修订，1993 年《中华人民共和国知识产权海关保护条例》于 2010 年进行修订等。此外，我国在国际公约框架下制订了系统化知识产权保护制度，如 2006 年颁布实施了《信息网络传播权保护条例》、2008 年施行了《中华人民共和国反垄断法》等。2008 年，党的十七大报告中明确提出"实施知识产权战略"，同年发布了《国家知识产权战略纲要》，自此知识产权保护提升到了国家战略高度。不断健全和完善的知识产权保护制度体系不但符合国际通行规则，促进我国经济贸易的国际化，也激励了我国的创新活动，增强了经济增长的动力。表 3 - 1 列示了我国自改革开放以来颁布和修订的现行主要知识产权保护相关法律法规及条例等。

表 3 - 1　　　　中国现行主要知识产权保护的法律规范与保护条例

类别	名　称	施行和修订情况
与著作权相关的法规及条例	《中华人民共和国著作权法》	1991 年起施行，2001 年、2010 年和 2020 年三次修订
	《著作权法实施条例》	2002 年起施行
	《著作权集体管理条例》	2005 年起施行，2013 年第一次修订
	《著作权行政处罚实施办法》	2009 年起施行（2003 年版废止）
	《书籍稿酬暂行规定》	1990 年起施行
	《集成电路布图设计保护条例实施细则》	2001 年起施行
	《计算机软件保护条例》	2002 年起施行（1991 年版废止），2011 年和 2013 年两次修订
	《计算机软件著作权登记办法》	2002 年起施行
	《音像制品管理条例》	2002 年起施行，2011 年、2013 年和 2016 年三次修订
	《音像制品批发、零售、出租管理办法》	2006 年起施行（2004 年版废止）
	《信息网络传播权保护条例》	2006 年起施行，2013 年修订
	《广播电台电视台播放录音制品支付报酬暂行办法》	2010 年起施行
	《音像制品进口管理办法》	2011 年起施行（2002 年版废止）
	《使用文字作品支付报酬办法》	2014 年起施行

类别	名　　称	施行和修订情况
商标权相关的法规及条例	《中华人民共和国商标法》	1982 年施行，1993 年、2001 年、2013 年和 2019 年四次修订
	《中华人民共和国商标法实施条例》	2002 年起施行，2014 年第一次修订
	《集体商标、证明商标注册和管理方法》	2003 年起施行（1994 年版废止）
	《商标评审规则》	1982 年施行，1995 年和 2005 年两次修订
	《驰名商标认定和保护规定》	2014 年起施行（1996 年和 2003 年版废止）
专利权相关的法规及条例	《中华人民共和国专利法》	1985 年施行，1992 年、2000 年、2008 年和 2020 年四次修订
	《中华人民共和国专利法实施细则》	2001 年施行，2002 年和 2010 年两次修订
	《专利实施强制许可办法》	2012 年起施行（2003 年版废止）
	《专利代理管理办法》	2019 年起施行（2002 年和 2015 年版废止）
其他相关的法规及条例	《中华人民共和国刑法》（节录）	1980 年起施行，1997 年和 2020 年两次修订
	《中华人民共和国民法典》（节录）	2021 年起施行（2009 年版《中华人民共和国民法通则》同时废止）
	《中华人民共和国反垄断法》	2008 年起施行，2020 年修订草案
	《中华人民共和国反不正当竞争法》	1993 年起施行，2017 年和 2019 年两次修订
	《中华人民共和国电子商务法》	2019 年起施行
	《中华人民共和国科学技术进步法》	1993 年起施行，2008 年第一次修订
	《中华人民共和国药品管理法》	2001 年起施行，2013 年、2015 年和 2019 年三次修订
	《中华人民共和国药品管理法实施条例》	2002 年起施行
	《中华人民共和国植物新品种保护条例》	1997 年起施行，2013 年和 2014 年两次修订
	《中华人民共和国农药管理条例》	1997 年起施行，2001 年和 2017 年两次修订
	《兽药管理条例》	2004 年起施行，2020 年第一次修订
	《植物新品种保护条例实施细则（农业部分）》	2008 年起施行（1999 年版废止），2011 年第一次修订
	《植物新品种保护条例实施细则（林业部分）》	1999 年起施行，2011 年第一次修订
	《奥林匹克标志保护条例》	2002 年起施行，2018 年第一次修订
	《中华人民共和国知识产权海关保护条例》	2004 年起施行，2010 年第一次修订

资料来源：作者根据国家知识产权局披露的相关资料整理。

我国不仅主动加强知识产权保护制度体系的建设，还积极参与国际合作，申请并加入了一系列国际知识产权组织或公约，为实现我国经济全球化奠定了坚实的制度基础，表3-2列示了我国加入的主要知识产权国际组织或公约。

表3-2　　　　　我国加入的主要知识产权国际公约和签订的双边协定

组织或公约	生效时间
《建立世界知识产权组织公约》（CEWIPO）	1980年6月3日
《保护工业产权巴黎公约》	1884年7月7日
《集成电路知识产权保护条约》	1989年5月26日
《商标国际注册马德里协定》	1989年10月4日
《保护文学和艺术作品伯尔尼公约》	1992年10月15日
《世界版权公约》（UCC）	1992年10月30日
《保护录音制品制作者防止未经许可复制其录音制品公约》	1993年4月30日
《专利合作条约》（PCT）	1994年1月1日
《商标注册用商品与服务国际分类尼斯协定》	1994年8月9日
《国际承认用于专利程序的微生物保存布达佩斯条约》	1995年7月1日
《商标法日内瓦条约》	1996年8月1日
《建立工业品外观设计国际分类洛迦诺协定》	1996年9月19日
《国际专利分类斯特拉斯堡协定》（IPC）	1997年6月19日
《国际植物新品种保护公约》	1999年4月23日
《世界贸易组织与贸易有关的知识产权协议》（TRIPS）	2001年12月11日
《世界知识产权组织版权条约》	2006年12月29日
《世界知识产权组织表演和录音制品条约》	2006年12月29日
《商标法新加坡条约》	2008年1月29日
《帮助盲人、视力障碍者和其他印刷口阅读障碍者利用已出版作品的马拉喀会条约》	2013年6月28日

资料来源：作者根据国家知识产权局披露的相关资料整理。

此外，我国还与多国签署双边知识产权协议，为进一步健全和完善我国知识产权保护制度，提高知识产权保护水平争取了时间和空间，从而保障了我国企业的成长与发展，表3-3列示了近年来我国签署的主要双边（涉及）知识产权协议。

表3－3　　　　近年来我国签署的主要双边（涉及）知识产权的协议

协议名称	签署时间
《中国两国政府科学技术协定》	1979 年 1 月 31 日
《中美贸易关系协定》	1979 年 7 月 1 日
《中美关于延长和修改两国政府科学技术合作协定的协议》	1991 年 4 月 12 日
《中美知识产权谅解备忘录》	1992 年 1 月 17 日
《中美贸易协议》	1995 年 3 月 11 日
《中美知识产权磋商协议》	1995 年 2 月 16 日
《中美版权战略合作备忘录》	2008 年 10 月 25 日
《中日商标保护协定》	1978 年 3 月 1 日
《中国国家版权局与日本国文化厅版权战略合作备忘录》	2010 年 3 月 5 日
《中国与瑞士关于保护知识产权谅解备忘录》	1992 年 7 月 8 日
《中国与瑞典关于保护知识产权谅解备忘录》	1993 年 11 月 5 日
《中国与挪威关于保护知识产权谅解备忘录》	1995 年 6 月 20 日
《中泰关于版权和邻接权合作谅解备忘录》	1995 年 12 月 1 日
《中俄关于知识产权保护领域合作的规定》《关于反不正当竞争与反垄断领域合作交流协定》	1996 年 4 月 25 日
《中法关于知识产权保护领域合作的协定》	1998 年 9 月 24 日
《中意政府科学技术合作协定》	2004 年 6 月 8 日
《中秘政府知识产权合作协议》	2005 年 6 月 2 日
《中国国家知识产权局与非洲地区知识产权组织知识产权合作协议》	2007 年 7 月 4 日
《中国—东盟知识产权领域合作谅解备忘录》	2009 年 10 月 25 日
《中国国家版权局与英国知识产权局版权战略合作协议》	2010 年 9 月 3 日
《中欧地理标志协定》	2021 年 3 月 1 日

资料来源：作者根据南开大学 2009 年倪海青的博士学位论文：《知识产权保护：吸引 FDI 与东道国创新——基于面板门槛模型的经验分析》. (P44－46) 以及国家知识产权局披露的相关资料整理。

　　从立法状况来看，我国已初步具有了健全的知识产权保护制度体系，而且近年来我国也一直积极加入国际公约，主动加强国际间知识产权保护方面的合作。正如第二章中所述，知识产权保护法律条款的完备性以及是否加入知识产权保护的国际公约等被吉纳特和帕克（1997）列为知识产权保护体系是否完善的标准，依照 GP 指数的测算方法，我国在知识产权保护立法方面已较为完善，趋向于世界主要发达国家的水平（韩玉雄、李怀祖，2005）。

然而我们应该看到当前我国的知识产权保护水平还有提升的空间，知识产权保护的执法力度还需加强。

二、知识产权保护的执法情况及存在的问题

（一）知识产权保护的执法情况

我国在执法层面对知识产权进行的保护，通常是为了及时有效地制止侵犯知识产权的行为，为权利人提供防止侵权的救济以及阻止进一步侵权的救济。我国现行的知识产权执法体制较为复杂，主要可概括为行政保护和司法保护两种方式并行运作的知识产权双轨制体系。在行政保护方面，涉及知识产权保护事务的行政机关主要包括知识产权局、工商行政管理局、商标局、版权局、质量监督检验检疫总局、农业与林业行政管理系统以及海关系统等。而在司法保护方面，主要涉及各级人民法院、检察院以及公安机关等执法系统。

作为知识产权行政保护的重要实施者，国家知识产权局于 1994 年发布《专利管理机关查处冒充专利行为暂行规定》并于 1999 年修订后施行。在进入 WTO 组织以后，其执法程序逐渐与国际接轨，2002 年施行《国家知识产权局行政复议规程》，并于 2006 年和 2010 年进行两次修改，2010 年颁布《专利行政执法操作指南》，这些法律法规成为其主要的工作依据。此外，国家知识产权局也积极与其他行政机关部门合作，如知识产权局与海关总署于 1997 年联合制定并施行了《关于实施专利权海关保护问题的若干规定》，与商务部于 2003 年联合发布了《关于加强对外贸易中的专利管理意见》，为进一步提高知识产权保护执法水平提供了法律依据。此外，下设在工商行政管理系统的国家商标局专门实施商标侵权的执法，在我国《商标法》及具体实施条例的框架下展开执法工作。而 1985 年设立的国家版权局则经历 2001 年改制为新闻出版总署，重点关注著作权等侵权行为的治理，在现有的法律框架下实施执法行为。其他行政机关如质量监督局、农业林业行政管理系统以及海关系统等也都具有一定的知识产权保护执法职能。对知识产权的行政保护程序简便易行，并且立案、查处到结案速度快，执法效率较高，具有较强的执法功能，这也是中国知识产权执法机制中的独有特色。

我国在知识产权的司法保护方面也具有一定成效。最高人民法院颁布实

施了《关于审理专利纠纷案件适用法律问题的若干规定》《关于对诉前停止侵犯专利权行为适用法律问题的若干规定》《关于办理侵犯知识产权刑事案件具体应用法律若干问题的解释》《最高人民法院关于专利法、商标法修改后专利、商标相关案件分工问题的批复》等规定及相关法律解释，为强化知识产权侵权审理的司法审判工作提供法理依据。

总体说来，经过多年的发展，我国知识产权保护在实际执法方面的水平不断提高，在行政保护和司法保护两方面都有长足的进步。但我们也应该看到，我国知识产权保护制度建设工作起步较晚，尤其是我国为了尽快融入经济全球化的进程中，在 2000 年左右集中颁布了一系列保护知识产权的法律法规，这些法律法规生效时间并不长，而我国社会大众也仍然普遍缺乏足够的知识产权保护意识，使得知识产权保护制度在具体落实和执法效果上存在一定的差距（韩玉雄、李怀祖，2005；姚利民、饶艳，2009）。

（二）知识产权保护中存在的问题

我国近年来在知识产权的保护方面已取得了长足的进步，特别在 2001 年加入世界贸易组织后，我国在知识产权保护的制度建设方面已基本与国际接轨。但从目前来看，还存在如下一些有待改进的问题。

我国知识产权保护的法律制度体系有待进一步的健全。为了加入 WTO，我国在短期内大幅修订了知识产权的三大法律制度，使之得以满足 WTO 的要求。虽然在知识产权保护制度方面基本实现与国际接轨，但在商业秘密保护、不公平竞争等领域的法律规范仍存在一定的不足。同时，一些知识产权保护法律法规虽然与国际保护水平相近，但对于中国这样新兴经济体而言又过于超前，制度的设置与中国情境并不相匹配。如我国颁布施行的《计算机软件保护条例》规定，除了学习和研究用途以外，对软件进行复制都属于侵权行为，需要承担侵权责任。这类规定在实际实施过程中存在着诸多问题。另外，很多支持知识产权保护法律体系的行政法律解释和司法解释没有足够强的法律效力，执法者在具体执法过程中也存在着有法难依的尴尬局面。

我国在知识产权保护的执法层面也存在着一些问题有待改进。我国对知识产权保护的司法制度建设正在不断完善，例如，《刑法》中就规定了有关知识产权受到严重侵犯的情形，但由于其起诉门槛较高，执法机构在对知识产权侵权行为进行执法救济时存在较大的操作空间。另外，由于我国各地各机关对知识产权保护法律的解释条例理解存在差异，在对案件进行评判和审理时较易出现标准不统一的现象。尤其在对技术性要求较高的知识产权纠纷等案件进行审理时，可能存在审理结果的较大差异。

此外，我国知识产权保护的行政保护制度还有待完善。我国的知识产权保护法律法规都需要行政机构进行具体执行，而由于地区发展不平衡等客观问题的存在，这些行政机构设置并不统一，机构模式与执法能力各不相同。仅执法主体就包含工商、海关、专利局、技术监督部门等多个系统，很容易出现职能重叠、相互推诿等执法效率低下的问题。而当前行政处罚的力度不足，以行政罚款和说服教育等方式为主要手段的知识产权保护方式并不能真正起到应有的保护效果。

总体而言，我国的知识产权保护立法水平虽然基本与国际水平接轨，但仍有完善的空间，且应与中国当前的发展阶段相匹配。而知识产权保护的执法水平由于法律规定的法律效力仍有不足之处，地区发展不平衡导致的执法机构复杂，执法依据和标准不统一等问题，在实际执法行为中执法效力仍有待提高，且各地区执法水平也存在较大的差距，这与已有研究成果相符合（许春明、单晓光，2008；姚利民、饶艳，2009；Yao and Rao，2009）。

三、知识产权保护与高科技企业的发展

（一）高科技企业的内涵与特征

高科技企业在国际上统称为 high-tech enterprises（firms）或 hi-tech firms，国内通常将高科技企业与高新技术企业、科技型企业等交叉使用，一般认为具有相同的含义，本书使用高科技企业一词。

1. 高科技企业的内涵

对于高科技企业的界定，国际上并没有统一的标准，目前主要有两类界定方法。一类是按生产要素投入进行界定，如美国等国家采用研发强度和科技人员占总劳动力比重两个指标来判断高科技企业。我国在 1991 年颁布的《国家高新技术企业认定办法》中也对高科技企业的判定指标如研发投资比例、科研人员比例等做出了明确的规定。另一类高科技企业界定方法是通过产业分类，如经济合作与发展组织（OECD）等将涉足如航空航天、电子通

信等九大行业的企业列为高科技企业，并时时更新企业名录；我国历年发布的《高技术产业统计年鉴》也采用这一认定方法，将投资于高技术产业中的企业界定为高科技企业展开统计工作。本书基于数据的可获取性以及权威性的考虑，参考我国《高技术产业统计年鉴》对高新技术产业的界定范围，将涉足医药制造、航空航天器及设备制造、电子及通信设备制造、计算机及办公设备制造、医疗仪器设备及仪器仪表制造和信息化学品制造等六大类制造业行业以及包括信息服务、电子商务服务、检验检测服务、专业技术服务业中的高技术服务、研发设计服务、科技成果转化服务、知识产权及相关法律服务、环境监测及治理服务和其他高技术服务等九大类服务业行业的企业界定为高科技企业。

2. 高科技企业的特征

高科技企业往往是以持续大量的研发活动作为保持核心竞争力的主要手段，以研发产生的成果为其盈利的主要依托。因此较一般企业具有更为突出的特征，主要体现在：

（1）高投入：高科技企业需要进行持续且大量的研发投资来保持竞争优势。在企业对技术或产品进行设计、研发、测试及生产销售的全过程中，资金等资源需求量巨大，是支撑企业成长和发展的重要生产要素。

（2）高风险：高科技企业从事的研发项目是以科学技术的发明创造为基础的技术或产品的商业化。在研发的全过程中，企业始终存在着较大的风险。据统计，即使在技术较为发达的美国，高科技企业研发成功率平均也仅为5%~20%，企业10年生存率仅为5%~10%。此外，研发成果以无形资产为主，更易被他人盗取和剽窃，在知识产权保护不力的环境中面临着较高的风险。

（3）高收益：高科技企业的研发活动产生的商业化成果，通常具有较强的垄断性。一旦研发成功，企业会获得高额的回报，甚至可达到投资额的百倍以上。

（4）高成长性：传统企业较为不同，高科技企业通常可以凭借高新技术或产品迅速占领市场，其资产规模可在短期内快速增长，从而实现跨越式发展。

（5）轻资产：高科技企业的研发成果以无形资产为主，包括技术、经验、隐性知识、专利以及品牌等，占企业总资产比例较高。这些无形资产的价值估值存在困难，并且很大程度上受到外部环境的制约，如知识产权保护水平等，因此其很难作为抵押品为企业融资带来便利。

（6）高渗透性：高科技企业的研发活动，通常需要多种学科专业知识进行整合，并能够广泛应用于其他领域。通过渗透到相关行业的生产管理中，企业可以大幅提升产品的质量和技术含量，促进相关行业的转型升级。

（二）高科技企业发展历程

我国高科技企业自新中国成立以来先后经历了起步、重点突破以及快速发展三个阶段，目前在国家创新型战略的指引下正在为达到并超越国际先进水平而努力。

1. 起步阶段（1949～1978 年）

在改革开放以前，我国实行计划经济体制，高新技术产业主要以军事或政治为目的进行有针对性的建设，并尚未形成完整的产业布局。这一时期，国家对核心的知识产权进行军事化管理，在社会的知识产权保护领域几乎一片空白。在政府的重点扶持和主持下，我国对国防工业等相关技术展开研究，初步建成了军用为主的高新技术产业体系，储备了大量的科学技术和人才，为高科技企业的发展奠定了良好的基础。

2. 重点突破阶段（1979～2000 年）

改革开放以后，我国更加重视科学技术的重要作用，提出科学技术是第一生产力。为激活高科技企业的成长动力，我国加快建设和健全知识产权等相关产权制度体系。在完善制度保障的同时，我国政府在《高新技术研究开发计划纲要》（"863"计划）的指导下对高新技术产业进行全新定位，实现了高新技术产业在市场导向下的全面发展和重点突破，全国形成了建设高新技术开发区的热潮，高科技企业得到快速发展。

3. 快速发展阶段（2001 年至今）

随着我国知识产权保护制度建设的进一步完善以及政府支持政策体系的逐步规范化和法制化，我国高科技企业进入了全新的发展阶段。为实现国家创新战略，推进高新技术产业的成果转化，政府出台了一系列产业扶持政策，并积极建立科技产业园区，为高科技企业的成长与发展提供资金、人才等资源支持。在此期间，多种所有制的高科技企业大量出现，展现出强大的发展活力，正实现着从模仿创新到自主创新的转变。

4. 发展现状

中国高科技企业经历了 20 多年的快速发展，产业布局已初具规模，企业数量大幅增长，其竞争实力不断提升，对经济和科技的贡献度也与日俱增，展现出强大的发展势头和潜力。根据《中国高技术产业统计年鉴》（2014）的统计，近年来我国每年同比新增高科技企业近 18%，截至 2013 年底，经认定的高科技企业共计 54683 家，年末从业人数达 1810 万人，研发投入持续增长至 2034 亿元，实现工业总产值达 175106 亿元，实现上缴税费 9277 亿元，出口创汇额达到 4916 亿美元，较 2009 年增长近 2 倍，具体如表 3-4 所示。

表 3-4　　　　　　　　　全国高科技企业主要经济指标

项目	2009 年	2010 年	2011 年	2012 年	2013 年
企业数（个）	25386	31858	39343	45313	54683
从业人数（万人）	1003	1314	1509	1621	1810
研发投入（亿元）	892	968	1441	1733	2034
工业总产值（亿元）	93319	119022	140339	152235	175106
营业总收入（亿元）	86193	129505	156223	167744	193837
净利润（亿元）	6329	9807	10998	10892	12825
上缴税费（亿元）	4282	6262	7379	8378	9277
出口创汇额（亿美元）	2493	3595	4521	4608	4916

资料来源：作者根据《中国高技术产业统计年鉴》（2014）整理。

此外，从企业规模构成来看，大中型企业数在全部企业数的占比逐年下降，2013 年共计 7809 家，占全部企业比例 14.3%，可见小微型高科技企业仍占较大比例，显示出其强大的成长潜力。但大中型高科技企业在研发投入、工业总产值等方面仍占有较大的比例，是高新技术产业中的重要力量。

第二节　政府支持政策与高科技企业的组织合法性

本节从知识产权保护的视角出发，探讨我国政府对高科技企业支持政策的演化过程及其对企业组织合法性水平的影响。在此基础上，本节系统梳理高科技企业获取组织合法性的历程以及企业融资困境的形成。

一、政府对高科技企业的支持政策

我国政府致力于建立健全知识产权保护等法律制度，为高科技企业的生存与发展构筑良好的制度环境，尊重并突出市场在资源配置中的基础性作用。不仅如此，政府还积极制定和实施了一系列支持政策，通过相应的政策支持体系，为其提供更有针对性的资源支持。

（一）我国高科技企业支持政策的演化过程

我国对高新技术产业的支持经历了从最初的鼓励技术引进和以市场换技术，逐步转变为推动模仿创新和自主创新的发展历程。在产业政策的制订和实施中也日益强化对高新技术产业研发能力和自主创新能力的支持力度，这对于补充产权保护制度的支持强度，推动制度建设的进一步完善起着至关重要的作用。我国高新技术产业政策的演化过程可大致分为四个阶段，分别是恢复阶段（1978～1985年）、规范阶段（1986～1999年）、法制阶段（2000～2005年）以及转型阶段（2006年至今）。随着我国高新技术产业政策的演化和转型，高科技企业的生存能力与研发能力不断得到提升，为我国实现国际竞争力的提升提供了制度性保障。

1. 恢复阶段（1978～1985年）

在改革开放前，我国实行计划经济体制，社会普遍缺乏产权意识，知识产权保护等制度建设尚未完全展开，高科技企业的发展动力不足。与此同时，政府对于高新技术产业的支持更多出于政治或军事目的，也未形成系统性的高新技术产业支持政策。经历了"文革"的中断后，我国政府着手建立健全知识产权保护的法律制度，同时尝试制定和实施系统性的战略规划和支持政策，通过市场和行政手段将高科技企业的发展带入正常轨道，并推动我国高新技术领域的全面追赶。1978年我国审议通过了《1978－1985年全国科学技术发展规划纲要》，并相继出台了一系列人才培养、科研激励等鼓励政策，为我国在农业、能源等重要新兴技术领域的发展奠定基础。随着经济体制改革的逐步深化，1985年我国出台了《中共中央关于科学技术体制改革的决定》，标志着科技体制改革上升至国家层面，从战略全局对高新技术产业实施全面系统的支持。

2. 规范阶段（1986~1999 年）

在此时期，为适应我国高科技企业的蓬勃发展，我国加大力度建立健全知识产权保护制度，并通过加入世界主要知识产权保护组织以及建立双边知识产权合作协议等多种方式为企业的成长提供制度保障。不仅如此，作为市场配置资源的补充，我国政府还通过一系列的战略规划及支持政策为高科技企业的成长提供急需的资源保障。如 1986 年出台的《国家高技术研究发展计划纲要》（简称"863"计划），开启了我国追赶国际先进技术发展前沿的脚步。在战略规划《1986－2000 年科学技术发展规划》的指引下，我国制定和实施了一系列产业政策，如《关于进一步推进科技体制改革的若干规定》以及 1988 年开始实施的"火炬计划"等，从人才、资金和技术等多方面对高科技企业提供政策支持和制度保障。同时我国政府积极设立高新技术产业园区，通过颁布如《国家高新技术产业开发区税收政策的规定》等政策，对相关高科技企业实施税收优惠和融资支持，探索科学技术对经济建设的实际支持途径。与此同时，如《中华人民共和国科学技术进步法》以及《科技成果转化法》等相关知识产权保护制度的完善，也为高科技企业相关产业政策提供了规范性的指导纲要。

3. 法制阶段（2000~2005 年）

我国在加入 WTO 组织后，知识产权问题受到国内外广泛关注。为此，我国加快推进了知识产权保护的制度建设，逐步与国际标准接轨。然而此时，我国高新技术产业中很多关键技术仍然被其他国家掌握，这严重抑制了我国高科技企业的发展。在这种情况下，我国政府的支持政策开始有条件地开放部分市场来换取关键技术，并通过实施适当强度的知识产权保护力度以促进企业的模仿创新。

4. 转型阶段（2006 年至今）

随着越来越多的高科技企业参与到全球化的竞争中，企业需要强有力的产权保护作为制度保障，这客观上为知识产权保护制度的进一步完善提出了要求。同时，这也促使我国政府调整政策支持方向，开始基于国家战略从企业的资金、人才等方面突出支持高科技企业的自主创新能力。我国于 2006 年颁布实施《国家中长期科学和技术发展规划纲要（2006－2020 年）》，标志着我国对高新技术领域的支持由引进和模仿向自主创新转型。在该框架下，我国出台了一系列支持政策，为提升高科技企业的创新能力，实现我国创新战略提供了制度保障。如《高技术产业化"十一五"规划》以及《国务院关于加快培育和发展战略性新兴产业的决定》等战略规划的制定，明确了我国高科技企业的发展路径和产业结构调整的方向，有利于推动我国高新技术领域的技术创新和健康发展。

（二）我国高科技企业的政策支持体系

针对我国高科技企业发展中面临的人才、技术和资本等诸多瓶颈，我国政府制定和实施了相应的产业政策，初步构成了高新技术产业的政策支持体系，为我国高科技企业突破发展瓶颈，实现自主创新和健康发展营造了良好的制度环境。我国对高科技企业的政策支持体系主要可分为战略发展、具体支持以及基础保障三大部分，具体如图3-1所示。

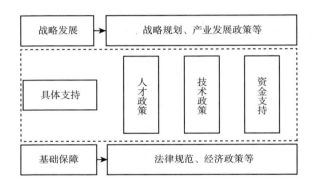

图3-1 我国高科技企业的政策支持体系

资料来源：作者研究设计。

在战略发展层面，我国坚持明确科学技术是第一生产力的指导方针，制定了指导我国科技发展的相关纲领性政策，如国家发展的"五年规划"、《国家中长期科学和技术发展规划纲要（2006-2020年）》以及《国家中长期人才发展规划纲要（2010-2020年）》等相关的指导政策等。这些政策从国家科技发展战略层面对高科技企业的市场地位与发展方向提供了明确的指导。

在基础保障层面，我国制定并通过了多项促进高科技企业发展的法律法规，如1996年的《中华人民共和国促进科技成果转化法》、2002年的《中华人民共和国中小企业促进法》以及《中华人民共和国科学技术进步法》等，为高科技企业的健康发展奠定了良好的法律和制度基础。

在具体支持层面，我国针对高新技术产业面临的发展瓶颈制定了相应的产业支持政策，主要可分为人才政策、技术政策以及资金支持政策，为高科技企业解决人才、技术与资金等问题提供了具体的支持方式与手段。如《中华人民共和国劳动合同法》和《中华人民共和国就业促进法》以及《关于建立海外高层次留学人才回国工作绿色通道的意见》等为我国高科技企业获取更优质的人才资源提供了保障。在技术政策上，我国制定和实施了如《促进产业结构调整暂行规定》和配套政策《产业结构调整指导目录》以及《中华人民共和国技术进出口管理条例》等，为高科技企业的研发创新提供了良好的制度环境。资金支持政策中，我国出台了一系列财税政策和法律法规，如《中华人民共和国企业所得税法》以及《关于企业技术创新有关企业所得税优惠政策的通知》等，有力地保障了高科技企业的研发资金需求。

二、政府的研发支持政策与企业的组织合法性

（一）高科技企业的资金支持政策

在对高科技企业的研发支持政策中，资金支持一直是工作的重点，其主要由税收优惠政策、金融支持政策和专项资金补贴支持政策等三个方面构成。资金支持政策作为国家宏观调控最有力和最直接的政策手段之一，对促进高科技企业自主创新和健康发展起到了重要的作用。

1. 税收优惠政策

我国于 2007 年颁布《中华人民共和国企业所得税法》，对国家认定的高科技企业实行减免征收 15% 所得税，以此推动企业的研发投入。在此框架基础上，逐渐形成了包括税收减免、税收扣除、进出口退税等具有中国特色的财税支持政策。如在《国务院关于批准国家高新技术产业开发区和有关政策规定的通知》中规定，凡进入高新技术开发区中的企业即被认定为高科技企业，获得减免所得税等优惠政策。在《中华人民共和国企业所得税法实施条例》中规定企业研究开发阶段的费用形成无形资产的税收，按无形资产成本的 150% 摊销。其他政策也指出企业技术转让等产生的收入免征营业税，直接用于科学研究等方面的进口仪器免征进口关税和增值税等。

2. 金融支持政策

已有研究表明，高科技企业具有高投入、高风险和高收益等特征，使得其在不同成长阶段的资金需求与融资模式也存在较大不同。我国当前已初步建立了多层次的资本市场，包括主板、中小板、创业板的上市公司股权交易平台以及新三板非上市企业股权交易系统，但对高科技企业的支持程度并不充分。我国尚没有一部全国性的针对高科技企业投融资方面的法规条例，由于其本身的融资特点，对盈利和风险要求较高的上市板块无法为以中小规模为主的高科技企业提供相应的融资平台。为此，我国近年来出台了相应的鼓励政策，如《关于进一步改善对中小企业金融服务的意见》以及《建立中小企业信用担保体系试点的指导意见》等，帮助高科技企业获得信贷资金的支持。但目前我国实行以国有银行为主导的金融体系（Branstetter，2007），大量信贷资源集中在国有银行，这些银行长期存在着信贷配给问题，更倾向于向大型国有企业提供低息贷款而针对高科技企业的信贷资源相对匮乏，实际政策执行效果不佳。同时，我国创投等相关风险基金尚未完全建立起规范化的规章制度，使得高科技企业在获取风险投资方面缺乏有力的法律保障，制约了企业的融资能力。另外，当前我国针对高科技企业融资方面的政策主要以地方性条例为主，如《天津新技术产业园区鼓励投融资发展暂行办法》等，缺乏全国性的法律规范对场外融资进行统一监督管理，易出现非市场化现象，影响企业的健康发展。

3. 专项资金支持政策

为实现国家科技创新战略，鼓励高科技企业的研发创新，同时弥补资本市场对企业研发支持的不足，我国政府设立了多项专项研发基金，为具有突出研发能力的高科技企业以及具有较高潜在价值的研发项目提供支持。这些专项资金对于支持高科技企业持续展开高风险高投入的研发活动具有重要的推动作用，对企业的成长与核心竞争力的提升具有重要价值。

专项资金支持主要可分为两种类型，第一类是政府择优筛选有巨大商业潜力和示范作用的高科技企业提供资金支持，如《科技型中小企业创新基金》对实施技术创新的优秀高科技企业进行资助，以及《中小企业服务体系专项补助资金使用管理办法》对有商业潜力的高科技企业提供研发支持等。此外，国家对重点发展的科技前沿性产业也制定了相关的支持政策，如《集成电路产业研发专项资金管理暂行办法》及《电子信息产业发展基金》等。

第二类是政府对有较高潜在商业价值或社会价值的研发项目进行资助，包括选择有较强研发能力的企业参与政府设定的创新研发项目，如国家"火炬计划"项目、"重点新产品计划"等一系列科技攻关计划；或者直接资助企业的优质研发项目，如"国家级重点新产品补助"以及建立"企业技术中心"等。

无论政府的专项资金支持是对优秀高科技企业还是对优质研发项目，都在很大程度上提升了企业的研发能力和研发成功率，极大地推动了企业的研发创新活动。不仅如此，企业获得这些研发资金支持的信息还可能具有认证效应，帮助其他市场投资者了解企业及其研发项目的潜在价值和研发能力，对于其做出投资决策具有重要的参考意义，这也是本书重点探讨和试图验证的主要内容。

本书的研究对象是中国高科技企业，只有明确高科技企业的内涵，了解这类企业的特征及其发展历程，才能更好地探讨其融资过程中面临的问题及其成因，进而研究政府研发支持信息对企业融资能力可能产生的影响。因此，本节首先界定中国高科技企业的内涵与特征，厘清高科技企业的发展历程，在此基础上分析其面临的融资困境及其成因，为后文的研究奠定坚实的基础。

（二）研发信息的披露

根据 OECD 的定义，企业进行的研发活动是指在系统性的基础之上进行的创造性工作，旨在增加人类或社会文化的知识或是运用这些知识进行应用的创新，通常研发活动包含基础研究、应用研究以及实验发展等三个方面（OECD，2013）。基础研究是指对潜在的现象和可观察的事实进行实验性或理论性的工作以获取新知识，这类研究并不具备特定的应用功能或较强的实用性；应用类研究是基于特定的实践目标展开的原创性调查工作以获取新知识；实验发展与前两者不同，其更注重技术的发明和创新，通常是基于已有的研究成果展开新材料、产品或设备的系统性设计与生产工作。从研发活动的定义与类型可以看到，由于研发活动旨在创造新知识和研发新工艺等方面进行的技术性竞争，只有研发成果成功转化为商品时才可能产生价值，因此企业进行的研发活动具有异常高的不确定性，这种不确定性体现在研发运营的整个过程中，同时技术能力、行业及市场等外部环境也会产生极大的不确定性。另外，企业研发活动产生的成果也存在较大的价值不确定性和风险。目前的会计系统尚无法对研发活动投入的智力资源、人力资本及知识积累进行准确计量，而且研发历时较长，企业内外部环境的快速变化也随时影响着研发成果的潜在价值。这种现实情况又大大提高了企业研发投资的风险水平。

企业的研发信息不只包含研发支出信息，还包括研发活动的战略规划、资金来源、研发项目情况以及研发成果等内容。（1）研发的战略规划一般指企业计划投资的研发方向、投资资金安排以及人员安排等信息；（2）资金来源是指企业进行研发投资的资金获取方式等情况；（3）研发项目情况包括研发项目获得的支持、项目简介、研发进展情况以及遇到的困难和风险等；（4）研发成果通常包括成功申请的专利技术、有价值的商业秘密或因研发引起的销量和利润的增长等。从这些研发信息的具体内容可以看到，研发信息不仅是具体的定量信息，更多是定性或者无法度量的描述性信息，如战略规划或研发项目具体情况等。

企业的研发信息是一类重要的预测性信息，是反映高科技企业内在价值与发展前景的关键指标之一，也是外部信息使用者关注的重点之一。2007 年新会计准则只要求披露研发支出和研究与开发阶段的会计信息，对政府研发支持也只要求企业在报告附注中披露获得政府资助的金额，其他大部分研发信息仍属于自愿信息披露的范畴。由于企业的研发活动是培育其核心竞争力的重要手段，通常属于企业的核心商业机密，在知识产权保护较差的环境中企业通常不愿意公开这些信息。

（三）研发信息披露与企业的组织合法性水平

企业披露研发相关信息直接影响着其组织合法性的水平。随着企业愈发重视相关信息的披露，其组织合法性缺失的状况也逐渐得到改善。

在资本市场发展的初期，上市公司和外部投资者并不十分关注研发信息的披露，在 2000 年以前，几乎没有上市企业进行研发信息的披露，甚至连研发投入的金额都无从了解（薛云奎、王志台，2001）。市场无法从企业披露的信息中了解其未来的发展前景和盈利能力，对其投资价值的评估缺乏足够的准确性，导致高科技企业所在整个行业的组织合法性普遍缺失，投资者的认可度较低，严重抑制了相关企业的成长和发展。

此后，企业逐渐意识到研发信息披露的重要性，也开始自愿披露部分研发信息，但披露的内容仍集中在研发支出等内容上（梁莱歆、严绍东，2006）。由于高科技企业特有的价值禀赋无法与市场既有的价值认知体系相契合，其投资价值难以被普通投资者所接受，使得企业在组织合法性的获取过程中受到抑制。

自 2007 年新会计准则正式实施起，企业按准则要求披露计入当期损益和资本化的研发支出金额，研发信息的披露才得以进一步改善，但相关信息的完备程度仍有不足。同时，企业研发信息的披露形式也并不统一，仅研发支出信息的披露就可能存在于资产负债表、报表附注或者董事会报告中，其影响力和解释力也各不相同，造成外部信息使用者的信息获取困难，无法满足其信息需求。另外，受到我国知识产权保护等外部环境的制约，高科技企业不愿意过多披露研发相关信息，已披露的信息主要集中在研发金额上，具体的研发战略规划、研发投向、研发项目进展或者潜在成果等信息几乎都无法获取，研发信息的披露不够完整。而由于高科技企业自身的高技术壁垒和高风险等特征，其投资价值始终难以被市场充分理解和认可，组织合法性水平无法真正得到提升。

值得一提的是，企业倾向于披露获得政府支持的相关研发项目信息，相关信息通常在董事会报告、现金流量表附注以及营业外收入中的政府补助等位置进行披露。那么企业披露政府研发支持的动机是什么呢？其为企业带来的经济后果又是怎样呢？这些问题有待进一步考察。

三、组织合法性的获取与高科技企业的融资困境

高科技企业所具有的高技术壁垒和高风险等特有禀赋，使其天然地难以获得投资者的广泛认知和认可，组织合法性的水平难以获得并维持。特别是在中国情境中，企业的研发信息披露不足，使得这一境况更为严峻。当然，由于生命周期不同，企业的风险水平及资金需求水平也有所差别，这明显影响着企业的合法性水平，其外在表现即为融资特征的差异性。

（一）高科技企业的组织合法性现状

随着改革开放的逐步深化，特别是在国内外环境对我国经济持续增长的迫切需求和客观压力下，我国高科技企业迅速发展壮大。自进入 21 世纪后，

我国政府加强了对高科技产业的支持力度，我国高科技企业的发展迎来了新的机遇。

从《2014 中国高新技术产业统计年鉴》中可以看到，目前我国高科技企业主要集中在信息技术、电子通信等新兴行业中。与传统行业相比，新兴行业中企业的组织形式、产品类型甚至企业的行为决策都有明显的不同，这与市场普遍接受的认知模式匹配度较低（Navis and Glynn，2010）。同时，已有对于产品价值、有用性，甚至企业的投资价值所采取的价值评估体系是市场基于社会普遍接受的认知体系而构建的（Rindova and Petkova）。高科技企业所应用的技术较为新奇，这使得其产品潜在的价值创造不确定性较高。投资者基于市场既有的成熟价值评估体系，难以对这些企业的投资价值进行准确评估，导致其价值认可程度低，普遍缺乏组织合法性（Desa，2012）。另外，这些高科技企业的成长与发展面临着较大的不确定性，而投资者限于技术壁垒和知识壁垒，无法准确预知企业的发展前景，也最终抑制了企业的组织合法性水平。

从时间维度来看，企业在不同生命周期内的合法性水平也存在差异，这种差异的外在表现即为融资能力的差异。

创业期的高科技企业通常是将研制成功的技术样品进行商业化的过程，此时的企业规模较小，组织结构简单，技术产品单一，市场风险与财务风险极大，企业的创业成功率低，使得企业及其产品无法得到消费者的广泛认可，其投资价值也无法得到包括银行等投资者的认可，企业的组织合法性水平低。这种情况下，企业通常无法获得银行贷款，而天使基金与风险投资等股权融资方式更为适合，也是目前企业主要采用的融资方式。

处于成长期的高科技企业已经具有一定的市场基础和品牌声誉，其产品和投资价值逐渐被市场认知和认可，企业的组织合法性水平也得到提升。但其经营的稳定性不强，还需要加强研发投资以提高其核心竞争力，此时企业面临着更大的资金缺口。通常情况下，高科技企业依靠自有资金进行内源融资，并逐渐获得信贷和股权等外源资本的关注。一部分优秀的高科技企业可能通过上市获得直接的股权融资，也可能通过资产证明等获得银行的认可，但当前仍以风险资本、投资银行以及大企业接管等权益资本为主。

成熟期的高科技企业技术成熟、管理规范，企业的风险与市场价值获得进一步的确认。企业的投资价值已纳入市场业已形成的价值评估体系中，其组织合法性水平获得明显提高。部分优秀的高科技企业能够通过上市进行直接的股权融资以优化其资本结构，也可能基于已有经营信息获得银行的信贷支持。

（二）融资困境与成因分析

我国当前实行银行业为主导的金融体系，银行贷款在全部资金供给中约占 85%，企业债券融资和股权融资分别占约 10% 和 5%（Branstetter，2007）。虽然从理论上讲，高科技企业可以通过申请银行贷款和直接股权融资进行外源融资，在不同发展阶段都有较为适合和匹配的投资者。但考虑到高科技企业对研发强度的需求压力，其融资缺口也在不断扩大，而其自身的特征也限制了其融资能力的提升，使得很多企业陷入融资约束的困境之中（Guiso，1998；Guo，et al，2005；刘降斌、李艳梅，2008；Czarnitzki and Hottenrott，2011），这严重抑制了企业的成长与发展，也对创新型国家战略的有效实施提出了挑战。

据本书统计，截至 2013 年底，我国上市高科技企业共计 553 家，仅占总量的 1% 左右[①]，近五年获得新增股权融资的企业呈现逐年下降的趋势，新获得银行长期贷款的企业比例平均约 11%，特别是在 2012 年该比例仅为 9.8%[②]。非上市高科技企业则面临更为艰难的境况，以新三板部分高科技企业[③]为例，近五年新增股权融资的企业占比下降明显，而新增银行长期贷款的企业占比平均更只有约 2.6%，2010 年该比例仅为 0.5%。

高科技企业面临的融资约束不仅局限在中国，也广泛存在于其他主要的资本市场中。学者普遍认为由于研发相关的信息属于自愿披露的范畴，很多

---

①　上市高科技企业指在沪深两市主板、中小板和创业板上市的高技术产业内的企业，共计 553 家。据最新公布的《2014 中国高技术产业统计年鉴》显示，仅截至 2013 年我国高科技企业共计 54683 家。

②　考虑到 2008 年全球金融危机对我国经济环境及企业经营战略和融资策略造成的巨大冲击，作者重点考察 2009～2013 年数据窗口期内的上市高科技企业新增银行贷款情况。

③　新三板是由证监会和科技部发起，经国务院批准设立的全国性中小企业股份转让系统，旨在为非上市高科技企业的股权交易提供服务。同样为避免 2008 年金融危机的影响并保证统计的信度与效度，作者选取 2009～2013 年进入新三板且年报披露不少于两年的高科技企业进行统计分析，共计 192 家企业。

高科技企业并没有足够的动机向投资者披露详细的研发信息，从而加剧了双方的信息不对称。同时，研发项目通常存在较高的风险，其盈利前景无法在财务报告等反映企业过去生产经营成果的材料中充分展现，投资者难以根据传统财务信息评估高科技企业正在进行的研发项目，导致其投资价值认可度低。特别对于银行来说，固定资产抵押是银行贷款的常见形式，而高科技企业普遍缺乏可抵押的实物资产，使其难以获得信贷资源的支持，这更加剧了其融资难的困境。

不仅如此，高科技企业在中国面临着更严峻的融资困境。知识产权保护相对薄弱导致很多无形资产的价值不确定性增加（Weiss，et al，2013），并且大量能够创造超额收益的核心技术等无形资源隐藏在企业内部（张健华、王鹏，2012），其价值信息被排除在传统会计系统外（向显湖、刘天，2014），使得企业与市场的信息不对称进一步加剧。高科技企业依靠一些片面信息（Ang，et al，2014），很难获得投资者的信任和认可（Chan，2001）。尤其对于银行来说，大部分高科技企业的融资规模较小，银行授信的单位信息成本与交易成本过高，而我国的银行业高度集中并且基本为国家所有，其更倾向于向单位授信成本较低的大型国有企业提供贷款，使得高科技企业的信贷融资异常艰难（刘降斌、李艳梅，2008）。

第三节　研发支持信息影响高科技企业融资能力的研究框架

上文对相关理论文献以及中国特殊的制度情境进行了系统梳理和分析，明确了研发支持信息、组织合法性以及知识产权保护等核心概念的内涵，为后文的理论研究与实证分析奠定了坚实的知识基础。本节拟从知识产权保护的视角出发，厘清研发支持信息与高科技企业融资能力间的内在逻辑关系，并基于组织合法性理论构建出本研究核心概念间的理论模型，形成高科技企业研发支持信息影响融资能力的理论分析框架。具体而言，本节首先立足中国当前特殊的制度环境，探讨高科技企业在中国情境中披露研发支持信息的内在动机。在此基础上，本节基于组织合法性理论对研发支持信息影响企业融资能力的内在作用机理进行分析，阐明核心概念间的逻辑关系。其后，探讨知识产权保护水平这一制度情境因素在这一影响路径中的调节作用，并基于以上分析构建研发支持信息影响高科技企业融资能力的理论分析框架。

一、制度环境与研发支持信息的披露

已有研究认为，由于高科技企业具有高风险、高技术壁垒等特征，与外部投资者存在着严重的信息不对称，使得企业面临着融资约束，这一问题在中国这样的新兴经济体中表现得更为突出。此时，企业可以通过披露研发投资额度或进展情况等研发相关信息来与投资者沟通，从而直接缓解双方的信息不对称。但由于我国目前对于研发相关信息还没有形成统一的披露规范，很多高科技企业选择将研发等核心信息隐藏在内部，造成已披露信息被"管理"的可能性较大且"噪声"较多。

企业也可以通过向市场传递信号来间接反映企业的研发能力，以此缓解信息不对称：如将贷款合约作为投资风险的信号（Stiglitz and Weiss，1981；Milde and Riley，1988；姜海军、惠晓峰，2008）、研发成果作为创新能力的信号（Francis，2012）或高管持股情况作为发展前景的信号（Luo and Brick，2002）等。但很多学者对高科技企业传递的信号能否有效降低信息不对称持怀疑态度，他们认为企业基于信息披露成本和披露风险的考虑，可能会对研发等信息进行选择性披露或模糊化处理，无法有效降低信息不对称程度（Chan，2001；Ang，et al，2014），反而增加市场对企业未来发展的担忧和悲观态度，甚至可能会使投资者对企业投资价值的评估产生更大误差（Ciftci，2010），对投资决策具有负向的影响。投资者能否认可和接受企业传递的信号目前还存在争议，尚未形成明确结论。总体来看，以往研究并没有关注中国当前特殊制度环境对信号有效性的重要影响，导致这一研究路径始终受到质疑，也使得高科技企业依然无法摆脱融资约束困境。

如上文所述，全球主要国家的高科技企业普遍存在着融资约束问题，各国政府为了促进高新技术产业的发展，弥补融资约束造成的效率损失，都在积极制定相关产业政策，支持高科技企业的研发创新活动。如对有潜在商业价值的企业研发项目进行补贴（Meuleman and Maeseneire，2012）或通过国有投资公司参股优秀的高科技企业（Cho and Lee，2013）等。研究表明这些政府支持行为能够直接促进高科技企业的研发投入，提升其创新能力。不仅如此，企业披露这些信息还可能产生认证效应，能够提升外部投资者对企业质量的认知和认可水平，缓解企业的融资约束（Lerner，1999）。这种认证效应来源于政府在筛选、评价和支持高科技企业过程中的独立性和公平性（Feldman and Kelley，2006），以及外部投资者很难具备的信息优势（Lerner，2002）和能力优势（Kleer，2010）等，使得政府能够较准确的识别企业研发能力和投资价值。

近年来，我国也十分重视高科技企业的发展，政府制定和实施了一系列产业政策，尤其在技术研发等企业核心竞争力的培养方面，政府展开了有针对性的支持。这类研发支持主要有两类，如《科技型中小企业创新基金》对实施技术创新的优秀高科技企业进行资助，以及《中小企业服务体系专项补助资金使用管理办法》对有商业潜力的高科技企业提供研发支持等。此外，国家对重点发展的科技前沿性产业也制定了相关的支持政策，如《集成电路产业研发专项资金管理暂行办法》及《电子信息产业发展基金》等。第二类是政府对有较高潜在商业价值或社会价值的研发项目进行资助，包括选择有较强研发能力的企业参与政府设定的创新研发项目，如国家"火炬计划"项目、"重点新产品计划"等一系列科技攻关计划；或者直接资助企业的优质研发项目，如"国家级重点新产品补助"以及建立"企业技术中心"等。

值得一提的是，本书发现在很多企业年报中，研发活动的相关内容披露较少，但对于获得政府支持的相关信息披露却表现得非常积极，特别是对于企业获得政府的研发项目支持或者企业参与政府的研发项目等信息，在年报中通常会详细披露。但这些描述性的研发信息并不在强制信息披露之内，而且这些政府研发支持信息并不能向市场传递更多有价值的研发信息，也未增加其信息的含量，双方的信息不对称始终存在。

本书认为我国的政府研发支持信息可能也存在着一定的认证效应，高科技企业通过自愿披露政府研发支持信息作为具有认证效应的信号来提升投资者对其研发能力的认知和认可水平，从而帮助其提升融资能力。因此，以获取认证为主要手段来帮助市场提高认知水平的组织合法性理论可以为本研究提供新的研究思路，基于组织合法性理论分析企业自愿披露这些政府研发支持信息的动机，并考察其对融资能力的影响更具有解释力。

二、基于组织合法性理论的影响机理分析

在组织合法性理论的视角看来，当企业与外部环境的现行制度规范和社会受众既有的认知体系相契合时，社会受众对企业有较为准确的认知和评价，企业因此可以获取到组织合法性。而组织合法性作为一种重要的先行资源（Zimmerman and Zeitz，2002），是帮助企业顺利获取其他市场资源的重要前提。如前文所述，高科技企业自身的高技术壁垒和价值不确定性，使得外部投资者很难充分了解企业的研发能力与发展前景，并对其投资价值做出准确评估（Guo，et al，2005）。同时考虑到我国高科技企业大部分处于新兴行业中，这类行业尚未形成成熟的认知模式和评估标准，使得相关企业自成立起就面临合法性危机。

通常情况下，企业会通过信息披露行为与投资者沟通。但考虑到中国的现实情境，很多以技术为盈利依托的高科技企业不愿意承担过高的披露成本自愿披露更多有价值的研发信息。从组织合法性理论视角来看，一方面，企业片面披露研发信息与市场普遍遵守的信息披露规范相背离，也有悖于投资者对于实现资本市场有效性的社会期望。另一方面，高科技企业与投资者间存在着天然的技术和信息壁垒，使得投资者无法基于传统的价值评估方法或既有的认知模式对其投资价值进行准确估值。缺失的研发信息更加剧了投资者的评估难度。这两种因素共同导致了投资者对企业的认知和认可水平低下，使企业陷入组织合法性匮乏的困境。组织合法性缺失的外在表现即为投资者不会给予企业资金支持，企业的融资能力无法提升。

由此可以看到，在外部制度环境与企业自身特征的共同作用下，通常意义下的信息披露并不能有效地提升投资者的认知和认可水平，使得高科技企业在获取组织合法性方面存在着更大的难度。这时，寻求第三方组织的认证便成为高科技企业获取合法性的一种必然选择。但问题在于，常见的认证方式通常是基于发达资本市场的制度情境，而且其作用效果还存在一定的争议。在中国情境下，这类市场化中介机构的认证是否有效就更值得怀疑。与发达资本市场相比，目前我国很多市场化的中介机构还处于发展的初期阶段，缺乏具有足够信誉和能力的第三方认证机构。一些中介机构甚至还有可能与企业存在利益关系（Dranove and Jin，2010），其评价的可信度值得商榷，这类

认证能否真正帮助高科技企业获得融资支持，目前并未形成明确定论。

在这种情况下，有学者发现政府对高科技企业的研发支持（Lerner，1999；Meuleman and Maeseneire，2012）也可能具有认证效应。政府研发支持的相关信息可以帮助高科技企业向市场展现其研发能力和投资价值，有利于提升投资者的认知和认可水平（Lerner，1999），对缓解企业信贷约束具有重要价值。本书也发现很多高科技企业乐于披露获得政府研发支持的相关信息。本书涉及的研发支持是指企业获得政府专项研发基金的资助，主要包含两类：一是企业的研发项目与国家当前重点发展的领域相匹配，符合产业结构调整政策中鼓励性行业的名录，从而受到政府专项基金的资助；二是企业具有较强的研发能力，通过参研政府立项的重大攻关项目而获得的基金支持。当企业通过报表附注、政府资助以及董事会讨论等明确披露这两类受政府资助的研发信息时，即为企业披露了政府研发支持信息。

在组织合法性理论的视角看来，政府研发支持的信息可能对其他投资者的投资决策产生重要影响，表现出一定的认证效应。其原因在于：首先，政府支持行为不以营利为目的，其直接目标是加速技术革新和促进产业升级以实现社会福利最大化，这就保证了筛选过程和评价结果具有较高的独立性、可信度和认可度（Meuleman and Maeseneire，2012）。其次，政府在识别研发项目价值和企业质量方面具有信息优势（Lerner，2002），企业通常尽可能多地向政府提交信息以获得支持，而政府也基于全行业甚至跨行业的数据进行择优筛选。另外，政府的识别过程具有能力优势（Kleer，2010），政府有能力吸收行业精英和技术专家加入评估团队，使其评价结果更准确，也更易被市场认可和接受。此时，外部投资者会更加信任政府的评价结果，对高科技企业的研发能力及其研发项目的潜在价值持有更加乐观的态度，更愿意为其提供资源支持。

另外，政府本身的公信力和声誉也在其中起着关键作用。由于很多高科技企业缺乏足够的声誉水平来获取投资者的信任和认可，只能借助外部声誉来缓解。正如拉奥（Rao，1994）所指出，声誉与合法性不应该看作是两个完全不同的概念，两者是相互补充的关系，是共同表明组织身份的重要元素。声誉是组织合法性的必然产物，而认证可以帮助企业成为具有合法性的组织，形成组织状态的有序，并最终创造声誉。企业通过披露获得政府研发支持这一具有认证效应的信息来展现其研发能力和投资价值，促进投资者认可并接受企业，从而获取投资者的组织合法性，这体现在企业融资能力的提升，而企业长期保持组织合法性的外在表现即为企业的声誉。因此认证是手段，企业通过认证的方式获取了合法性，即获得了有声誉的第三方的隐性担保或隐性信用，这虽然在绝大部分情况中没有显性的契约或背书，或有形的物质表象，但第三方的信用或声誉却可通过这种具有认证效应的研发支持信息，以合法性为渠道注入企业中，从而让外部利益相关者以信任第三方的方式信任企业，从而给予企业各类资源支持，这就包括融资能力的提升。如果企业长期保持其合法性水平，在市场长期的博弈中就可以建立自己的声誉（Diamond，1989）。

基于以上分析，本书认为政府研发支持信息能够为高科技企业的研发能力与投资价值提供认证，帮助企业提高其组织合法性水平。那么，具体路径如何呢？

首先，政府研发支持信息可以帮助企业提升其规制合法性水平。规制合法性主要体现在企业的产品或行为决策是否符合法律制度和标准规范。企业主动披露获得政府资助的研发项目，符合信息披露规范和投资者对资本市场有效性的社会期望，这一披露行为与外部环境存在较高的一致性。同时，企业得到政府的研发支持意味着研发项目及其成果受到政府的严格管理，使得其他竞争者的违法成本大大提高。这符合市场对于企业加强知识产权保护的期望，也与知识产权保护法律规范的有效执行相契合。因此，当企业披露研发支持信息时，投资者认为企业遵循权威法律与社会期望，并能够在政府监管下强化知识产权的保护，从而赋予企业较高的规制合法性水平。

其次，政府研发支持信息可以帮助企业提升其规范合法性水平。规范合法性主要体现在企业的产品或行为决策是否与社会普遍接受的价值观念相匹配。如上文所述，高科技企业大多处于新兴行业中，与成熟的行业相比，高科技企业的运营模式和价值评估标准与市场普遍接受的价值体系并不匹配，从而导致企业组织合法性的缺失。当企业披露政府研发支持信息时，意味着企业的研发方向与国家的产业结构调整方向和产业未来发展方向相契合，这有利于投资者将企业的投资价值纳入既有的价值评估体系中，赋予企业较高的规范合法性水平。

最后，政府研发支持信息可以帮助企业提升其认知合法性水平。认知合法性主要体现在企业的产品或行为决策是否被投资者充分理解和接受。由于高科技企业具有高技术壁垒和高风险的特征，投资者对其研发能力与企业价值的认可度较低。获得政府的研发支持，意味着政府认可企业的研发能力。同时政府资助的项目通常关系到国计民生，体现着技术的前瞻性和先进性。因此，当企业披露相关信息时，投资者得以突破知识壁垒和信息壁垒，在一定程度上了解企业的投资价值，从而赋予企业认知合法性。

由此可见，企业披露研发支持信息的行为作为一种认证方式，能够改善投资者对企业研发能力和投资价值的认知和认可水平，从而帮助企业获取规制合法性、规范合法性与认知合法性。而高科技企业获取到组织合法性的外在表现，即为投资者的资金支持，企业融资能力的提升。因此，从宏观层面来看，研发支持信息表现出认证效应，帮助企业获得外部资金支持。

在中国当前制度环境中，高科技企业将其视为一类具有认证效应的信号来展现企业的研发能力和投资价值，低成本高效率地获取外部投资者的组织合法性，提升其融资能力。企业实施这种认证行为所付出的成本主要体现在以下几方面：首先，企业申请政府的研发支持需要额外付出成本进行材料的准备、调研、申报、更新和结项等工作；其次，企业获得支持并提高研发强度会占用大量的现金流，可能导致财务风险上升和机会成本上升；最后，政府对高科技企业或研发项目的筛选是以社会福利最大化为标准的，这些研发项目的很多专属性投资并不总是与当前企业发展战略相契合，产生的成果即使具有较高的社会价值（Kleer，2010），对企业盈利能力的提升也会带来较高的不确定性，从而形成一定的成本。

从组织合法性理论的视角来看，高科技企业自愿披露政府研发支持的信息以提升其融资能力的过程可以看作是组织合法性迁移的过程。如果将企业的年度报告视为一个市场，企业支付一定成本产生信息，并对信息进行收集、处理以及披露，所形成的报告即是该市场中的产品，而市场的需求方则是包括投资者等在内的信息使用者。从某种意义上讲，企业支付成本并披露信息是为了获取投资者的组织合法性，而投资者根据信息的质量以及采信程度决定其给予企业组织合法性的水平，即市场双方交易的是组织合法性，这时组织合法性类似于市场价格。企业选择自愿披露政府研发支持信息所支付的成本相对较少，而由于政府的研发支持信息具有认证效应，这一信息更可能得到投资者的认可，获得更高水平的组织合法性，即在该市场中政府的研发支持信息是一类值得信赖的优质产品，投资者愿意为此支付更高的组织合法性，其现实表现即为企业融资能力的提升。由此可见，高科技企业自愿披露研发支持信息以获取投资者的组织合法性对其融资能力乃至企业长远发展至关重要。

三、知识产权保护的调节作用

企业披露政府研发支持的相关项目信息可以在一定程度上提高投资者对企业质量与投资价值的认知和认可水平，帮助其提升组织合法性水平，使得投资者更愿意给予企业资金支持，其外在表现为企业融资能力的提升。高科技企业是轻资产企业的典型代表，其投资价值与风险严重依赖于外部环境，尤其是知识产权保护制度。那么知识产权保护是否会对这一影响路径产生重要的调节作用呢？

一方面，高科技企业的无形资产占总资产比例较大，在知识产权保护薄弱的环境中，这些核心资产更易被竞争者盗取，造成严重的外部性问题。企业为抑制其资产损失和价值贬值，通常会选择将核心技术或知识隐藏在内部，这又造成了严重的信息不对称问题。知识产权保护越薄弱，这种信息不对称程度就越高，投资者对企业的研发能力和投资价值评估的难度越大，企业的组织合法性也更易受到损害，使企业面临融资困境。与此相对比，政府的研发支持信息并不涉及企业的核心信息，不会过多增加企业的披露成本和披露风险，反而因为政府研发支持信息可能具有认证效应，可以提升投资者的认可程度，促使企业自愿披露这类信息。综上所述，在知识产权保护薄弱的环境中，可用于评估企业质量和投资价值的信息相对匮乏，而政府研发支持的相关信息则较为详细，同时考虑到这类信息具有较高的可信度，其在投资者决策过程中的参考价值更为突出。

另一方面，高科技企业的无形资产价值严重依赖于外部制度环境，尤其是知识产权保护水平。在知识产权保护薄弱的环境中，企业无形资产的外部性问题严重，知识产权侵权行为的违法成本较低，导致无形资产的价值估值不足且不确定性大幅增加。大量无形资产失去其应有的市场价值，被侵权企业可能无法获得应有的补偿，反而要承受因巨额研发投资导致的现金流短缺等问题，严重时甚至会威胁到企业的生存。此时政府的研发支持恰好弥补了企业研发资金的不足，在一定程度上降低了企业的财务风险，同时获得研发支持意味着政府认可企业的研发能力和未来发展潜力，这为企业质量以及研发成果的潜在价值提供了一定的认证。因此，在知识产权保护薄弱时，企业披露的研发支持信息会得到投资者的额外关注，在促进企业获取组织合法性，提升融资能力过程中的影响也更为显著。

因此，本书认为知识产权保护水平很大程度上影响着投资者对政府研发支持信息的关注度，影响着这类信息在投资者决策过程中的参考价值，也影响着其认证效应所产生的实际效果。可以预见，知识产权保护水平在研发支持信息影响企业融资能力的路径中具有较为显著的调节作用。

四、研发支持信息对高科技企业融资能力影响的分析框架

高科技企业普遍面临着融资约束困境，从组织合法性理论的视角来看，在中国当前的制度环境中，市场对企业的研发能力和投资价值缺乏充分的认知和认可，因此企业无法获取足够的组织合法性，其外在表现即为存在着融资约束。那么企业如何能够实现与市场的有效沟通，使得投资者信任并认可企业的研发能力和投资价值是解决这一问题的关键所在。

企业披露政府的研发支持信息可能为此提供现实可行的解决方案。考虑到政府的声誉以及在筛选优秀企业或研发项目时的信息优势与能力优势，其评价结果体现出较高的可信度和认可度，因此可能产生认证效应。当企业披露政府研发支持信息时，投资者会因为相信政府的选择而改善对企业的评价，从而赋予企业较高的组织合法性水平，给予企业资金支持。高科技企业则通过这一认证方式得到了投资者对企业研发能力与投资价值的认可，获得了组织合法性，其外在表现即为融资能力的提升，两者的内在作用机理如图3-2所示。

高科技企业通过披露研发支持信息获取组织合法性，从而提升融资能力这一过程也严重依赖于外部制度环境，尤其是知识产权保护水平。在知识产权保护薄弱的情境中，企业与市场的信息不对称程度高，其市场价值不确定性较大，导致投资者对企业的研发能力与投资价值缺乏足够的认知和认可。

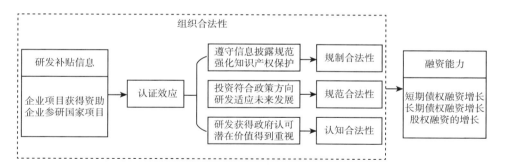

图 3 - 2　研发支持信息影响高科技企业融资能力的理论模型

资料来源：作者研究设计。

这种情况下，政府研发支持信息更易获得投资者的关注，其认证效应也可能产生更突出的效果，对投资者的决策判断会起到更高的参考价值，帮助企业提升其融资能力。具体研究框架如图 3 - 3 所示。

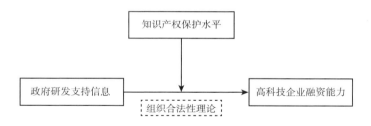

图 3 - 3　总体分析框架

资料来源：作者研究设计。

企业自愿披露获得政府研发支持的相关信息，利用该信息具有的认证效应提升投资者对企业质量与投资价值的认知和认可程度，从而提高企业的组织合法性水平，其外在表现即为融资能力的提升。同时，外部制度环境中知识产权保护水平对这一影响路径起调节作用，即在知识产权保护薄弱的环境中，政府研发支持信息对投资者而言具有更为重要的参考价值，其认证效应也可产生较为明显的效果。此时，企业披露研发支持信息可以获得更高的组织合法性水平，企业融资能力提升的效果更为显著。

| 第四章 |
研发支持信息与高科技企业
融资能力的博弈分析

上文已在分析我国特殊的制度情境和高科技企业融资困境的基础上，构建出基于组织合法性理论的研发支持信息影响企业融资能力的理论分析模型。本章拟引入信号传递理论，结合新古典经济学的研究范式，建立符合中国情境的不完全信息动态博弈模型，以此验证上文建立的理论模型，旨在证明政府的研发支持信息可以作为一类具有认证效应的信号，帮助高科技企业提升其组织合法性水平，缓解企业的融资约束问题。

第一节　主要研究方法与理论基础

本书建立的不完全信息动态博弈模型是在组织合法性的理论框架下，采用新古典经济学的研究范式，并结合信号传递理论以及博弈论的相关研究展开的。本节首先对涉及的相关研究方法与理论基础进行简要介绍，为构建本书的博弈模型奠定坚实的基础。

一、新古典经济学与信息不对称理论

新古典经济学（neoclassical economics）是在古典经济学（classical economics）基础上经由"边际革命"发展而来的。在新古典经济学的分析框架中，边际效用价值论是其分析和理解经济现象的基础，并由此带来了"张伯伦革命""预期革命"等一系列经济领域的新进展。新古典经济学的研究范式主要包含三个基础假设：一是个体行为假设，即以最小基本单位的行为为依据解释经济现象，而市场与社会的行为可以视为诸多个体的行为总和；二是个人理性假设，即认为个体是自利的，其行为决策是以自身效用最大化为

基础前提；三是均衡假设，即新古典经济学认为价格机制能够促使供求达到均衡状态，如果此时均衡状态是稳定的，则每个决策个体则不再获得改变现状的激励。此外，新古典经济学的研究还存在着其他非基础性但重要的三个前提假定，包括决策者的预算约束，即决策者在进行行为决策时会受到其所处特定环境的约束；信息约束，即决策者是否拥有关于环境的相关信息，这里可分为完全信息假设和不完全信息假设，当决策者处于不完全信息状态时，其需要付出一定的信息成本以获取信息，从而实现次优的决策结果；竞争假设，即假设决策者间存在着特定的相互作用方式，主要有完全竞争、完全垄断以及不完全竞争等状态。

在新古典经济学的研究中，通常基于以上假定，采用边际效用分析方法，并以理性预期为分析基础，将决策者实现从不确定性环境中的决策转化为概率型的确定性决策进行分析，并最终形成均衡状态。同时，新古典经济学的研究范式还可以探讨不完全信息下，决策者认知能力不足时，通过信息成本的转化而展开决策活动，由此将主流经济学内的各分支进行整合并形成较为一致的分析基础。

在新古典经济学的基础假定中，决策者所获得的环境信息程度决定着其最终的决策结果。阿罗（Arrow，1963）率先提出在现实的制度安排和经济实践中，行为人的信息通常是不充分的，并且信息分布也是不均匀和不对称的，从而导致同一经济行为中的各参与者所持有的信息不对称，即为信息不对称。这种现象使得市场的运行效率受到抑制。此后，信息不对称逐渐成为经济学研究的重点领域，其中"逆向选择"与"道德风险"是该领域中的两个基本课题。

逆向选择是指在市场上具有信息优势的参与者可能会故意隐藏信息，造成市场的信息不对称而引发的效率损失问题。因而逆向选择主要体现在隐蔽信息。道德风险是指在契约条件下隐藏行为，即一方故意隐瞒真实信息，甚至提供虚假信息而造成的损失问题。阿克洛夫（Akerlof，1970）发表的《柠檬市场：质量不确定性和市场机制》通过二手车市场的案例对此进行了详细的论证。基于二手车市场上交易双方对二手车质量信息的掌握程度不对称的现实情况，他在分析中假设市场中二手车有优质车和劣质车两种类型，但只有卖方掌握关于此车的全部信息，买方只了解所有车辆的质量分布特征，而无法获得特定车辆的任何信息。买方在 VNM 期望效用最大化的前提下，最优策略是按平均质量价格购买，而不会冒险出更高的价格，而此时只有劣质车同意交易，优质车的卖方不会进行交易。这最终导致优质车退出市场，劣币驱逐良币，即所谓的"柠檬市场"。在此基础上，如果市场上存在独立的第三方为车辆进行鉴定，使得双方对特定车辆的信息更对称，那么卖方就会逐渐失去信息优势，消除其超额收益。也就是说第三方的介入使得信息相对对称，从而避免市场失灵现象的发生。此后关于信息不对称问题的研究基本上是在这个框架下进行的，这其中包括斯彭斯（Spence，1973）对劳动力市场的分析及斯蒂格利茨和维斯（1981）对信贷配给问题的分析。

目前，对于信息不对称成因分析和解决方案的相关研究主要基于博弈分析，通过构建数学模型分析因信息不对称所带来的逆向选择和道德风险对博弈参与者行为的影响。本书所构建的模型也是在新古典经济学研究范式下，基于信息不对称的前提假定展开的，旨在探讨信息不对称情况下，高科技企业如何通过自愿披露相关信息来获得投资者的认知和认可，从而提高其融资能力的过程。

二、信号传递理论的相关研究

现有学者主要基于信号传递理论来解决企业与外部市场中存在的信息不对称问题，研究发现当企业将自身的信号及时、准确地传递给资本市场时，投资者的投资决策会受到影响，最终使公司股票价格上涨（Ashbaugh，et al，2007；Doyle，et al，2007），企业价值提升（Ross，1977）。斯蒂格利茨和维斯（1981）的信贷配给模型（S－W 模型）从银行的视角采用不完全信息的静态博弈方法解释了信贷配给现象，证明了贷款利率可作为识别企业投资项目风险的信号，高利率会吸引高风险的借款者或者促使借款者投资高风险项目，从而导致银行收益非单调变化。这时银行为控制风险，实现收益最大化，会选择一个最优的利率水平。米尔迪和莱利（1988）在扎菲等人（Jaffee，1972；Jaffee and Russell，1976）及斯蒂格利茨和维斯（1981）的研究基础上，基于新古典经济学的分析框架，发现企业申请贷款的额度可以作为传递企业项目风险程度的信号。同时，国内一些学者也得到了相关的理论性研究（姜海军、惠晓峰，2008）。此外，很多学者研究发现，企业自身的某些特征也可以作为信号来表征企业的风险，如资本结构（My-ers，1977）、股权结构（Luo and Brick，2002）、股利政策（Aharony and Swary，1980；Anderson and Kanatas，1995）、破产信息（Fisher and Lyons，2010）、是否公开上市（Grinblatt and Hwang，1989）或是否引入风险投资（Bergemann and Hege，1998）等。

有学者认为当企业传递市场信任度较高的信号时，有助于提高信号的有效性。如斯彭斯（1973）研究发现在劳动力市场上，雇主并不知道雇员能力的信息，因而只提供平均工资，从而造成雇员的逆向选择。如果将雇员的教育程度作为其能力的信号传递给雇主，则双方都可以获得较为满意的雇佣方案。在这种情况下，教育程度不仅是反映员工能力水平的信号，更重要的是这一信号具有较高的可信度，授予学位的正规教育机构为这一信号提供了认证（Hunter and Leiper，1993），使得该信号同时具有了认证效应。我国学者杨如彦、李自然（2004）认为在信托市场中，投资者面临项目收益不确定性及理财机构专业水平不确定性等信息劣势，但当投资者接收到第三方中介机构对这类不确定性的认证信号时，双方的信息不对称程度下降，提高了市场的投资效率。

有学者研究发现一些质量认证标准的获得或是投资机构、权威机构的参与行为也都可以作为传递企业质量的信号，帮助市场有效缓解信息不对称。如科贝特等（2005）及泰拉克和克恩（Terlaak and King，2006）等学者研究发现 ISO 9000 作为产品质量的一个权威标准，可向市场传递产品具有高质量的信号，帮助企业提高绩效水平。投资者的参与也可以具有认证效应，如银行为企业提供长期贷款，可视为银行与企业间有长期稳定互信的关系，可帮助企业提升绩效（Herrera and Minetti，2007；Focarelli，et al，2008；Amore，et al，2013），也为其他投资者的投资决策提供参考（Stover，1996；Cook，et al，2003；Boscaljon and Ho，2005；Ross，2010；Bosch and Steffen，2011）。可见，信号传递理论作为解决市场信息不对称问题的有效方法，已受到学术界和实务界的广泛关注。

三、博弈理论发展历程与研究现状

19 世纪初，博弈理论仍处于萌芽阶段，库尔诺（Cournot，1838）阐述了双寡头竞争环境下的产品决策问题，并通过建立寡头竞争模型（古诺模型）对其均衡状况进行求解。伯特兰（Bertrand，1883）也对双寡头竞争的情形进行了分析，并建立以价格为核心的双寡头垄断博弈模型。1944年，冯·诺依曼和摩根斯坦（Von Neumann and Morgenstern，1944）合著的《博弈论与经济行为》标志着现代博弈理论体系的正式形成。在此书中，作者对博弈理论中的基本概念进行了界定，并构建了合作博弈的基本模型。此后，合作博弈的研究得以深入展开，产生了讨价还价模型（Shapley，1953）等一系列的优秀成果。几乎在同一时期，非合作博弈的相关研究也开始受到学者的关注，纳什（Nash）于1950和1951年发表《N人博弈的均衡点》以及《非合作博弈》两篇重要研究成果为非合作博弈的研究奠定了坚实基础，不仅如此，他还将博弈论引入经济学研究范畴，并使之成为经济学研究中重要工具。

现代博弈理论主要由参与人、行动、信息、策略、支付函数、结果以及均衡态等基本要素构成：其中参与人是指博弈中基于效用最大化原则的行为人；行动是指参与人采取的决策；信息是指博弈中各方参与人所掌握的知识，包括自身、环境以及其他参与人的相关知识；策略是指参与人选择行动的规则，如何时何地采取何种行动的规则；支付函数是指参与人在博弈过程中通过采取某种行动所获得的效用；结果是指博弈分析者获得的要素集合；均衡态是指博弈中所有参与人在各自支付函数最大化的原则下采取相应行动所得到的最优策略集或行动集。

现代博弈理论的分类通常具有两个维度，基于这两个维度，现代博弈理论形成四个基本类型，如表4-1所示。第一个维度是基于博弈参与人采取行动的先后顺序，可分为静态博弈（static game）和动态博弈（dynamic game）两种类型。静态博弈是指在博弈中各参与人同时采取行动或在相互不知情的情况下先后选择行动，而动态博弈则是指各参与人的行动有先后顺序，并且后行动者能够观察到先采取行动者的选择。

第二个维度是基于博弈参与人间的信息对称程度，分为完全信息博弈和不完全信息博弈。完全信息博弈是指参与人对其他所有参与人的特征、策略集、行动集或支付函数等具有准确的知识，即参与人在信息完全对称的情形下依据效用最大化原则选择行动。不完全信息博弈即为参与人并不完全掌握其他参与人的相关信息，参与人在信息不对称的情形下选择行动，决策依据来源于其对其他参与人相关知识的估计概率。

表 4 - 1　　　　　　　　　　现代博弈的分类及相关均衡状态

	静态	动态
完全信息	完全信息静态博弈 纳什均衡 纳什（1950）	完全信息动态博弈 子博弈精练纳什均衡 泽尔腾（1965）
不完全信息	不完全信息静态博弈 贝叶斯纳什均衡 海萨尼（1967）	不完全信息动态博弈 精练贝叶斯纳什均衡 泽尔腾（1975） Fudenberg 和 Tirole（1991）

资料来源：张维迎．博弈论与信息经济学［M］．上海：上海人民出版社，2004：13。

　　本书旨在探讨中国情境下高科技企业如何通过披露信息，向投资者传递企业具有较高的质量与投资价值的信息，促进投资者提升其对企业的认知和认可水平，从而获取投资者的资金支持。研究主题适用于不完全信息动态博弈的规范，因此，本书基于此类博弈范式设计高科技企业融资能力的不完全信息动态博弈模型。

第二节　高科技企业融资能力博弈模型

　　本节将不完全信息动态博弈方法与新古典经济学分析方法相结合，建立中国情境下高科技企业融资能力的不完全信息动态博弈模型。通过数理分析的方法，检验本书所构建的理论模型，探讨高科技企业通过披露政府研发支持的相关信息，向市场展现其研发能力与投资价值以获得投资者的组织合法性，从而提升其融资能力的过程。验证政府研发支持信息作为具有认证效应的信号，在提高企业融资能力方面的有效性及其重要作用。

一、博弈的内在逻辑

　　本书所建立的不完全信息动态博弈模型主要可分为三个阶段：
　　首先，本书建立信息完全对称情况下的理想模型，重点说明模型的基本原理及分析方法。在这一阶段，由于高科技企业与投资者信息完全对称，投资者可以充分了解企业的研发能力及其未来的潜在市场价值。在赋予企业组织合法性水平的决策中，有较为准确的认知和判断。因此质量较高的企业能够获得相对高水平的组织合法性，即拥有与之匹配的融资能力。

其次，本书将理想模型拓展为信息不对称且企业不传递信号的极端情况。在这种最差的情况下，双方的信息不对称程度较为严重，投资者完全无法了解企业的研发能力与投资价值，只能以平均质量水平赋予所有企业相同的组织合法性水平。缺乏对高质量企业的充分认知和准确判断，导致这些企业无法获得与之相匹配的组织合法性水平。资金资源相对缺乏的情况下，其外在表现即为难以获得资金的支持。本书通过对比上述两种情况下企业获得的不同贷款合约，考察企业自愿披露政府研发支持作为信号的动机。

最后，本书将模型进一步地拓展为信息不对称，但企业传递信号的现实情况。探讨企业获得贷款合约的均衡解，并分析企业选择信号强度的决定因素。此时，高质量的企业会自愿披露政府研发支持的相关信息，利用其具有的认证效应，提升投资者对企业质量与投资价值的认知和认可水平，从而获得更高水平的组织合法性，其外在表现即为融资能力的提升。

我国当前实行的是以银行业为主导的间接金融体系，银行贷款在企业融资供给中所占比重超过85%，而企业债券融资和股权融资分别仅占全部资金供给的10%和5%左右（Branstetter，2007），银行贷款也是高科技企业以较低融资成本获得资金支持的重要途径之一（尹中升，2011）。处于初创期或部分中小型的高科技企业虽然通常以自有资金、私募基金或风险投资为其主要的资金来源（刘降斌、李艳梅，2008；Czarnitzki and Hottenrott，2011），但申请银行贷款也是这些企业重要考虑的融资渠道（德勤中国研究与洞察力中心，2013），这对高科技企业实现战略目标、优化资本结构及降低财务成本等具有重要意义。当前我国的高科技企业普遍面临着融资约束，其中信贷约束问题最为突出（Guiso，1998；Guo，et al，2005；刘降斌、李艳梅，2008；Czarnitzki and Hottenrott，2011；李莉等，2015）。因此，本章将以银行作为投资者的典型代表，首先探讨高科技企业获取银行信贷支持的过程，之后将该模型拓展到股权投资领域。

二、博弈模型的假设与参数设计

本书以斯蒂格利茨和维斯（1981）以及米尔迪和莱利（1988）的相关理论研究为基础，同时将中国现实情境进行高度地抽象概括，构建本书数理模型的前提假设和模型参数。

（一）模型假设

假设一：高科技企业通过申请银行贷款的方式获取资金，考虑到当前针对高科技企业的信贷资源相对匮乏，模型只考察一家银行的情况。

假设二：高科技企业无法提供可供抵押的资产。高科技企业属于轻资产企业，以知识产权等无形资产为主，而中国目前关于无形资产的质押融资尚在理论探讨及试点阶段。

假设三：只要盈利高于融资成本，高科技企业会按合约还款，而当企业因经营不善等原因无法到期还款时，银行可以获得企业的全部收益，此时企业破产。

假设四：同类型的高科技企业在银行看来是同质化的。

这是一个较严格的假设，但在现实中也有合理之处。具有技术壁垒的高科技企业与银行间存在着严重的信息不对称（Guo，et al，2005），这一问题在中国当前的情境下更为突出（刘降斌、李艳梅，2008）。银行受到贷款审批程序和成本的制约，无法同风险投资公司等机构一样长期深度地参与企业运营以了解企业的研发能力和投资价值（Wang，et al，2003），也不具备政府的信息优势和能力优势对企业质量和研发项目进行严格的审核（Lerner，2002；Kleer，2010），通常只能基于企业提交的财务报告及项目计划书等传统材料或走访调研企业经营状况等方式展开审查工作（尹中升，2011）。因此，对于相似经营范围、相似财务状况或相似股权属性等同类型的高科技企业而言，银行仍无法准确识别其研发能力和投资价值，从而产生同质化的现象。

（二）申请者（企业）方面的参数设计

（1）θ 表征企业质量，数值越大则申请者质量越好，投资价值越高。企业的质量概率密度为 $f(\theta)$，期望均值为 $\bar{\theta} = E(\theta) = \int_0^1 \theta f(\theta) d\theta$。企业的还款概率与 θ 正相关，当银行判断企业为高质量时（θ 较大），提供额度 D 较大且

利率 $r = R - 1$ 较低的贷款合约 $<D, R>$。

（2）信号 $m = m(S)$ 表示将政府对高科技企业研发支持行为 S 抽象为信号 m，该信号在现实中是离散分布的，为处理方便且不失一般性，模型将信号作连续分布处理。政府的支持强度越大，信号 m 越强，而边际强度逐渐下降，即 $\partial m / \partial S > 0$，$\partial^2 m / \partial S^2 < 0$。

（3）信号成本 $C_m = C_m(m, \theta)$，该函数连续且二阶可微。信号成本随着信号的强度增强而增加且其边际也随之增加，即 $\partial C_m / \partial m > 0$，$\partial^2 C_m / \partial m^2 > 0$。另外，$(\partial C_m / \partial \theta) |_m < 0$ 且 $\partial^2 C_m / \partial m \partial \theta < 0$，表示当不同质量的企业传递同一强度的信号时，企业质量越高，支付的信号成本越小，而信号成本的边际增加也与企业能力负相关，即如果有两个企业，高质量企业 θ^H 和低质量企业 θ^L 满足 $\theta^H > \theta^L$，则 $\partial C_m(m, \theta^H) / \partial m < \partial C_m(m, \theta^L) / \partial m$，如图 4-1 中（a）所示。

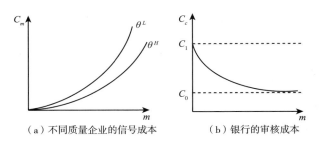

（a）不同质量企业的信号成本　　　（b）银行的审核成本

图 4-1　不同企业的信息成本与银行的审核成本

（4）生产函数 $P(\theta, D, \tilde{u}) = p(D) g(\theta) b(\tilde{u})$，参考米尔迪和莱利（1988）的定义并将贷款额度的影响拓展为一般式。式中 $p(D)$ 是贷款额度 D 的单调增函数，表示 D 对企业生产能力的贡献；$g(\theta)$ 是质量 θ 的单调增函数，表示 θ 对生产能力的正向影响；$\tilde{u}$ 是随机变量，表示不确定性对企业收益的影响，满足累积概率分布 $F(\tilde{u})$，$\int_{-\infty}^{+\infty} F(\tilde{u}) du = 1$ 且 $E(\tilde{u}) = 0$，该影响在模型中不作为重点，可认为其期望值即 $E(b(\tilde{u})) = 1$。当存在不同质量的企业 $\theta^H > \theta^L$ 时，生产函数满足 $\forall \varepsilon > 0$，$\int_{\varepsilon}^{\infty} P \cdot f(P(\theta^H)) dP \geqslant \int_{\varepsilon}^{\infty} P \cdot f(P(\theta^L)) dP$，即高质量企业期望收益高，或 $\int_{0}^{\infty} P^2 \cdot f(P(\theta^H)) dP \leqslant \int_{0}^{\infty} P^2 \cdot$

$f(P(\theta^L))dP$，即期望收益方差小。

此处需要说明的是，政府对高科技企业进行研发支持的目标是增强生产能力，提高企业质量，但质量的提高是一个缓慢且不确定的过程，短期内更可能作为信号来帮助企业获得其他投资者的认可，从长期来看，获得支持的企业发展前景更为乐观，而这也是投资者认可的原因之一。本书是以企业质量相对稳定为分析基础，即在短时间内质量不会出现明显变化，这样银行通过政府研发支持的信号识别质量才有意义。正因如此，说明政府研发支持行为对企业质量的影响效果尚未充分显现，所以本书并没有将政府研发支持对企业生产能力的影响纳入基础模型中进行直接考察。

（5）企业的净收益可表示为 $\omega = \max\{P - DR - C_m,\ 0\}$。由生产函数得到质量 θ 的企业期望收益，即 $\omega = \int_{g(\theta)}^{\infty}[p(D)g(\theta)b(\tilde{u}) - DR - C_m]dF(g(\theta))$。

（三）银行方面的参数设计

（1）$\mu(\theta)$ 为银行对企业质量的判断。理想情况下，银行完全了解企业质量，即 $\mu(\theta) = \theta$；在信息不对称情况下，银行以质量均值判断所有企业，即 $\mu(\theta) = \bar{\theta}$。当企业传递信号 m 时，银行根据贝叶斯法则将企业质量估计值修正为 $\mu(\theta\,|\,m)$，并据此提供相应的贷款合约。

（2）授信过程支付的审核成本为 $C_c = C_c(D, m)$，满足条件 $\partial C_c / \partial m < 0$，$\partial^2 C_c / \partial m^2 \geqslant 0$，即当企业传递政府研发支持的信号 m 时，银行接收并认可该信号所反映的企业质量，在授信过程中可以节约一定成本。但随着信号的增强，其对审核成本的边际影响减小，最终其取值范围即 $\lim_{m \to 0} C_c = C_1$，$\lim_{m \to 1} C_c = C_0$，如图 4-1 中（b）所示。同时，审核成本还要满足 $\partial C_c / \partial D \geqslant 0$，$\partial^2 C_c / \partial D^2 < 0$，即银行更重视贷款规模大的申请者，愿意为其支付更高的成本以管理风险。

（3）银行收益表示为 $\pi = E\min\{DR, P(\mu(\theta), D, \tilde{u})\} - ((1 + r_0)D - C_c)$，并由此得到 $\pi = (R - r_0 - 1)D + \int_0^{g(\mu(\theta))}[p(D)g(\mu(\theta))b(\tilde{u}) - DR]dF - C_c$，其中 r_0 为资金的社会最低回报率。

三、基本博弈模型的推演与结论

在基本博弈模型中，企业与银行处于信息完全对称的理想情况，此时企业质量为共有知识，企业不需要传递信号，因此不支付信号成本，而银行能够准确了解企业的质量，对高质量的企业有足够的认知和认可，在授信过程中按完整的授信流程支付审核成本。本书以米尔迪和莱利（1988）的初始模型为分析起点，如图 4-2 中（a）所示，表示质量为 θ 的企业在信息完全对称情况下的申请贷款情况。图中 $D^{\omega}(R)$ 为企业的贷款合约无差异曲线，是质量为 θ 的企业在不同期望收益下所能接受的最差合约集合。企业的最低期望收益曲线 ω_{θ}^{0} 与质量有关，具有质量的企业，其最低期望净收益曲线相同。随着企业质量的提高，期望收益线向下移动。银行最低期望收益曲线的斜率也随着银行对企业质量的认知不同而相应变化，说明银行更加关注高质量的企业，将其视为授信的优质客户，长期来看可为银行带来更高的期望收益。

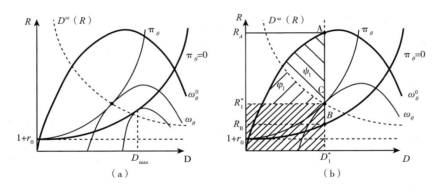

图 4-2　企业质量 θ 为共有信息时的情况

本书提出引理一：期望收益曲线随着对企业质量估计值的提高而以（0，$1+r_0$）为圆心逆时针旋转（证明见附录）。

双方首先需要满足参与约束条件，即贷款合约的议价空间至少要在企业最低期望净收益曲线 $\omega_{\theta}=0$ 和银行最低期望收益曲线 $\pi_{\theta}=0$ 之间的舌状区域内。当企业质量较高时会期望得到更高收益，收益曲线向下移动，而当银行对企业质量估计较高时，会将最低期望收益以（0，$1+r_0$）为圆心做适当上调。在合约空间内，高科技企业为实现期望收益最大化，可获得的最大贷款额度 D_{max} 为企业的期望净收益曲线与银行的最低期望收益曲线的相交处。由于信贷资源紧缺，银行要求的期望收益一般都大于零，最终可实现的贷款合约即为图 4 - 2 （a） 舌状区域内的一点，这也验证了贷款额度并不能成为反映企业质量的信号的分析。

政府的研发支持行为并不会直接影响企业申请银行贷款的过程，本书将其作为外生变量处理。考虑到针对高科技企业的信贷资源相对匮乏，银行通常会在充分利用有限的信贷资源前提下提供贷款额度，再根据自身收益最大化对贷款利率进行博弈，从而满足激励相容约束。模型先以双方福利最大化确定贷款额度，再由双方议价能力确定贷款利率，从而得到均衡合约。

由双方福利 $K = \omega + \pi$，可知：

$$\frac{\partial K}{\partial D} = \frac{\partial}{\partial D} \left\{ \int_0^\infty \left[p(D)g(\theta)b(\tilde{u}) - DR \right] dF(g(\theta)) + (R - r_0 - 1)D - C_c \right\}$$

$$= \frac{\partial P}{\partial D} b(\tilde{u}) \overline{g(\theta)} - \frac{\partial C_c}{\partial D} - r_0 - 1 \qquad (4-1)$$

令 $\partial K / \partial D = 0$，可以得到均衡贷款额度 D_1^*，而在信息完全对称情形下企业无须传递信号，贷款合约的实现主要受到银行参与约束条件的影响，因此均衡贷款合约 $< D_1^*, R_1^* >$ 满足：

$$\begin{cases} \dfrac{\partial P(D)}{\partial D} = \dfrac{\partial C_c / \partial D + r_0 + 1}{g(\theta)b(\tilde{u})} \\[3mm] \dfrac{\partial \omega_\theta}{\partial D} = \dfrac{\partial \pi(\theta)}{\partial D} \end{cases} \qquad (4-2)$$

为判断均衡贷款合约的位置，我们发现当企业质量确定时，其最低期望净收益曲线是固定的，因此可以通过均衡贷款额度与企业最低期望净收益曲线交点的斜率进行判断，即

$$\frac{\partial \omega}{\partial D} = \frac{\partial}{\partial D} \int_{g(\theta)}^\infty \left[p(D)g(\theta)b(\tilde{u}) - DR \right] dF \qquad (4-3)$$

将式 （4 - 2） 代入可知 $\partial \omega / \partial D > 0$，即均衡合约点所在直线在企业最低净收益曲线最高点的左侧，如图 4 - 2 （b） 所示。均衡贷款额度 D_1^* 与图中曲线共形成三个交点，分别是与企业最低期望净收益曲线 ω_θ^0 交于 A 点，与银行最低收益曲线 $\pi_\theta = 0$ 交于 B 点以及与贷款合约无差异曲线 $D^\omega(R)$ 交于 C 点。

其中，C 点表示质量为 θ 的企业与银行达成的均衡合约，该均衡点是双方议价能力的体现，使得双方都拥有相对的最大化利润，所在企业无差异曲线也是企业最大可接受成本线。A 点意味着企业处于完全竞争市场，对贷款合约完全没有议价能力，只能承受最高的贷款利率，银行占有全部收益。由于中国高科技企业间的质量差异性较大，尚未达到完全竞争的程度，可知 A 点并不是均衡点。同样，我国银行业也未处于完全竞争市场，针对高科技企业的信贷资源也相对匮乏，使得银行具有一定的议价能力，B 点也不是均衡点。在均衡态 C 点处，银行期望收益为 $D_1^* R_1^*$ 与 φ_1 之和，而企业期望净收益为 ψ_1。

第三节　组织合法性的获取与融资能力的提升

本节将基础模型拓展为信息不对称并且企业未传递政府研发支持信号的情况来考察贷款合约的差异并探讨企业传递信号的动机。之后本书再将模型拓展为信息不对称而企业选择传递政府研发支持作为信号的现实情况，在高科技企业传递适当强度的信号以表明企业质量类型后，银行以贝叶斯法则修正对该企业质量的初始认知，从而识别出优质企业给予适当的贷款合约，根据博弈双方的 VNM 期望效用最大化，模型实现精练贝叶斯分离均衡，从而验证政府的研发支持在高科技企业信贷融资中的积极作用。

一、信息不对称且企业不传递信号的情况

在这种情况下，企业质量 θ 是私有信息，而且企业不传递信号，没有信号成本。此时银行无法准确识别出高质量的企业，只能以平均质量评价所有企业，即 $\mu(\theta) = \bar{\theta}$，同时对所有企业赋予相同水平的组织合法性，并根据对企业质量的估计判断收益。双方福利关于贷款额度的偏导数可表示为：

$$\frac{\partial K}{\partial D} = \frac{\partial p(D)}{\partial D} b(\tilde{u}) \int_{g(\theta)}^{\infty} g(\theta) dF + R \cdot F[g(\theta)] - r_0 - 1 +$$

$$\frac{\partial p(D)}{\partial D} b(\tilde{u}) \int_0^{g(\mu(\theta))} g(\theta) dF - R \cdot F[g(\mu(\theta))] - \frac{\partial C_c}{\partial D}$$

令$\partial K / \partial D = 0$可知贷款额度$D_2^*$，再由约束条件$(\partial \omega_\theta) / \partial D = \partial \pi(\theta) / \partial D$，可得均衡贷款合约$< D_2^*, R_2^* >$。为确定均衡合约的位置，将$D_2^*$代入企业最低期望收益曲线$\omega_\theta^0$，其斜率为：

$$\frac{\partial \omega}{\partial D} = \frac{\partial p(D)}{\partial D} b(\tilde{u}) \int_{g(\theta)}^{\infty} g(\theta) dF - R[1 - F(g(\theta))] \qquad (4-4)$$

由于式（4-4）中的$\partial p(D) / \partial D = R / (b(\tilde{u}) \cdot g(\mu(\theta)))$随着银行对企业质量估计值$\mu(\theta)$的增大而减小，因此$\partial \omega / \partial D$的斜率与$\mu(\theta)$负相关。根据估计值$\mu(\theta)$与企业实际质量$\theta$的差异，其均衡的贷款合约存在着三种情况。

（1）当$\mu(\theta) > \theta$时，$(\partial \omega / \partial D)|_{\mu(\theta)} < (\partial \omega / \partial D)|_\theta$。即当银行对企业质量估计高于企业研发能力时，均衡合约所在直线相比信息对称情况下的均衡态向右移动，与该无差异曲线交于点C_{2a}，其贷款合约为$< D_{2a}^*, R_{2ac}^* >$，如图4-3中（a）所示。

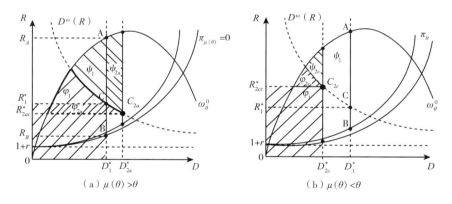

图4-3 信息不对称且企业不传递信号的情况

由于银行高估企业质量，上调其最低期望收益曲线，而企业最低期望净收益曲线不变，双方可选择的贷款合约减少，合约空间被银行压缩，新合约$< D_{2a}^*, R_{2ac}^* >$中贷款额度提高而贷款利率降低。此时企业期望收益由原来的ψ_1增加为$\psi_1 + \psi_{2a}$。同时，银行期望收益也由原来的$D_1^* R_1^* + \varphi_1$提高到$D_{2a}^* R_{2a}^* + \varphi_1 + \varphi_{2a}$，其中$D_1^* R_1^* = D_{2a}^* R_{2ac}^*$，在同一条无差异曲线上。因此，这类质量被高估的企业没有动机传递信号。

（2）当 $\mu(\theta)=\theta$ 时，$(\partial\omega/\partial D)\big|_{\mu(\theta)}=(\partial\omega/\partial D)\big|_\theta$。当银行准确估计企业质量时的贷款合约 $<D_{2b}^*,\ R_{2bc}^*>$ 与信息对称情况相同，双方期望收益不变，这类企业也没有动机传递信号。

（3）当 $\mu(\theta)<\theta$ 时，$(\partial\omega/\partial D)\big|_{\mu(\theta)}>(\partial\omega/\partial D)\big|_\theta$。即当银行低估企业质量时，其最低期望收益曲线顺时针旋转，而企业最低期望净收益线不变，贷款合约空间得到拓展，但新的均衡合约所在直线相比信息对称情况下的均衡态向左移动，与同一无差异曲线交于 C_{2c}，其贷款合约为 $<D_{2c}^*,\ R_{2cc}^*>$，与信息对称情况相比贷款额度减小且贷款利率提高。此时企业的期望收益由原来的 ψ_1 减小为 ψ_{2c}，银行的期望收益也由原来的 $D_1^*R_1^*+\varphi_1$ 减小为 $D_{2c}^*R_{2c}^*+\varphi_{2c}$，如图 4–3 中（b）所示，因此这类质量被低估的企业有动机传递信号。

银行估计企业的质量越差，合约的额度就越低而利率也越高，企业越有动机传递信号。当银行接收信号而相应提高质量估计值时，这些企业被筛选出来并获得更优合约。这时市场上质量的平均值相应减小，又出现一批质量被低估的企业，其获得的贷款合约由原来的好于预期变得不符预期，因此它们也会被迫传递信号以提高银行的质量估计值。随着平均质量的不断下降，更多企业会主动传递信号，直到最后一家企业传递信号以期修正银行的认知，获得更优惠的贷款合约。

因此，在信息不对称情况下，银行以平均质量估计所有企业并据此提供贷款合约时，所有企业都有动机传递信号以表明自己的质量，贷款合约 $<D_{2a}^*,\ R_{2ac}^*>$、$<D_{2b}^*,\ R_{2bc}^*>$ 以及 $<D_{2c}^*,\ R_{2cc}^*>$ 都不是稳定的均衡状态。

二、信息不对称且企业传递信号的情况

信息不对称情况下，企业为获得更优贷款合约会向银行传递信号 m 并为此支付信号成本 C_m，银行根据 m 形成修正的质量估计值 $\mu(\theta\,|\,m)$，在支付审核成本 C_c 后为企业提供贷款合约。企业在支付信号成本后期望净收益有所下降，期望收益曲线满足引理二。

引理二：企业传递信号后其期望净收益曲线只向下移动 C_m 的距离。

政府的支持行为对企业能力的提升存在较大的不确定性，并不意味着短

期内其质量能够得到明显改善，甚至反而会因占用企业现金流而引发不必要的经营风险和破产风险。例如，企业与政府进行研发合作（Lerner，1999）不仅需要支付成本进行研发项目的筹划、调研、申报、检查和结项等工作，而且这些研发项目也占用大量现金流，可能导致财务风险和机会成本上升。另外，考虑到政府是以社会福利最大化为目标选择企业展开研发合作，研发过程中的大量专属性投资和较高的研发风险并不总是与企业当前发展相契合，这些成本和风险对于中小高科技企业而言，可能会产生较重的负担。因此，本书所提出的信号成本C_m是一个广义的概念，即指为获得政府支持而承担的全部成本。

在中国情境中，具有公信力的政府是各市场参与者都普遍认可和接受的，因此很多高科技企业愿意支付大额成本来获得支持，不仅在于政府对企业能力产生可能的提升作用，也在于政府的支持可能具有认证效应，帮助企业克服制度环境的缺陷，获得优惠的贷款合约。

定理一： 在信息不对称情况下，企业为获得更好的贷款合约，需要承担全部信号成本。

令银行对企业质量的估计值$\mu(\theta \mid m) = \alpha$，由$\partial(\omega + \pi)/\partial D = 0$和约束条件$(\partial\omega_\theta)/\partial D = \partial\pi(\theta)/\partial D$可得到均衡贷款合约。为判断均衡点的位置，将企业最低期望净收益对贷款额度求二次导，得到$\partial^2\omega/\partial D^2 = \partial^2 p(D)/\partial D^2 = \partial^2 C_c/\partial D^2 < 0$，即企业获得的贷款额度越大，其在企业最低收益曲线上的斜率越小，均衡状态越向右移动。

（1）当所有企业选择相同信号m时，银行仍以平均质量来提供贷款合约。质量为θ的企业获得的贷款合约$<D_{3a}^*, R_{3a}^*>$与不传递信号时的合约$<D_{2c}^*, R_{2cc}^*>$相同，但由于支付了信号成本C_m，其期望收益减小为ψ_{3a}，而银行对企业质量的估计不需要考虑其传递信号的成本，也无须为此支付任何成本，其期望收益保持不变，如图4-4（a）所示。

所有企业传递相同信号使得高质量企业无法被识别，而高质量企业传递该强度的信号成本较低，因此它们有动机也有能力传递更强信号来与低质量企业相区别，即高质量企业更有能力获得国家级的支持或参加国家级的研发项目，也有能力承受因此产生的风险和成本。

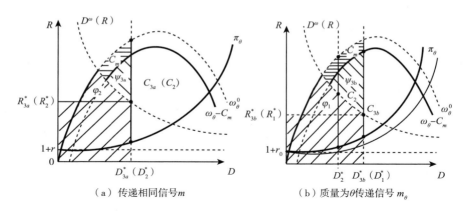

（a）传递相同信号m （b）质量为θ传递信号m_θ

图 4 – 4　信息不对称且企业传递信号的情况

定理二：企业根据自身质量向银行传递相匹配的信号，企业质量越高，其传递的信号就越强。

其中，$g(\theta)$ 是 θ 的单调递增函数，即 $g(\theta)/\theta>0$，则生产函数 $P=p(D)g(\theta)b(\tilde{u})>0$；同时，由信号成本的假设可知，企业传递信号的强度越高，其支付的信号成本就越大，即 $\partial C_m/\partial m>0$，因此得到 $\partial m/\partial \theta>0$，即在贷款额度相同的情况下，企业研发能力越高，越倾向于传递较强的信号。此时，低质量企业如果继续模仿高质量企业传递的强信号，需要支付大额信号成本，所获得的贷款合约也不能弥补这一高额成本，期望收益反而会有所下降。而该企业如果不传递信号或传递更弱的信号，所获得的贷款合约并不符合其预期，期望收益也有所下降。因此混合均衡并不存在，理性的企业会选择与研发能力相匹配的适当强度信号。

（2）当高于平均水平的质量为 θ 的企业选择信号 m_θ 而其他企业不选择该信号，即 $p(m_\theta|\theta)=1$ 且 $\forall\theta'$，$p(m_\theta|\theta')=0$ 时，后验概率为 $p(\theta|m_\theta)=1$，银行完全识别出企业质量 $\mu(\theta|m_\theta)=\theta$，于是提高最低期望收益值，压缩双方的贷款合约空间。同时由于支付了信号成本，企业最低期望净收益曲线向下移动并最终形成均衡合约 $<D_{3b}^*$，$R_{3b}^*>$，与信息对称的合约 $<D_1^*$，$R_1^*>$ 相同，实现分离均衡，但收益减少为 ψ_{3b}，如图 4 – 4（b）所示。

（3）当质量为 θ 的企业选择信号 m_θ，根据定理二，质量高于 θ 的企业不会选择该信号，而低质量企业以概率 p^L 进行模仿，即 $\exists\theta^L<\theta$，$p(m_\theta|\theta^L)=$

p^L，那么银行对质量为 θ 企业的后验概率满足 $p(\theta \mid m_\theta) = p(\theta)/[p(\theta) + p^L \cdot p(\theta^L)] > p(\theta)$，即银行通过信号 m_θ 提高了对该企业的质量估计。随着低质量企业模仿概率减小，银行的质量估计值越来越接近于研发能力 θ，直到低质量企业不模仿时，银行准确识别企业研发能力。

如果没有其他低质量企业干扰，质量为 θ 的企业传递的最小强度信号恰好能反映其研发能力，从而获得相匹配的贷款合约。同样，任何其他质量的企业在没有干扰的情况下也会得到与其相匹配的贷款合约。根据模型假设，任意质量的企业传递信号的成本随着信号强度的增加而加速上升，那么为什么一些企业还要支付大量成本传递更强信号去模仿高质量企业呢？企业是否有传递更强信号的上边界呢？

企业在支付 C_m 传递信号后，获得了更大额度且更低利率的贷款合约，由生产函数 $P = p(D)g(\theta)b(\tilde{u})$ 可知，额度 D 对生产水平有提升作用。此外，如果企业不传递信号而申请同一额度贷款要承受更高利率，而优惠贷款合约节约了一部分信贷成本。可以说，当政府支持行为作为具有认证效应的信号时，其产生了杠杆作用，使得企业获得了优惠的贷款合约，其中信贷额度可增加生产成果而利率可节约信贷成本。因此，我们得出定理三。

定理三：企业传递信号的强度是信号成本与贷款合约带来的生产成果增加和信贷成本节约之间权衡的结果，而信号的最大强度决定于企业是否将信号的杠杆作用最大化。

由均衡态的条件 $P = p(D)g(\theta)b(\tilde{u}) = DR - C_m$ 可得

$$\frac{\partial P}{\partial \theta} = p(D)b(\tilde{u})\frac{\partial g(\theta)}{\partial \theta} = \frac{\partial C_m}{\partial m} \cdot \frac{\partial m}{\partial \theta} \qquad (4-5)$$

由于信息不对称，银行以平均水平向质量为 θ 的企业提供贷款合约 $<D_{2c}^*, R_{2cc}^*>$，此时企业收益为 ψ_{2c}，即如图 4-3（b）的情况。但该合约并不符合预期，企业如果向银行传递与研发能力相匹配的信号 m_θ，则可获得优惠贷款合约 $<D_{3b}^*, R_{3b}^*>$，期望净收益为 ψ_{3b}。但此时信号成本的杠杆效应尚未充分体现，企业会传递更高强度的信号来最大化杠杆效应。当信号成本的边际与企业生产成果增加和信贷成本节约之和的边际相等时，这一信号成本能撬动最大的收益，这时银行高估企业质量，双方达成的贷款合约为 $<D_{4a}^*, R_{4a}^*>$，企业的期望收益达到最大的 ψ_{4a}，如图 4 – 5（a）所示，这也是企业能选择的最强信号。当企业再提高信号强度时，信号成本增幅更大而其所撬动的收益与成本节约增幅减小，单位信号成本的杠杆效应减小，更优惠的贷款合约为企业带来的收益增加值更多用来支付了信号成本。理性的企业不会选择再提高信号的强度，如果企业选择更强信号使信号成本恰好与其带来的企业生产成果增加和信贷成本节约之和相等时，企业可获得贷款合约 $<D_{4b}^*, R_{4b}^*>$，期望收益 $\psi_{4b} = \psi_2$，又回到信息不对称且企业不传递信号时的收益水平，如图 4 – 5（b）所示。

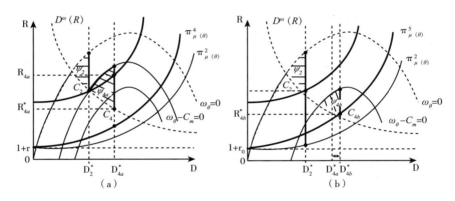

图 4 – 5　企业传递不同强度信号的情况

企业传递高于其质量的最强信号而获得的贷款合约 $<D_{4a}^*, R_{4a}^*>$ 满足以下条件：

$$\begin{cases} \partial C_m / \partial D = \partial / \partial D \left[D_{4a}^* (R_{4a} - R_{4a}^*) + \omega(D_{4a}^*) - \omega(D_{2c}) \right] \\ D_{4a}^* \cdot R_{4a}^* = D_{2c}^*, R_{2c}^* \\ \partial^2 \omega / \left[\partial D \partial \mu(\theta) \right] = 0 \\ \mu(\theta \mid m) = \left[p(m \mid \theta) \cdot p(\theta) \right] / p(m) \end{cases} \quad (4-6)$$

在信息不对称情况下，企业传递的最小信号强度使得银行准确认识企业研发能力，而企业也有动机传递更强信号伪装成高质量企业，实现的贷款合约范围在 $<D_{3b}^*, R_{3b}^*>$ 和 $<D_{4a}^*, R_{4a}^*>$ 之间。

三、股权融资信号传递动态博弈

高科技企业在自身的特征以及外部制度环境的双重影响下，长期面临着融资约束，而由于银行受到授信程序和成本的制约，导致其与企业间的信息不对称问题最为突出，造成了严重的信贷约束，这也是本书重点分析的内容。

高科技企业同样也面临着一定程度的股权融资约束问题，但其融资约束的成因存在一定差异。对于机构投资者而言，他们通常具有丰富的专业知识，有些甚至直接参与企业日常运营和管理，他们对企业的研发能力和发展前景有较深入的认知（Wang，et al，2003），这也是很多风险投资对高科技企业的投资行为可能影响其他投资者投资决策的内在原因。这类股权投资者有能力对企业的质量与投资价值进行较准确的评估，并不需要企业披露政府的研发支持信息来提升投资者的认知和认可水平，反而可能会因为企业获得研发支持需要承担现金流紧张等额外的成本，而降低对企业盈利能力的评估。总体而言，这类股权投资者对企业质量与投资价值可以实现较为准确的评估，高科技企业自愿披露政府研发支持信息以提升其股权融资能力的效果并不显著。

对于大部分普通的中小股权投资者而言，受到专业知识和识别成本的限制，其对上市高科技企业的研发能力与投资价值缺乏足够的认知和认可，与企业间仍然存在着严重的融资约束。基于以上分析，本书认为政府研发支持信息对于中小股权投资者同样具有认证效果，可以通过本书已建立的模型进行解释和验证。而当企业披露政府的研发支持信息时，由于政府具有信息优势、能力优势以及较高的声誉，投资者会因为信任政府的选择而赋予企业更高的组织合法性水平，其外在表现即为企业提供资金支持。因此，政府研发支持信息对于这类投资者而言仍然具有认证效应，能够帮助企业提升其融资能力。

第五章

研发支持信息与高科技企业
融资能力的实证分析

上文基于理论推演和数理推导等方法，发现政府研发支持信息具有认证效应，同时解析了企业通过披露这类信息提升投资者对企业的认知和认可程度，促使投资者赋予企业更高水平的组织合法性，从而帮助提升企业的融资能力。本章拟通过实证研究考察政府研发支持信息对企业融资能力产生的影响以及知识产权保护对这一影响路径的调节作用，以期验证本书的理论假设与理论模型。

本章内容拟以如下逻辑展开：首先，从组织合法性理论出发，结合已有研究成果，在本书的理论分析框架下通过逻辑推演构建理论假设；其次，阐明实证研究所涉及的变量设定、样本选择和研究方法等内容，为实证检验做好准备工作；再次，展开实证研究，检验理论假设，并对实证结果提出合理的解释和讨论；最后，通过稳健性检验排除其他可能的解释路径，提高实证结果的信度与效度；在本章的最后简要概括研究的主要内容与重要观点。

第一节　理论分析与假设构建

本书从组织合法性理论出发，结合中国特殊情境与高科技企业本身特征，构建了研发支持信息影响高科技企业融资能力的理论分析框架，探讨了企业通过披露政府研发支持信息来提升其融资能力的理论路径及其现实可行性。本节拟在该理论分析框架下通过理论推演构建研究假设，并阐明研究方法、样本选择与变量设计，为实证研究做出准备工作。

一、理论推演与假设构建

（一）组织合法性与企业融资能力

由于外部制度环境的特殊性，中国高科技企业先天具有的价值不确定性以及信息不对称程度被加倍放大，技术水平、盈利能力与发展前景等直接影响投资价值的因素难以得到投资者的准确认知和广泛认可（Guo，et al，2005），导致企业的组织合法性较为匮乏。如何提升投资者对企业质量与投资价值的认可是其获得组织合法性的关键所在。已有研究表明，认证是提升组织合法性的重要途径（Zimmerman and Zeitz，2002），具有声誉的第三方机构对企业进行认证可以提高其可信度和可靠性（Tornikoski and Newbert，2007），增强市场对企业质量和发展前景的信心，从而帮助企业获取组织合法性（Dranove and Jin，2010），提升其获取资源的能力。有研究发现，政府对高科技企业的研发支持被发现具有一定的认证效应，可以为企业的投资价值提供认证，帮助企业获得资金支持。如勒纳（1999）首次发现参与政府创新项目的美国高科技企业成长性更高，而且更容易获取风险投资的资金支持。梅勒曼和梅塞内尔（2012）在对比利时的中小企业融资能力进行研究时，也发现政府对企业研发项目的支持可以产生一定的认证效应，帮助企业获得更优惠的银行长期贷款。本书认为在中国特殊情境中，具有权威性和公信力的政府对高科技企业的研发支持同样可能具有认证效应，帮助企业增强市场投资信心，获取合法性等资源。

首先，政府在识别研发项目的潜在价值和高科技企业的技术能力方面具有较强的信息优势（Lerner，2002）。政府通常基于全行业甚至跨行业中的研发项目数据或大量企业数据择优筛选优质研发项目或企业进行研发支持，而出于理性考虑，企业通常也会尽可能地向政府提交更多信息，相比市场上基于传统财务数据进行分析的其他投资者，政府拥有更大的数据量进行筛选和判断。

其次，政府的识别过程具有较强的能力优势。由于政府有能力吸收相关行业内具有很强技术背景和市场认知度的精英加入评估团队，使得政府对研发项目的价值评估和企业能力的评价更加准确（Kleer，2010），获得政府支持的企业通常也具有更高的潜在商业价值（Lach，2002），更容易被市场认可和接受。

最后，与市场投资者只关注企业个体的风险和回报不同，政府更多基于社会总体福利及前瞻性的视野在整个产业或社会中选择优质的项目或企业，并且整个筛选过程是独立的（Takalo and Tanayama，2010）。基于政府的公信力和高声誉，评价结果体现出较高的可信度和认可度，投资者因为信任政府的权威而信任该企业（Uberbacher，2014），对其研发项目的潜在价值以及未来发展前景都持乐观态度，从而赋予企业更高的组织合法性水平，其外在表现即为融资能力的提高。因此，高科技企业利用研发支持信息的认证效应获取了组织合法性，即获得了有声誉的第三方的隐性担保或隐性信用，这虽然在绝大部分情况中没有显性的合约或背书，或有形的物质表象，但第三方的信用或声誉却可通过这种认证方式，以合法性为渠道注入企业中（Rao，1994），进而提升其获取资源的能力。

基于以上分析，本书提出假设一：

H1a：政府的研发支持信息能够提升高科技企业的短期信贷融资能力。

H1b：政府的研发支持信息能够提升高科技企业的长期信贷融资能力。

H1c：政府的研发支持信息能够提升高科技企业的股权融资能力。

这里需要重点说明的是，本书基于组织合法性理论对研发支持信息与高科技企业融资能力间的关系进行了理论推演和逻辑推导，从而构建出组织合法性理论分析框架下，两者间关系的理论模型。第五章及第六章拟采用细致稳健的实证研究对这一理论模型进行实证验证，验证内容不仅包含两者间关系的检验，而且包含两者间的理论解释路径的检验。从假设一中可以看到，两者间关系的检验过程，其实也蕴含着对两者间解释路径的检验。首先，本书采用合法性获取方式的度量方法来检验政府研发支持信息的认证效应，研究方法与研究内容严格基于组织合法性的理论框架（Hoenig and Henkel，2015）。本书采用的实证模型正是用来检验自变量是否具有认证效应的，该模型已被相关研究广泛采用（lerner，1999；Feldman and Kelley，2006；Meuleman and Maeseneire，2012）。其次，当本书的实证研究结果显著时，实证结论即验证了支持信息具有认证效应，这也意味着研发支持信息的披露行为是一种认证行为。而企业实施认证行为的直接目的即为获取组织合法性（杜运周等，2008），从而证明本书所提出的基于组织合法性理论的分析框架和解释路径成立。也就是说，当研发支持信息被验证具有认证效应时，表明企业通过披露具有第三方认证效应的信息这种认证方式提高了投资者的组织合法性水平（Tornikoski and Newbert，2013），其外在表现即为融资能力的提升。此外，本书在第六章还对实证结论的其他解释路径进行了深入考察，从而保证了理论模型的可信度。

（二）知识产权保护的调节作用

保护知识产权是维护市场秩序、保障技术进步和创新的重要条件（樊纲等，2010）。作为轻资产企业的典型代表，高科技企业赖以生存、发展和盈利的核心竞争力主要来自研发项目所产生的大量无形资产，而这些资产的商业价值及其稳定性又严重依赖外部制度环境，尤其是知识产权保护水平。虽然政府研发支持具有一定的认证效应，有利于增强投资者对高科技企业的研发能力以及无形资产价值的投资信心，提升企业融资能力，但认证效应对投资者判断企业价值的作用效果并不能完全脱离市场环境中知识产权保护水平的影响。

我国知识产权保护的执法力度和保护效果仍有不足（姚利民、饶艳，2009），导致知识产权侵权行为的违法成本较低，企业无形资产的价值估值不足而且稳定性差（Guo，et al，2005），大量无形资产失去其应有的市场价值，被侵权企业无法获得应有的补偿，反而要承受因巨额研发投资导致的现金流短缺等问题，难以建立持久的竞争优势，甚至可能因财务风险威胁到企业的生存（史宇鹏等，2013），造成知识产权保护的外部性问题（Arrow，1962）。在这种情况下，企业并不愿意向市场传递更多研发能力与项目的相关信息，双方信息不对称程度高（Anton and Yao，1998；Ueda，2004；李莉等，2014），因此投资者更关注第三方机构提供的企业信息（Albano and Lizzeri，2001；Peng and Brucato，2004；Ross，2010；Comyns，et al，2013），这时公信力和权威性较强的政府研发支持信息在投资者的价值判断和投资决策过程中的参考价值更为突出。

上田（Ueda，2004）认为高科技企业融资困难主要是由于知识产权保护差抑制了企业信息披露的动机，当政府严厉打击知识产权侵权行为时，企业更愿意向市场展现其技术信息和创新想法。本书借鉴这一研究思路，认为当知识产权保护水平提高时，外部性问题得到缓解，企业更愿意向市场展现其研发相关信息，使得双方的信息不对称程度减小，投资者对企业技术能力、无形资产价值以及发展前景的认知有显著的提高，可以做出较为准确的投资决策（Meuleman and Maeseneire，2012），对第三方机构如政府提供的认证信息的需求程度下降。

因此，本书认为知识产权保护水平很大程度上影响着投资者对政府研发支持信息的关注度；影响着这类信息在投资者决策过程中的参考价值；也影响着其认证效应所产生的实际效果。政府研发支持信息产生的认证效应在不同的知识产权保护水平中会表现出不同的强度，在此基础上，提出假设二：

H2a：政府研发支持信息对高科技企业短期信贷融资能力的提升作用与知识产权保护水平呈负相关关系。

H2b：政府研发支持信息对高科技企业长期信贷融资能力的提升作用与知识产权保护水平呈负相关关系。

H2c：政府研发支持信息对高科技企业股权融资能力的提升作用与知识产权保护水平呈负相关关系。

二、样本选取与变量设定

（一）样本选取与数据来源

本书根据国家统计局发布的《2013 中国高新技术产业统计年鉴》，将涉足医药制造，航空、航天器及设备制造，电子及通信设备制造，计算机及办公设备制造，医疗仪器设备及仪器仪表制造，信息化学品制造等六大类行业企业归类为制造业高科技企业；将包括信息服务、电子商务服务、检验检测服务、专业技术服务业中的高技术服务、研发设计服务、科技成果转化服务、知识产权及相关法律服务、环境监测及治理服务和其他高技术服务等九大类行业的企业归类为服务业高科技企业。

考虑 2008 年全球金融危机对国家经济环境及企业经营战略和融资策略造成的巨大冲击，以及模型中自变量和控制变量存在一年的滞后，本书选取 2009～2013 年共 5 年作为样本窗口期。同时由于自变量需要对年报披露的信息进行手工识别和摘录，本书在选择主板、中小板、创业板和新三板的企业作为高科技企业初步样本的基础上（上市板块共 553 家企业，新三板共 1209 家企业），剔除年报披露少于两年的企业，以及 4 家 ST 企业，最终样本为上市高科技企业 549 家，新三板挂牌高科技企业 192 家，形成非平衡面板数据。

数据来源于 Wind 数据库和企业年报，年报的质性信息采集采用 Nvivo 10 软件，数据处理和分析采用 Excel 2013 和 Stata 13 软件。

（二）变量设定

1. 因变量

目前，国内学者通常较为粗糙地将融资额度作为因变量直接进行回归分析（如高艳慧等，2012 等），本书为避免数据的"噪声"及企业经营过程中其他因素的影响，参考马什（Marsh，1982）的研究，将融资的增长看作一个金融事件，认为只有在当期融资净增长额超过一定域值时，融资才被认为是获得了增长，融资能力得到提升。若实证结果显著，这一域值越高，则融资增长的成因越可能是政府研发支持信息所导致。学者通常将年初总资产的 5% 作为融资增长的域值（Hovakimian et al，2001；De Haant and Hinloopen，2003；Vanacker and Manigart，2008；Meuleman and Maeseneire，2012），而梅勒曼和梅塞内尔（2012）检验了当域值临界点为 3%～10% 时，实证结果始终稳健。

本书将企业融资能力的提升界定为企业获得的银行短期贷款和长期贷款以及资本市场中股权融资额度的增加，并将其作为虚拟变量进行度量。

短期贷款增长（NSdebt）：短期贷款通常是指期限在一年或一年以下的临时性或季节性贷款，资产负债表中反映为短期贷款和一年内到期的长期负债。本书采用哈恩特和欣洛本（Haant and Hinloopen，2003）对短期贷款是否增长的度量方法，认为当短期贷款净增长额超过年初总资产的 5% 时，企业短期贷款获得增长，短期债权融资能力得到了提升，将其记为 1，否则记为 0。

长期贷款增长（NLdebt）：长期贷款是指期限在一年以上的银行贷款，在资产负债表中反映为长期贷款项目。与短期贷款增长的度量方法相同，当长期贷款的净增长额超过年初总资产的 5% 时，企业的长期贷款获得增长，长期股权融资能力得到提升，将其记为 1，否则记为 0。

股权融资增长（NEquity）：新增股权既可以来自现有股东也可以是新股东，当企业新增股权融资额占年初总资产 5% 以上时，即可认为企业股权融资能力得到提升，将其记为 1，否则记为 0。

2. 自变量

政府研发支持信息（subsidy）：与以往关于政府财政补贴（高艳慧等，2012）的研究不同，本书研究的重点在于政府对高科技企业研发项目的支持所产生的认证效应，强调政府择优筛选出有巨大商业潜力和社会贡献的企业研发项目进行资助，或者选择有较强研发能力的企业参与政府既定的研发项目，以实现其社会福利最大化的目的。由于高科技企业本身的特征，在获得政府的研发补贴方面具有较为明显的优势，符合补贴标准并享受补贴的高科技企业比例较大（安同良等，2009），甚至有些企业通过高薪"聘请"高校学者、研究员到企业挂名或者包装科研项目等方式也可以骗取到政府资助（孟繁森，2008）。而目前很多研究通常以资产负债表中专项应付款或者补贴收入作为政府研发支持的代理变量（唐清泉等，2008），这些补贴和应付款项中既包含所有研发项目，也包含增值税返还等内容，上市高科技企业几乎都满足这些补贴标准，因此难以准确揭示企业真实的质量，获得研发补贴和享受退税并不代表企业研发项目就是优质的项目，也不代表这些企业都具有较强的技术实力，这种度量上过于粗糙，难以揭示这些深层次的问题，不适用于本书的研究。

本书在查阅大量企业年报时发现，关于高科技企业获得政府研发支持的相关信息通常在董事会报告、现金流量表附注以及营业外收入中的政府补助等位置进行披露，披露内容涉及研发支持项目的相关简介、补贴金额、预期成果等方面，这为本书的度量提供了良好的数据来源。同时，李莉等（2013）在研究民营企业投资选择问题时发现，政府为优化产业结构，增强行业的竞争力，将部分新兴产业或重点发展的技术列为国家鼓励性行业（内容明细披露在《产业结构调整指导目录（2005 年本）》中），对符合条件的企业采取研发支持等多种手段进行大力支持。另外，政府通过设立专门支持高新技术产业的火炬计划，择优评选并资助具有较强研发能力的高科技企业来完成项目的研发及产业化过程（国家科技部火炬高技术产业开发中心，2014），这些支持行为能够为本书筛选优质研发项目或企业提供标准。

综上，为确定企业披露的获得政府研发支持的项目属于优质项目，本书根据 2011 年最新颁布的《产业结构调整指导目录（2011 年本）》以及历年国家火炬计划的资助名录，将企业年报中披露的受资助项目与结构调整目录中鼓励发展的内容以及火炬计划的资助名录做比对，当支持项目至少与两者之一相匹配时，将企业当年获得政府研发项目支持记为 1，当年都未见匹配时，记为0。可见，这一度量方式形成的政府研发支持是以往研究政府研发支持内容的子集，更突出企业优质的研发项目或者研发能力被政府认可和支持，从而产生可能的认证效应。

3. 调节变量

知识产权保护水平（CGPI_Y）：本书借鉴姚利民和饶艳（2009）的方法，将国际普遍认可的 GP 指数与我国实际执法效果进行乘积。我国知识产权保护执法效果在各地区间存在差异，这也是影响我国省际知识产权保护水平的重要变量，可用四个维度来衡量，分别是以省际律师比例衡量的社会法制化程度，以专利侵权案件的结案率来衡量政府的执法力度和态度，以省际可办理知识产权案件的律师事务所比例衡量服务机构配备水平，以省际人均专利申请量衡量知识产权保护意识，四个维度的分值均为 0~1[①]，执法力度的得分是四个指标得分之和除以 4，其分值也均为 0~1。资料来源自《中国统计年鉴》《中国知识产权统计年鉴》及各省统计年鉴，专利侵权案例结案率由中国知识产权局官方网站公布的数据计算得到。

4. 控制变量

企业获得政府研发支持的信息通常会在当期年报中自愿披露，投资者获得该信息后才会对企业有更深的认知和更多的认可，从而产生认证效应，赋予企业组织合法性。因此，为避免内生性问题，本书将除年度与行业以外的控制变量都滞后一年，同时将相关变量进行缩尾处理以消除异常值的影响。控制变量主要从企业财务风险、资金需求、企业能力和治理水平等四个方面中选取。

（1）财务风险类。

偿债能力（lev）：用资产负债率衡量。根据权衡理论，企业负债水平提高时，其财务风险以及破产概率增大，企业可能较难取得融资支持。

企业规模（size）：用总资产的自然对数衡量。规模较大的企业一般具有较强的抵押和偿债能力，现金流也较为稳定（Hovakimian，et al，2001），同

---

① 根据两位学者的计算方法，省际律师占比，当数值高于万分之五时记为1，不足万分之五时，按实际比例除以万分之五记录；省际专利侵权案件的结案率，100% 结案的为 1，否则按比例记；省际可办理知识产权案件的律师事务所比例，作为虚拟变量，100% 可办理记为 1，否则记为 0；省际人均专利申请量，人均达到 10 时记为 1，不足 10 件的除以 10 以标准化记入。

时由于规模化的企业具有较为规范的治理机制，信息披露的透明度较高，从而有利于缓解其与外部投资者的信息不对称程度（Diamond，1991），企业更容易获得资金支持。

所有权属性（ownership）：国有控股股权取 1，否则取 0，大量研究认为民营企业受融资约束的程度更高（李莉等，2013）。

（2）资金需求类。

速动比率（liquidity）：用流动资产总额与流动负债总额的比率衡量。

自由现金流比率（CFR）：用经营活动产生的现金流衡量，同时除以总资产以标准化来降低数据的变异程度。

这两个变量表示企业现金流的充足度和稳定度，根据啄食理论，企业拥有的现金流越多，其外部融资进行高风险的研发投资行为的动机越小。

（3）企业能力类。

盈利能力（profit）：用总资产收益率 ROA 衡量（Meuleman and Maeseneire，2012），盈利能力综合反映了企业对资产进行价值增值的能力，盈利水平越高，企业融资能力越强。

成长性（growth）：衡量企业成长性的代理变量通常有 Tobin Q、销售收入增长率或利润率的增长率等，基于研究样本中数据可获取性的考虑，本书选取销售收入增长率来衡量，具体计算公式为：（年末销售收入 − 年初销售收入）/年初销售收入。外部投资者在对高科技企业做出投资决策时，企业是否具有成长性是重要考察因素之一。企业成长性越高，其投资价值更易于得到市场的认可，从而获取到金融资源（王善平和李志军，2011）。

技术能力（inassets）：用企业的无形资产衡量，同时除以总资产进行标准化。以轻资产为主的高科技企业，其研发成果主要存在于无形资产中，无形资产越高，一定程度上表明企业的创新能力与研发能力越强，企业的发展潜力与投资价值越大（Hovakimian, et al, 2001），企业越容易获得融资。而另一方面，由于我国知识产权保护的执法水平较低，无形资产的估值及其价值的稳定性都存在极大的不确定性，投资者对高比例无形资产企业的投资也会持谨慎态度，从而影响其融资效果。

（4）治理能力类。

代理成本（turnover）：用资产周转率衡量，反映企业管理层运营资产的有效性（Ang, et al, 2000），这一变量数值较高时，表示企业内部的代理问题并不严重，市场的投资风险小，企业融资成本可以大幅降低（叶康涛和陆正飞，2004），从而利于其融资能力的提升。

制度规范性（audit）：用审计师是否出具标准无保留意见的虚拟变量衡量（白俊和连立帅，2012），出具无保留意见记为1，否则为0。弗斯（Firth，1979）在研究审计报告质量与银行贷款合约的供给时发现，银行更倾向于给予出具标准无保留意见的企业更优惠的合约，即更高的贷款额度和更低的贷款利率。

另外，本书还控制了年度（year）和行业（industry），我国高科技企业主要由制造业和服务业两种类型组成，本书将行业记为虚拟变量，制造业记为1，服务业记为2。

三、研究方法

由于因变量和自变量都是虚拟变量，满足二项分布条件，应采用非线性回归分析。同时为最大化利用数据信息，考察企业间的个体差异，本书选取窗口期为2009～2013年的面板数据进行实证研究。最终，本书选择面板数据的 Logit 回归模型，模型设计参考梅勒曼和梅塞内尔（2012）的研究。

$$Financing\ Increase_t = \beta_0 + \beta_1 Subsidy_{t-1} + \beta_c Control\ Variables_{t-1} \quad (5-1)$$

模型（5-1）用于验证假设一，其中因变量 *Financing Increase* 指企业短期贷款增加、长期贷款增加与股权融资增加三个虚拟变量，自变量与控制变量采用滞后一年的数据。另外，面板数据 Logit 模型不存在一般线性回归模型中的残差项。

为了验证知识产权保护水平的调节作用，本书参照温忠麟等（2005）和陈晓萍等（2008）关于调节变量的讨论，采用两种方法进行检验。

第一种方法基于企业所在板块进行分组回归分析。我国资本市场体系目前主要可分为四个层次，分别是主板市场、中小企业板、创业板和新三板股权交易市场。主板在制度规范、治理水平及监督机制等方面较为完善，在主板上市的企业通常具有规模大、收益稳定及风险较低等特点。而中小板和创业板主要面向处于成长期和创业期的中小企业，其制度规范虽与主板相差不大，但在两个板块上市的企业通常未能达到主板的标准。新三板股权交易市场起源于 2001 年"股权代办转让系统"，主要面向中小微型高科技企业，自 2012 年该市场才完成首批试点，并将包括上海、天津等地的新创高科技企业引入交易系统中，进入新三板的企业目前以新创高科技企业为主。

由于企业层面的知识产权保护水平目前尚难以度量，本书将我国高科技企业按照企业所在板块进行分组来代理微观层面的知识产权保护水平。对于在主板上市的成熟高科技企业，知识产权保护的制度规范、企业知识产权保护的意识与能力以及社会的监督等都较为全面，微观层面知识产权保护水平较高；而在中小板及创业板上市的高科技企业由于公司治理水平、知识管理水平等企业制度还有待完善，制度的具体实施过程及效果还有待加强，对知识的管理、运用与保护的水平也有待提高，本书认为这类中小高科技企业的知识产权保护水平相比主板上市的高科技企业还有一定差距。对于新三板挂牌的高科技企业，由于企业规模、年龄和人才等因素的限制，知识产权保护的意识、能力和水平较上市公司仍存在一定的差距。因此将资本市场分为主板、中小板与创业板、新三板三个层次来区分微观层面的不同知识产权保护水平，通过分组回归的方法考察不同知识产权保护水平对政府研发支持信息产生的认证效应强度的影响，即在政府研发支持信息影响企业融资能力过程中的调节作用。

虽然分组回归可以在一定程度上检验调节变量的作用，但由于各组样本特征不同以及调节变量系数对比性不强等问题的存在，可能会降低检验的信度和效度。因此，本书采用更为普遍的多元调节回归分析方法进行深入检验。由于自变量是二元虚拟变量，而调节变量是连续变量，因此本书首先对调节变量进行中心化处理，以避免方程的共线性问题，其次构建自变量与调节变量的交互项，并建立如下方程：

$$Financing\ Increase_t = \beta_0 + \beta_1 Subsidy_{t-1} + \beta_2 CGPI_{t-1} + \beta_c Control\ Variables_{t-1}$$

$$(5-2)$$

$$Financing\ Increase_t = \beta_0 + \beta_1 Subsidy_{t-1} + \beta_2 CGPI_{t-1} + \beta_3 Subsidy_{t-1} \times CGPI_{t-1} + \beta_c Control\ Variables_{t-1}$$

$$(5-3)$$

本书采用面板数据 Logit 回归模型，因此调节作用体现在交互项的系数以及方程（5-2）和方程（5-3）中最大似然估计指数类 Chi2 之差的显著性。

第二节　主效应的实证研究结果

上一节对实证研究中的变量设置、模型方法与样本选择进行了阐述，在此基础上，本节对研发支持信息影响高科技企业融资能力的主效应进行实证检验。

一、描述性统计结果

表 5-1 报告了中国部分高科技企业 2009～2013 年获得政府研发支持的情况以及同年取得融资成果情况。从 Panel 1 可以看到上市高科技企业获得政府研发支持的比例逐年增加，从 2009 年的 0.2358 逐步提升至 2013 年的 0.3297。而随着国家对新三板企业加大支持力度，在 2013 年有近三成的挂牌企业获得政府的研发支持，如 Panel 2 所示。这一结果与国家一直以来大力支持高新技术产业发展的政策相一致，说明政府研发支持在一定程度上惠及了高新技术产业中较为优秀的一批企业。同时，该结果也表明本书恰当地选取了研发支持的代理变量，排除掉可能因税收返还或符合其他政策而获得资助的大多数高科技企业。

表 5-1　中国部分高科技企业获得政府研发支持与融资成果情况

年份	企业（家）	政府支持企业（家）	政府支持占比（%）	短贷企业数（家）	短贷增加占比（%）	长贷企业数（家）	长期贷款占比（%）	股权增加企业（家）	企业占比（%）
Panel 1		上市高科技企业							
2009	547	129	0.236	219	0.400	71	0.130	360	0.658
2010	547	140	0.256	269	0.492	63	0.115	415	0.759
2011	549	151	0.275	226	0.412	61	0.111	346	0.630
2012	549	166	0.302	223	0.406	54	0.098	285	0.519
2013	549	181	0.330	245	0.446	77	0.140	273	0.497
Total		767		1182		326		1679	

续表

年份	企业（家）	政府支持企业（家）	政府支持占比（%）	短贷企业数（家）	短贷增加占比（%）	长贷企业数（家）	长期贷款占比（%）	股权增加企业（家）	企业占比（%）
Panel 2		新三板挂牌的高科技企业							
2009	192	27	0.141	32	0.167	4	0.021	57	0.297
2010	192	40	0.208	68	0.354	1	0.005	92	0.479
2011	192	45	0.234	92	0.479	7	0.037	145	0.755
2012	192	53	0.276	97	0.505	5	0.026	128	0.667
2013	192	56	0.292	112	0.583	8	0.042	126	0.656
Total		221		401		25		548	

资料来源：作者研究设计。

从表5-1中同样可以看到，高科技企业的短期信贷融资能力逐步得到提升；但长期信贷融资能力却未见显著增长，上市企业获得长期贷款增加的比例一直徘徊在0.11左右，而备受学术界关注的非上市企业长期贷款困难的问题也在Panel 2中表现明显，年平均只有约2%的企业增加了长期贷款，可见银行在授信过程中仍存在较大疑虑，信贷配给依然严重。另外，获得股权支持的上市高科技企业数量呈下降态势，而新三板挂牌企业占比也在大幅增加后出现小幅下降。

表5-2报告了本书实证研究中主要变量的描述性统计，样本涉及549家上市高科技企业5年的数据，共计3294个观察值，考虑到各变量数据存在一定的缺失，本书采用非平衡面板数据进行研究。由于度量省际知识产权保护水平的各指标信息目前在各省统计年鉴中仅披露到2012年，因此本书采用2009~2012年的数据，共计2196个观测值来度量知识产权保护水平。值得一提的是，高科技企业无形资产占总资产的比例较低，占比最大的企业仅为总资产的30%左右，而一大批企业的无形资产在总资产的5%以下。本书认为这恰恰凸显出我国知识产权保护力度仍需加强，导致大量高科技企业不愿意将企业核心技术申请专利，形成无形资产，而更倾向于选择以商业机密形式隐藏在企业内部。另一方面也在一定程度上说明我国高科技企业的研发能力与国际先进水平相比有待提高，可以形成商业化成果并产生无形资产的项

目仍然较少，这需要包括政府、高科技企业、金融行业甚至消费者在内的全社会更多关注高新技术产业，给予其更多资源和机会培养其核心竞争力。

表 5－2　　　　　　　　　　　　主要变量的描述性统计

Variable	Obs	Mean	Std. Dev.	Median	Min	Max
Subsidy	3294	0. 265	0. 441	0	0	1
CGPI_Y	2196	3. 12	0. 706	3. 107	1. 197	4. 2
Lev	3255	36. 385	23. 94	34. 22	2. 828	160. 596
Size	3255	20. 808	1. 237	20. 833	17. 864	24. 241
Liquidity	3254	3. 56	5. 077	1. 673	0. 199	31. 03
CFR	3147	－ 0. 176	0. 599	0. 01	－ 3. 320	0. 305
ROA	3255	9. 972	117. 542	8. 877	－ 6481. 93	1061. 563
Audit	3192	0. 988	0. 107	1	0	1
Inassets	3059	0. 053	0. 055	0. 037	0	0. 310
Turnover	3254	0. 74	0. 429	0. 666	0	4. 686
Growth	3255	0. 835	0. 257	0. 974	0. 132	1. 004

资料来源：作者研究设计。

关于登陆新三板的非上市高科技企业的相关变量描述性统计与上市企业相差不大，由于篇幅限制，本书未予汇报。

二、回归分析结果

本书采用 Logit 回归模型对非平衡面板数据进行检验，因此需要首先对模型进行 Hausmann 检验以确定是采用固定效应还是随机效应。由于本书涉及短期贷款增长、长期贷款增长与股权融资增长三个因变量，需要分别进行回归分析，同时进行调节变量的检验和稳健性检验时涉及添加或更换变量，每次对模型的调整也都需要重新进行 Hausmann 检验，由于篇幅限制，具体检验表格未予披露，如有读者有兴趣，可向作者索要。本书仅披露 Hausmann 检验的结果，即考察政府研发支持信息是否具有认证效应，对上市高科技企业信贷融资能力和股权融资能力产生的影响时，Hausmann 统计量 W 值大于 χ^2，模型存在个体固定效应。

由于新三板挂牌的高科技企业 2009～2013 年具有显著增长的长期贷款共计 25 个观测值，仅占全部企业观测值（960）的 2.6%，无法进行面板数据的 Logit 回归，因此本书采用截面数据的 Logit 回归对其长期信贷融资进行分析，而新三板企业的短期银行贷款与股权融资增长的回归模型经 Hausmann 检验，采用固定效应模型。另外，经检验各模型的膨胀系数 VIFs 均小于 10（临界值），回归模型未发现明显的共线性问题（Cohen，et al，2003）。

表 5 - 3 为中国高科技企业披露的研发支持信息影响其融资能力的实证结果，表 5 - 3 的第 1～3 列所示，上市高科技企业政府研发支持信息与短期信贷融资、长期信贷融资和股权融资能力都存在较为显著的正相关关系。特别地，企业是否获得了政府研发支持对企业的信贷融资能力存在着十分显著的正向影响。这说明政府研发支持信息具有认证效应，上市高科技企业在披露获得政府研发支持的相关信息后，外部投资者将政府的支持视为政府对企业的认可和鼓励，也是对研发项目未来商业化价值的一种隐性背书（Feldman and Kelley，2006），从而改善对企业质量与投资价值的认知，更加认可企业的研发投资行为和未来的发展前景，赋予企业较高水平的组织合法性，这体现在企业融资能力的提升。

表 5 - 3 政府研发支持与中国高科技企业融资能力

变量	（Listed）NSDebt	（Listed）NLDebt	（Listed）NEquity	（OTC）NSDebt	（OTC）NLDebt	（OTC）NEquity
Subsidy	0.716 *** (0.005)	1.108 *** (0.0071)	0.796 * (0.083)	3.861 *** (0.008)	2.304 ** (0.033)	- 0.298 (0.730)
Lev	- 0.061 *** (0.000)	- 0.027 *** (0.0053)	0.008 * (0.078)	11.59 *** (0.000)	7.720 ** (0.011)	- 5.951 ** (0.016)
Size	- 1.927 *** (0.000)	- 0.243 (0.401)	- 1.438 *** (0.000)	1.149 (0.118)	- 0.114 (0.750)	1.656 ** (0.024)
Liquidity	0.064 *** (0.003)	- 0.172 ** (0.014)	0.011 (0.686)	- 95.62 *** (0.001)	- 6.324 (0.744)	- 3.548 (0.507)
CFR	0.245 ** (0.026)	0.113 (0.620)	0.099 (0.387)	- 2.551 *** (0.006)	- 2.363 ** (0.022)	- 8.296 *** (0.000)

续表

变量	(Listed) NSDebt	(Listed) NLDebt	(Listed) NEquity	(OTC) NSDebt	(OTC) NLDebt	(OTC) NEquity
Profit	0. 008 (0. 321)	0. 020 * (0. 061)	0. 000 (0. 634)	0. 000 ** (0. 016)	− 0. 0002 (0. 894)	0. 000 (0. 255)
Audit	0. 722 (0. 470)	0. 669 (0. 710)	− 0. 215 (0. 745)	1. 184 (0. 510)	—	− 4. 812 (0. 587)
Inassets	− 0. 325 (0. 841)	2. 247 (0. 267)	1. 448 (0. 483)	− 0. 373 (0. 901)	1. 157 (0. 633)	3. 937 (0. 143)
Turnover	0. 236 (0. 481)	0. 715 (0. 157)	1. 291 *** (0. 004)	− 1. 289 * (0. 096)	− 1. 406 (0. 129)	5. 947 *** (0. 000)
Growth	0. 475 (0. 373)	1. 346 * (0. 096)	− 3. 458 *** (0. 000)	0. 000 *** (0. 004)	0. 000 (0. 580)	− 0. 000 (0. 316)
Constant					− 5. 130 (0. 427)	
LR chi2	190. 15	44. 74	442. 16	141. 83	35. 48	144. 58
− 2LL	− 711. 972	− 306. 137	− 440. 032	− 64. 200	− 28. 185	− 63. 443
Pseudo R2					0. 386	
Prob > chi2	0. 000 ***	0. 000 ***	0. 000 ***		0. 001 ***	0. 000 ***

注：*** 表示在1%水平上显著，** 表示在5%水平上显著，* 表示在10%水平上显著。

表5-3中的第4~6列是政府研发支持对新三板挂牌的高科技企业融资能力的影响。可以发现，政府研发支持信息对非上市企业信贷融资的认证效应较为突出，而且其系数普遍高于上市公司，说明政府的影响力在非上市公司中更为显著。特别地，新三板企业的股权融资能力并未显著受益于政府的研发支持，这可能是由于新三板的投资准入门槛较高，投资者大多集中在企业投资者或机构投资者，而个人投资者的准入也需要满足专业背景和投资经验等严格要求，这些投资者通常具有较为丰富的投资经验和专业知识，有些甚至已经直接参与了企业的日常运营和管理，因此对企业的技术能力和发展前景有较为深入的认知，并不需要政府为其提供认证，因此政府研发支持信息对这些投资者的影响较小。

总之，基于表5-3的实证结果，本书初步验证了假设1a和1b，而假设1c无法得到有力支持。

第三节　调节效应的实证研究结果

如前文所述，本节拟采用分组回归以及多元调节回归两种实证分析方法对知识产权保护水平的调节效应进行检验。

一、分组回归分析结果

本书将高科技企业按主板、中小板和创业板、新三版进行分组，通过分组回归方法检验知识产权保护水平的调节作用，考虑到模型中加入知识产权保护水平的变量，本书重新进行 Hausmann 检验，最终选择固定效应模型。

本书发现在知识产权保护水平越低的环境中，政府对企业长期信贷融资能力的认证效应表现得越发明显，影响力也越大。在知识产权保护水平较高的主板上市高科技企业中，政府研发支持信息对企业长期信贷融资的影响强度为0.669；对于中小板和创业板上市的企业，其微观的知识产权保护水平相对较差，政府研发支持的影响力增强至1.751；而新三板挂牌的高科技企业的微观知识产权保护水平相对更差，政府支持则表现出更为显著的认证效应，其影响力高达2.933。组间的系数差异已通过似无相关检验，结果显著。另外，银行对企业提供的短期贷款合约也受到知识产权保护水平的影响，对于保护水平越差的企业，银行越看重政府的支持和认可，而且这种产权保护情境的影响在上市企业中表现较为显著，结果如表5-4所示。

特别有趣的是，不同程度的知识产权保护水平极大影响着政府研发支持对股权投资者的认证效应强度，尤其在知识产权保护较差的情境中，股权投资者甚至对披露政府研发支持信息的企业还表现出抵触情绪。这一较为奇怪的现象值得深入探讨。本书拟考察不同知识产权保护水平下，政府研发支持对中小板、创业板和新三板高科技企业股权融资能力的影响来分析这一问题，如表5-5所示。

表 5 - 4　按板块分组检验知识产权保护调节作用

变量	(MB) NSDebt	(MB) NLDebt	(MB) NEquity	(SME+GEB) NSDebt	(SME+GEB) NLDebt	(SME+GEB) NEquity	(OTC) NSDebt	(OTC) NLDebt	(OTC) NEquity
Subsidy	0.481* (0.059)	0.669* (0.067)	2.441*** (0.006)	0.672* (0.069)	1.751*** (0.005)	0.170 (0.884)	1.135 (0.336)	2.933** (0.025)	-3.507* (0.079)
CGPI_Y	-0.525 (0.152)	-0.224 (0.668)	-0.325 (0.476)	0.275 (0.442)	0.0863 (0.881)	0.264 (0.637)	-2.807 (0.668)	-1.239 (0.251)	201.7 (0.994)
Lev	-0.045*** (0.000)	-0.035* (0.081)	0.118*** (0.000)	-0.086** (0.000)	-0.046** (0.005)	0.094*** (0.000)	12.39*** (0.000)	16.71*** (0.002)	-6.749 (0.197)
Size	-2.509*** (0.000)	-1.397** (0.011)	-7.047*** (0.000)	-3.070*** (0.000)	-1.107* (0.081)	-5.258*** (0.000)	2.518** (0.018)	-0.098 (0.818)	-1.390 (0.613)
Liquidity	0.563*** (0.006)	-0.415* (0.051)	0.141 (0.116)	0.151*** (0.000)	-0.154* (0.068)	-0.002 (0.954)	-50.07** (0.012)	8.675 (0.738)	-23.81 (0.357)
CFR	1.096** (0.049)	-1.222** (0.025)	-0.914* (0.055)	0.403*** (0.004)	0.241 (0.463)	0.0072 (0.970)	-1.419 (0.113)	-4.738** (0.016)	-9.925** (0.038)
Profit	0.001** (0.020)	-0.001 (0.190)	0.000 (0.338)	0.000 (0.522)	0.002 (0.261)	0.001 (0.371)	0.001 (0.116)	-0.004 (0.101)	0.000 (0.625)
Audit	-0.955 (0.390)	17.07 (0.993)	-2.847** (0.027)	-0.428 (0.792)	-13.85 (0.991)	14.94 (0.992)	0.688 (0.857)	— Omitted	-4.598 (0.802)

续表

变量	(MB) NSDebt	(MB) NLDebt	(MB) NEquity	(SME + GEB) NSDebt	(SME + GEB) NLDebt	(SME + GEB) NEquity	(OTC) NSDebt	(OTC) NLDebt	(OTC) NEquity
Inassets	-8.812 ** (0.028)	-3.937 (0.399)	-0.048 (0.991)	1.391 (0.554)	-0.190 (0.955)	-5.468 (0.178)	-0.541 (0.867)	8.549 ** (0.016)	18.38 (0.177)
Turnover	0.801 (0.263)	1.146 (0.208)	-0.195 (0.796)	0.207 (0.733)	0.368 (0.742)	1.124 (1.316)	0.155 (0.887)	-2.220 (1.422)	6.156 *** (0.004)
Growth	-1.359 (0.524)	4.204 (0.265)	1.491 (0.682)	0.825 (0.305)	0.371 (0.754)	-1.547 (2.873)	0.000 (0.572)	0.000 (0.000)	-0.000 (0.769)
Constant								-0.270 (8.199)	
LR chi2	74.34	22.50	94.84	132.46	30.54	337.30	95.78	13.72 (Wald)	76.96
-2LL	-196.016	-107.137	-137.978	-290.051	-102.827	-123.649	-53.691	-20.471	-20.397
Prob > chi2	0.000 ***	0.021 **	0.000 ***	0.000 ***	0.006 **	0.000 ***	0.000 ***	0.000 **	0.000 ***

注：*** 表示在1%水平上显著，** 表示在5%水平上显著，* 表示在10%水平上显著。

表 5 - 5　　　　　　　　　　中小高科技企业股权融资的深入分析

变量	(SME + GEB) EquityRatio Eachchange	(SME + GEB) Equityaccoun tschange	(SME + GEB) Top10ratioin crease	(OTC) EquityRatio Eachchange	(OTC) Equityacco untschange	(OTC) Top10ratio increase
Subsidy	1. 855 * (0. 065)	1. 852 * (0. 092)	0. 509 (0. 645)	- 0. 796 * (0. 093)	- 0. 582 * (0. 063)	- 1. 955 ** (0. 013)
CGPI_Y	1. 031 * (0. 083)	1. 562 ** (0. 041)	- 0. 270 (0. 688)	- 0. 360 (0. 658)	0. 0459 (0. 943)	- 0. 332 (0. 736)
Lev	0. 014 (0. 650)	0. 012 (0. 791)	- 0. 037 (0. 263)	- 3. 010 (0. 130)	- 1. 767 (0. 153)	- 1. 606 (0. 493)
Size	- 1. 984 *** (0. 001)	- 1. 257 (0. 125)	- 0. 273 (0. 669)	0. 457 (0. 116)	0. 399 ** (0. 028)	1. 057 ** (0. 022)
Liquidity	- 0. 015 (0. 824)	0. 025 (0. 869)	0. 008 (0. 932)	- 8. 130 (0. 202)	- 3. 767 (0. 265)	1. 037 (0. 880)
CFR	- 2. 018 (0. 462)	- 1. 476 (0. 659)	- 7. 527 (0. 112)	- 4. 243 *** (0. 002)	- 3. 029 *** (0. 003)	- 3. 020 ** (0. 025)
Profit	0. 095 *** (0. 007)	0. 040 (0. 455)	- 0. 002 (0. 513)	0. 000 (0. 750)	0. 000 (0. 766)	0. 000 (0. 682)
Audit	—	—		0. 538 (0. 585)	0. 520 (0. 522)	- 0. 854 (0. 600)
Inassets	0. 120 (0. 988)	3. 057 (0. 773)	27. 21 * (0. 080)	6. 097 ** (0. 033)	3. 195 * (0. 053)	0. 629 (0. 845)
Turnover	- 1. 156 (0. 358)	- 1. 770 (0. 216)	1. 708 (0. 389)	- 0. 179 (0. 733)	- 0. 195 (0. 566)	- 0. 205 (0. 790)
Growth	2. 802 (0. 803)	7. 894 (0. 482)	17. 78 *** (0. 006)	0. 000 (0. 156)	0. 000 (0. 160)	0. 000 (0. 288)
Constants	38. 85 ** (0. 014)	18. 04 (0. 379)	- 5. 442 (0. 662)	- 6. 170 (0. 309)	- 7. 133 * (0. 073)	- 16. 02 * (0. 095)
Wald chi2	16. 85	10. 27	11. 95	17. 99	31. 48	14. 69
- 2LL	- 36. 794	- 23. 405	- 83. 863	- 109. 504	- 137. 048	- 116. 982
Prob > chi2	0. 078 *	0. 417	0. 289	0. 082 *	0. 001 ***	0. 197
Pseudo R2					0: 103	

注：*** 表示在1%水平上显著，** 表示在5%水平上显著，* 表示在10%水平上显著。

实证分析采用面板数据的线性回归模型，分别采用户均持股数、新增开户数量以及前 10 大股东持股比例来深入考察高科技企业股权投资者在不同知识产权保护水平的情境中，对企业披露政府研发支持信息的反应。在知识产权保护较好的中小企业中，政府的研发支持对普通外部投资者的认知和判断产生积极影响。对于获得政府研发支持的企业，户均持股数和新增开户数量都有显著增加，参与企业日常运营的现有投资者对政府的支持并未积极响应。而在知识产权保护较差的新三板企业中，股权投资者普遍对政府研发支持持悲观态度，政府的支持反而抑制了外部投资者的投资热情。

本书认为这一现象具有一定的现实可信度。首先，知识产权保护水平直接影响着高科技企业的盈利能力、发展前景及投资价值。知识产权保护薄弱时，企业的投资风险大幅增加却又不愿过多披露企业信息，使得普通投资者对这些企业的认知和认可水平较低，此时政府研发支持信息具有较强的认证效应，能够帮助企业获取组织合法性，其外在表现即为企业融资能力的提升。上市企业的户均持股数与开户数增加就证明这一点，而前十大现有股东通常已经参与企业运营，对企业的发展前景等信息有足够的认识，并且他们已经赋予了企业一定的组织合法性，不需要借助政府研发支持的认证效应来帮助他们提高认知水平，因此这一变量在中小型高科技企业中表现并不显著。

其次，新三板的投资准入门槛较高，符合要求的投资者通常具有丰富的专业知识，也可能直接参与企业运营，因此，他们并不需要政府研发支持的认证效应来提高对企业的认知和认可水平，反而担心政府的参与会对企业的经营造成负面影响，这主要体现在成本方面。因为企业与政府进行科研项目合作是需要付出成本的，企业质量越差，其成本就越高。企业申请政府的科研项目资助需要额外付出成本进行材料的准备、调研、申报、更新和结项等工作，而且这些研发项目会占用大量现金流，可能导致财务风险上升和机会成本上升。另外，考虑到政府是以社会福利最大化为目标来选择企业的研发项目，研发过程中的人、财、物等大量专属性投资并不总是与企业当前发展相契合，对未来企业发展的促进作用也并不总是十分突出，对于新三板中大批新创企业和小微企业而言，可能负担较重。另外，即使获得资助的研发项目取得成功，其成果的社会价值通常会高于其带来的盈利价值（Kleer，

2010），可以说政府的支持并不意味着企业能够产生并保持较高的盈利能力。新三板的股权投资者正是认识到以目前企业的质量来说，支付高昂成本来获取或维持政府研发支持会对企业造成很大的压力，因此，企业获得政府研发支持并不能起到应有的认证作用，反而削弱了投资者的投资兴趣，表 5 − 5 中三个因变量与政府支持的显著负相关关系恰恰说明了这一点。

二、多元调节回归分析结果

上文分组检验了企业微观层面的知识产权保护水平的调节作用，这一部分基于多元调节回归分析方法对宏观层面的省际知识产权保护水平的调节作用进行检验。由于样本中新三板挂牌的高科技企业目前主要集中在北京中关村科技园区，相同的省际知识产权保护水平造成组间无差异，无法参与检验，这里主要以上市高科技企业为研究对象，探讨省际知识产权保护水平在政府研发支持影响企业融资能力过程中的调节作用。回归模型经过 Hausmann 检验，具有固定效应，回归结果如表 5 − 6 所示。

表 5 − 6　　　　　　　知识产权保护对上市企业的调节作用

变量	(Listed) NSDebt	(Listed) NSDebt	(Listed) NLDebt	(Listed) NLDebt	(Listed) NEquity	(Listed) NEquity
Subsidy	0. 387 ** (0. 027)	0. 342 (0. 250)	0. 979 ** (0. 032)	1. 535 (0. 520)	0. 492 ** (0. 035)	1. 128 ** (0. 049)
CGPI_Y	− 0. 339 (0. 157)	− 0. 273 (0. 349)	0. 056 (0. 885)	9. 075 ** (0. 034)	− 0. 252 (0. 424)	0. 355 (0. 324)
Subsidy × CGPI_Y		0. 429 ** (0. 034)		− 9. 045 ** (0. 033)		− 0. 532 ** (0. 039)
Lev	− 0. 063 *** (0. 000)	− 0. 066 *** (0. 000)	− 0. 019 * (0. 072)	− 0. 048 *** (0. 008)	0. 076 *** (0. 000)	0. 085 *** (0. 000)
Size	− 2. 032 *** (0. 000)	− 2. 905 *** (0. 000)	− 0. 872 ** (0. 023)	− 1. 536 ** (0. 045)	− 3. 523 *** (0. 000)	− 4. 538 *** (0. 000)
Liquidity	0. 121 *** (0. 000)	0. 139 *** (0. 000)	− 0. 154 ** (0. 033)	− 0. 128 (0. 162)	− 0. 0110 (0. 722)	0. 001 (0. 973)
CFR	0. 599 *** (0. 000)	0. 430 *** (0. 001)	− 0. 106 (0. 642)	0. 114 (0. 704)	− 0. 025 (0. 848)	− 0. 100 (0. 480)

变量	(Listed) NSDebt	(Listed) NSDebt	(Listed) NLDebt	(Listed) NLDebt	(Listed) NEquity	(Listed) NEquity
Profit	0.001 ** (0.044)	0.001 *** (0.004)	0.001 (0.177)	0.065 *** (0.002)	0.001 *** (0.008)	0.001 *** (0.002)
Audit	−0.554 (0.539)	−1.082 (0.226)	0.352 (0.813)	7.299 ** (0.020)	−0.988 (0.289)	−1.364 (0.180)
Inassets	−1.237 (0.516)	−1.481 (0.443)	0.318 (0.893)	−1.577 (0.498)	0.855 (0.737)	1.446 (0.579)
Turnover	0.111 (0.772)	0.0474 (0.905)	0.832 (0.181)	1.103 (0.342)	0.119 (0.817)	0.329 (0.532)
Growth	1.007 (0.117)	1.211 * (0.074)	1.451 (0.116)	1.644 (0.243)	−1.936 (0.292)	−1.393 (0.486)
LR chi2	158.70	193.29	29.18	44.85	379.03	396.38
−2LL	−517.050	−499.757	−225.070	−129.233	−288.187	−279.512
Prob > chi2	0.000 ***	0.000 ***	0.010 ***	0.000 ***	0.000 ***	0.000 ***

注: *** 表示在1%水平上显著, ** 表示在5%水平上显著, * 表示在10%水平上显著。

从表 5-6 中可以发现, 企业长期信贷融资能力和股权融资能力与政府研发支持和知识产权保护水平的交互项呈现出显著的负相关关系, 且 $\Delta\chi^2$ 差异明显, 说明在知识产权保护水平较低的地区, 高科技企业的研发成果不确定性大幅提高, 投资价值越发难以准确评估, 使得投资者更关注政府对企业的筛选结果, 认证效应更为显著, 促使企业融资能力的提升, 由此假设 2b 初步得到验证。

另外, 表 5-6 中政府研发支持对企业获得短期贷款的影响与知识产权保护水平显著正相关, 说明知识产权保护越好, 银行越关注政府研发支持的筛选结果。本书认为银行在提供长期贷款时对风险控制要求更高, 只有具有较好发展前景的企业才会得到长期贷款合约, 此时知识产权保护水平对企业价值的影响就不可能忽略, 任何有助于企业价值和风险评估的手段和因素都需要重点考虑, 因此政府研发支持的认证效应表现得更为显著。而银行对于短期贷款合约有较强的控制能力和止损能力, 可以有效避免企业的道德风险问题 (Diamond, 1991)。在提供短期贷款合约时, 银行更多考虑企业短期内的现金流是否充裕，以及短期内的财务风险是否可控，因此如表 5 - 6 的第二列所示，银行对企业的杠杆水平、现金流量以及流动性等因素更为敏感，而知识产权保护水平较好的环境中，无形资产的价值稳定性较高，企业的盈利能力有足够的保障，财务风险较低。基于此，本书初步拒绝假设 2a 和假设 2c。

总体而言，这一部分初步验证了主效应的假设 1a 和假设 1b，以及调节效应的假设 2b，但为保证实证结果的信度与效度，还需要进行稳健性检验。

| 第六章 |
实证结果的稳健性检验

本书已对政府研发支持信息的披露对高科技企业融资能力产生的积极影响，以及知识产权保护水平在其中的调节作用进行了实证检验，实证结果与本书的理论推演结论相符，两者间存在正向相关关系，初步验证了假设 1a、假设 1b 和假设 2b，检验结果具有稳定性。但上述实证结果仍可能在以下几个方面引起质疑：第一，实证结果可能存在其他解释路径，本书认为政府的研发支持信息具有认证效应，可以帮助企业获取组织合法性，在实证中表现为融资能力的提高。但已有研究表明企业在获得资金支持后扩大投资等行为也可能造成这一结果。第二，内生性问题，有学者认为能够获得政府研发支持的企业通常具有较高的质量，同时投资者对高质量企业也有较准确的认知，此时可能造成内生性问题，影响实证结果的解释力。第三，本书借鉴姚利民、饶艳（2009）的方法基于四个维度对知识产权保护水平进行度量，该方法目前已得到学术界的普遍认可，但并非是唯一的度量标准。为解决上述问题，本书进行了较为详细的稳健性检验。

第一节　影响路径分析

政府研发支持信息具有认证效应，帮助企业获取组织合法性，提高融资能力。本书选取了专门用来检验认证效应的度量方法展开实证分析并验证了两者的正相关关系，实证结果具有一定的信度和效度。但两者的相关关系可能存在其他解释，本节旨在考察其他可能存在的解释路径，以提高实证结果的可信度。

一、能力累积路径

本书在理论推演中指出，政府的研发支持在其他投资者认知和评价企业时具有重要参考价值，其认证效应能够帮助企业提升融资能力，而实证结果也验证了两者间存在正相关关系。但梅勒曼和梅塞内尔（2012）研发发现，质量较高的企业更易于获得政府支持，这些企业本身具有良好的信用水平和可控的财务风险，获得研发支持只不过是将更多资金注入企业，提高其现金流水平，成为一种锦上添花的行为。本书认为如果这一理论推导成立，那么投资者应该更倾向于投资政府给予资金支持多的企业，其融资能力应与政府资金支持的额度呈正相关关系，而如果是认证效应，则并无此关系（Lerner，1999）。

因此，本书加入政府研发支持的额度与是否获得政府研发支持的交互项进行检验，其中新三板企业获得资金支持的延续时间与样本窗口期高度一致，并且所有获得政府支持的企业第二年都有股权融资的增长，使得自变量在时间轴上变异极小，造成组内无差异，而企业的长期信贷融资在样本中占比较小，并且所有获得长期贷款的企业都获得了政府的资助，因此无法直接将交互项加入原方程进行检验。因此本书将资金支持额度直接纳入回归方程，将交互项代入截面数据的 Logit 回归模型进行检验。针对短期信贷融资的面板回归分析，本书再次进行 Hausmann 检验，由于 P 值不显著，说明零假设不成立，我们需要采用随机效应模型，结果如表 6 - 1 所示。

表 6 - 1　　　　　　　　　　能力累积的解释路径检验

变量	(Listed) NSDebt	(Listed) NLDebt	(Listed) NEquity	(OTC) NSDebt	(OTC) NLDebt	(OTC) NEquity
Subsidy	0.536 ** (0.039)	0.838 ** (0.047)	0.955 ** (0.043)	2.909 ** (0.045)		
Subsidysize	-0.000 (0.270)	0.000 (0.542)	-0.000 (0.371)	-0.000 ** (0.014)	-0.000 (0.503)	0.000 (0.330)
Subsidy × Subsidysize	-0.000 (0.632)	-0.000 (0.133)	-0.000 (0.202)	0.000 (0.581)	0.000 (0.671)	-0.000 (0.320)
Lev	-0.033 *** (0.000)	-0.021 ** (0.017)	0.017 *** (0.008)	0.615 (0.859)	6.974 (0.136)	-14.338 *** (0.001)
Size	-1.815 *** (0.000)	-0.274 (0.303)	-2.087 *** (0.000)	0.778 * (0.093)	-0.057 (0.942)	1.169 * (0.060)
Liquidity	0.092 *** (0.000)	-0.133 ** (0.035)	-0.027 (0.266)	-45.502 * (0.061)	-22.579 (0.524)	-43.313 ** (0.011)

续表

变量	(Listed) NSDebt	(Listed) NLDebt	(Listed) NEquity	(OTC) NSDebt	(OTC) NLDebt	(OTC) NEquity
CFR	0.201 ** (0.044)	0.229 (0.279)	0.036 (0.766)	−1.735 (0.103)	−3.268 (0.138)	−7.188 ** (0.036)
Profit	0.000 (0.647)	0.000 (0.732)	0.000 (0.716)	0.001 * (0.092)	−0.000 (0.851)	0.001 (0.344)
Audit	−0.147 (0.856)	−0.146 (0.916)	−0.444 (0.542)	—	—	—
Inassets	−0.167 (0.914)	1.872 (0.345)	0.060 (0.971)	0.266 (0.887)	6.063 (0.152)	−0.391 (0.868)
Turnover	−0.327 (0.278)	0.336 (0.457)	1.417 *** (0.001)	0.830 (0.298)	−1.300 (0.227)	3.204 ** (0.023)
Growth	0.005 *** (0.007)	0.003 (0.100)	0.001 (0.221)	0.000 (0.842)	−0.000 (0.545)	0.000 (0.303)
Constant				−15.236 * (0.085)	−3.479 (0.813)	−17.237 (0.108)
LR chi2	151.78	37.21	435.02	20.35 (Wald)	16.39	54.85
−2LL	−741.614	−315.609	−443.5992	−40.399	−14.012	−27.022
Prob > chi2	0.000 ***	0.002 ***	0.000 ***	0.159	0.29	0.000 ***
Pseudo R2					0.369	0.504

注：*** 表示在1%水平上显著，** 表示在5%水平上显著，* 表示在10%水平上显著。

从表6-1中可以看到，企业披露研发支持信息后，资金支持额度与其融资能力的提升并无显著的促进作用，反而普遍呈负相关关系。尤其对于上市高科技企业的股权投资者，当政府给予企业更大的研发支持时，反而抑制了其投资热情。本书认为这可能是由于政府大额的研发支持意味着研发项目对于政府有重要价值，而这类重点项目的工作压力、研发难度与资源投入都是巨大的，这直接影响企业现金流与正常的经营活动，导致股权投资者普遍持悲观态度。这一实证结论排除了政府研发支持仅仅具有锦上添花的作用。另外，勒纳（1999）认为如果政府研发支持具有认证作用，其获得资金的额度应与企业融资额度增加不成比例，而本书的检验验证了这一点，证实政府认证效应的存在。

二、需求刺激路径

主效应的实证结果也可能存在第二种解释路径。费尔德曼和凯利（2006）认为政府对企业研发项目的资金支持可以向企业和市场传递该项目具有更高的潜在商业价值的正向信号，这会刺激企业进行更多的研发投资（Lach，2002；唐清泉等，2008），从而引起企业新一轮的融资需求。本书认为如果这一逻辑推导路径成立，那么对于获得政府研发支持的企业，其额外的融资需求会更明显，因此本书将企业研发支出与政府研发支持的差额定义为额外融资需求，并将其除以总资产进行标准化，建立获得政府研发支持与额外融资需求的交互项，检验这一路径是否成立，如表 6-2 所示。

表 6-2　　　　　　　　　　额外融资需求的影响路径检验

变量	(Listed) NSDebt	(Listed) NLDebt	(Listed) NEquity	(OTC) NSDebt	(OTC) NLDebt	(OTC) NEquity
Subsidy	0.843 *** (0.005)	0.856 * (0.084)	0.563 ** (0.017)	0.220 (0.905)		
AddR&D	−0.000 (0.793)	0.000 (0.231)	−0.000 (0.802)	0.000 (0.808)	0.000 (0.192)	0.000 (0.846)
Subsidy × AddR&D	−0.000 (0.471)	0.000 (0.563)	−0.000 (0.554)	0.000 (0.625)	−0.000 (0.207)	−0.000 (0.682)
Lev	−0.061 *** (0.000)	−0.027 ** (0.022)	0.034 *** (0.001)	8.707 (0.161)	32.316 (0.117)	−10.914 * (0.084)
Size	−2.250 *** (0.000)	−0.447 (0.225)	−2.557 *** (0.000)	−0.923 (0.147)	−0.211 (0.785)	1.291 * (0.064)
Liquidity	0.023 ** (0.028)	−0.130 * (0.072)	−0.018 (0.510)	−53.259 (0.234)	34.214 (0.526)	−17.119 (0.511)
CFR	0.114 (0.285)	0.550 * (0.064)	0.024 (0.860)	−1.992 (0.223)	0.152 (0.939)	−5.080 * (0.097)
Profit	0.000 (0.922)	0.001 (0.156)	0.000 (0.384)	−0.007 ** (0.040)	−0.001 (0.870)	−0.002 (0.655)

续表

变量	(Listed) NSDebt	(Listed) NLDebt	(Listed) NEquity	(OTC) NSDebt	(OTC) NLDebt	(OTC) NEquity
Audit	12.664 (0.981)	—	-0.415 (0.775)	—	—	—
Inassets	-0.331 (0.861)	1.414 (0.565)	-0.493 (0.804)	-3.240 (0.384)	19.391 (0.199)	5.111 (0.420)
Turnover	-0.615* (0.095)	0.080 (0.904)	0.664 (0.230)	1.301 (0.255)	0.132 (0.933)	2.844 (0.132)
Growth	0.006*** (0.003)	0.001 (0.709)	0.006* (0.058)	0.000** (0.018)	-0.000 (0.860)	0.000* (0.066)
Constant				10.944 (0.311)	1101.343 (0.294)	722.826 (0.314)
LR chi2	144.13	33.13	390.43	12.31 (Wald)	19.57	27.45
Log	-522.486	-199.893	-281.296	-24.07	-11.577	-16.297
Prob > chi2	0.000***	0.005***	0.000***	0.723	0.052*	0.004***
Pseudo R2					0.458	0.457

注：*** 表示在1%水平上显著，** 表示在5%水平上显著，* 表示在10%水平上显著。

实证结果表明，获得政府支持的高科技企业即使加大研发投资，也未引起其融资额度的显著增加，结论同样排除了新增融资需求的解释路径，验证了政府研发支持信息的披露具有认证作用。

三、其他参与者路径

对于实证结果也可能存在第三种解释路径。虽然认证效应可以验证确实存在，但并不一定是政府研发支持信息产生的。在中国情境中，银行（Ross，2010；陈超和甘露润，2013）或机构投资者（Wang，et al，2003）等市场参与者被发现能够通过认证效应影响企业融资能力。本书将机构投资者占股比例（institu owner）和银行占股比例（bank owner）分别与获得政府研发支持相乘，构建交互项来检验其他参与者的认证效应。由于新三板企业关于银行和机构投资者的数据缺失，本书将其排除，实证结果如表6-3所示。

表 6 - 3　　　　　　　　　　　其他参与者认证作用的检验

变量	(Listed) NSDebt	(Listed) NLDebt	(Listed) NEquity	(Listed) NSDebt	(Listed) NLDebt	(Listed) NEquity
Subsidy	0.735** (0.013)	− 0.240 (0.769)	1.471** (0.035)	0.687*** (0.008)	0.821** (0.036)	0.866* (0.054)
InstituOwner	0.009 (0.154)	− 0.005 (0.552)	0.014** (0.047)			
Subsidy × InstituOwner	− 0.006 (0.336)	0.011 (0.215)	− 0.007 (0.351)			
BankOwner				− 0.646 (0.503)	− 1.453 (0.655)	− 0.344 (0.646)
Subsidy × BankOwner				− 0.284 (0.716)	− 30.582 (0.978)	0.100 (0.900)
Lev	− 0.098*** (0.000)	− 0.004 (0.536)	0.021** (0.011)	− 0.069*** (0.000)	− 0.007 (0.148)	0.015** (0.011)
Size	− 0.964*** (0.004)	− 0.740** (0.036)	− 2.421*** (0.000)	− 1.938*** (0.000)	− 0.356 (0.185)	− 2.089*** (0.000)
Liquidity	0.034 (0.223)	− 0.135* (0.098)	− 0.008 (0.791)	0.024** (0.022)	− 0.093* (0.088)	− 0.004 (0.888)
CFR	0.487*** (0.000)	0.099 (0.651)	− 0.009 (0.939)	0.193* (0.051)	0.114 (0.572)	0.126 (0.270)
Profit	− 0.015 (0.185)	0.000 (0.716)	0.000 (0.806)	− 0.003 (0.486)	0.000 (0.665)	0.000 (0.722)
Audit	1.077 (0.307)	− 0.659 (0.680)	− 0.132 (0.867)	0.604 (0.522)	− 0.953 (0.546)	− 0.475 (0.508)
Inassets	− 2.407* (0.092)	0.192 (0.897)	2.363 (0.293)	− 0.878 (0.452)	− 0.123 (0.921)	2.026 (0.334)
Turnover	0.574 (0.220)	0.984* (0.090)	0.573 (0.270)	− 0.029 (0.929)	0.391 (0.386)	1.438*** (0.002)
Growth	0.004* (0.094)	0.001 (0.745)	0.006** (0.016)	0.006*** (0.000)	0.002 (0.178)	0.006** (0.010)
LR chi2	126.24	21.51	89.54	199.28	32.16	431.88
− 2LL	− 435.355	− 236.877	− 362.943	− 705.796	− 318.131	− 445.168
Prob > chi2	0.000***	0.160**	0.000***	0.000***	0.009***	0.000***

注：***表示在1%水平上显著，**表示在5%水平上显著，*表示在10%水平上显著。

从表6－3中可以看到，企业中其他参与者并未对外部投资者产生积极影响，未表现出认证效应，由此可以验证政府研发支持的认证作用。

第二节　内生性问题分析

上节已对政府的研发支持信息影响高科技企业融资能力的解释路径进行了检验，实证结果排除了其他可能的解释路径。本节拟考察实证中可能存在的内生性问题，进一步提高实证结果的可信度。

内生性问题通常是由于实证模型中所选择的变量并非完全独立，使得模型中一个或多个解释变量与随机项具有相关性，即 $\mathrm{cov}(u_i, x_i) \neq 0$，从而造成实证结果存在较大偏差。产生内生性问题的主要原因是自变量与因变量间存在着相互作用关系，甚至互为因果。在本书中，尽管实证检验已证明政府研发支持信息与高科技企业融资能力间存在显著的正相关关系，但两者的因果关系尚有待进一步的检验。越是质量好的企业越可能获得政府的研发支持，这同样可以导致两者出现正相关关系。因此，本节旨在考察可能存在的内生性问题，采用交互项、滞后回归和工具变量等方法对其进行检验，以提高实证结果的信度与效度。

一、财务风险的内生性问题检验

技术能力突出的企业通常同时具有运营水平稳健等优势，这也是政府给予研发支持的一个重要考量因素，这类企业本身就更易于吸引投资者等各方的关注。政府在选择优秀企业时很可能受到企业运营管理水平的影响或是受到同行业企业及其他市场参与者的影响，这可能产生严重的内生性问题。

对于这类内生性问题，本书认为政府与市场化的投资者目标函数不同，通常相互独立，政府更多是从产业和社会角度出发，关注研发项目本身的价值和社会福利的增加，而投资者是从企业视角出发，更关注项目的回报与风险。考虑到获得研发支持的企业可能在现金流量、治理水平、发展前景等方面同样表现突出，如存在这类内生性问题的话，企业财务指标如财务风险水平应该与企业融资能力显著负相关，财务风险越小，企业融资额度越大。因此，本书引入衡量企业财务状况和违约风险的 Z 值（Altman，1968），建立获得政府研发支持与 Z 值的交互项，检验这一内生性问题是否存在，结果如表 6 - 4 所示。

表 6 - 4　　　　　　　高科技企业财务风险的内生性问题检验

变量	(Listed) NSDebt	(Listed) NLDebt	(Listed) NEquity	(OTC) NSDebt	(OTC) NLDebt	(OTC) NEquity
Subsidy	0. 789 *** (0. 003)	0. 839 ** (0. 046)	0. 878 * (0. 063)	4. 204 * (0. 072)	2. 784 * (0. 055)	- 9. 159 * (0. 077)
Zscore	0. 019 * (0. 074)	0. 069 * (0. 074)	0. 011 (0. 313)	- 0. 874 (0. 223)	3. 315 *** (0. 004)	2. 180 ** (0. 018)
Subsidy × Zscore	- 0. 016 (0. 107)	0. 014 (0. 572)	0. 003 (0. 777)	- 0. 066 (0. 933)	- 0. 933 (0. 247)	4. 198 * (0. 089)
Lev	- 0. 068 *** (0. 000)	- 0. 003 (0. 591)	0. 014 ** (0. 015)	11. 433 *** (0. 000)	12. 390 *** (0. 000)	- 1. 631 (0. 632)
Size	- 1. 934 *** (0. 000)	- 0. 217 (0. 409)	- 1. 921 *** (0. 000)	1. 105 (0. 138)	- 0. 159 (0. 600)	1. 600 * (0. 075)
Liquidity	0. 018 (0. 200)	- 0. 171 ** (0. 011)	- 0. 044 (0. 234)	- 79. 548 *** (0. 008)	- 26. 728 (0. 256)	- 5. 001 (0. 498)
CFR	0. 223 ** (0. 029)	0. 153 (0. 432)	0. 166 (0. 160)	- 2. 449 *** (0. 010)	- 4. 236 *** (0. 001)	- 12. 621 *** (0. 000)
Profit	- 0. 001 (0. 924)	0. 001 * (0. 098)	0. 000 (0. 689)	0. 001 ** (0. 024)	- 0. 000 (0. 325)	- 0. 000 (0. 407)
Audit	0. 566 (0. 560)	- 0. 187 (0. 905)	- 0. 348 (0. 633)	1. 110 (0. 529)	- 0. 493 (0. 717)	- 8. 242 (0. 884)
Inassets	- 0. 789 (0. 499)	2. 438 (0. 218)	2. 210 (0. 296)	- 0. 405 (0. 849)	3. 848 * (0. 092)	7. 145 ** (0. 034)
Turnover	- 0. 078 (0. 820)	0. 591 (0. 211)	1. 819 *** (0. 000)	- 0. 017 (0. 989)	- 5. 167 *** (0. 004)	2. 128 (0. 205)
Growth	0. 006 *** (0. 001)	- 0. 000 (0. 871)	0. 001 (0. 258)	0. 000 *** (0. 008)	0. 000 (0. 825)	- 0. 000 (0. 529)

变量	（Listed）NSDebt	（Listed）NLDebt	（Listed）NEquity	（OTC）NSDebt	（OTC）NLDebt	（OTC）NEquity
Constant					− 7. 336 (0. 176)	
LR chi2	201. 08	39. 74	429. 02	144. 04	51. 43	137. 13
Log	− 704. 899	− 314. 345	− 446. 6011	− 63. 098	− 42. 020	− 42. 545
Pseudo R2					0. 380	
Prob > chi2	0. 000 ***	0. 000 ***	0. 000 ***	0. 000 ***	0. 000 ***	0. 000 ***

注： *** 表示在1%水平上显著， ** 表示在5%水平上显著， * 表示在10%水平上显著。

Z 值表征企业的财务健康状况，其数值越大，说明企业的破产风险越高，健康状况堪忧。表6-4的结果表明，在获得政府研发支持的企业中，企业的财务状况与其融资能力普遍无明显相关性，而政府研发支持的认证效应依然存在。尤其值得注意的是，新三板企业的股权投资者由于都是企业实体的投资者，甚至很多都有机构投资者的身影。从实证结果中交互项的正向显著可以看到这些投资者以风险偏好型为主，很有可能他们在等待企业经过新三板磨炼后上市套利，并不关心这些企业基础性的研发工作。另外，考虑到他们通常直接参与企业运营，对企业的认知较为充分，研发支持的认证效应不显著，反而表现为政府研发支持对其产生显著负向影响。

二、时机选择的内生性问题检验

研发支持信息与高科技企业融资能力间的因果关系可能存在另外一种解释，即企业本身质量较高，外部投资者一直看好企业的发展，在同一时期内投资者选择的企业与政府选择的企业恰好相一致，从而造成实证结果的显著。本书认为企业的经营存在连续性，其较高的质量也并不是在某一会计期内一蹴而就，投资者对企业的评价是一个较长期的连续过程，而政府的研发支持则是一个事件，因此如果这种论证成立，那么在不同时间窗口内，投资者都会增加对企业的投资额度，不会受到政府研发支持信息的影响。

基于以上分析，本书采取勒纳（1999）在研究美国企业获得国家创新项目资助后是否成功吸引风险投资支持时的检验方法，将企业获得资助作为一个事件，分析事件发生前后风险投资的行为特征。本书将企业融资情况分为获得政府研发支持这一事件的前一年和后一年，分别进行回归分析，如果事前不显著而事后显著，则说明这一逻辑推导不成立，而确实是政府的认证效应在起作用，实证结果如表6-5和表6-6所示。

表6-5　　　　基于上市高科技企业融资时机选择的内生性检验

变量	(Listed) F. NSDebt (1)	(Listed) NSDebt (2)	(Listed) F. NLDebt (3)	(Listed) NLDebt (4)	(Listed) F. NEquity (5)	(Listed) NEquity (6)
Subsidy	0.277 (0.303)	0.716*** (0.005)	-0.672 (0.119)	1.108*** (0.007)	-0.332 (0.482)	0.796* (0.083)
Lev	0.080*** (0.000)	-0.061*** (0.000)	0.070*** (0.000)	-0.027*** (0.005)	-0.038*** (0.000)	0.008* (0.078)
Size	1.681*** (0.000)	-1.927*** (0)	1.326*** (0.000)	-0.243 (0.401)	1.868*** (0.000)	-1.438*** (0.000)
Liquidity	-0.321*** (0.000)	0.064*** (0.003)	-0.032 (0.485)	-0.172** (0.014)	-0.061** (0.041)	0.011 (0.686)
CFR	-0.724*** (0.000)	0.245** (0.0264)	-1.069*** (0.000)	0.113 (0.620)	-5.975*** (0.000)	0.099 (0.387)
Profit	-0.012 (0.165)	0.008 (0.321)	0.000 (0.625)	0.020* (0.061)	0.002*** (0.000)	0.000 (0.634)
Audit	1.602** (0.048)	0.722 (0.470)	-0.777 (0.434)	0.669 (0.710)	1.885** (0.050)	-0.215 (0.745)
Inassets	6.449*** (0.001)	-0.325 (0.841)	5.240** (0.041)	2.247 (0.267)	6.730** (0.018)	1.448 (0.483)
Turnover	2.312*** (0.000)	0.236 (0.481)	0.115 (0.833)	0.715 (0.157)	3.409*** (0.000)	1.291*** (0.004)
Growth	2.085*** (0.001)	0.475 (0.373)	-1.700* (0.056)	1.346* (0.096)	-6.828*** (0.000)	-3.458*** (0.000)
LR chi2	439.98	190.15	128.55	44.74	709.73	442.16
-2LL	-648.718	-711.972	-290.356	-306.137	-338.985	-440.032
Prob > chi2	0.000***	0.000***	0.000***	0.000***	0.000***	0.000***

注：*** 表示在1%水平上显著，** 表示在5%水平上显著，* 表示在10%水平上显著。

表 6 - 6　　　　基于新三板高科技企业融资时机选择的的内生性检验

变量	（OTC） F. NSDebt （1）	（OTC） NSDebt （2）	（OTC） F. NLDebt （3）	（OTC） NLDebt （4）	（OTC） F. NEquity （5）	（OTC） NEquity （6）
Subsidy	0. 228 （0. 733）	3. 861 *** （0. 008）	1. 142 （0. 336）	2. 304 ** （0. 033）	− 1. 775 （0. 129）	− 0. 298 （0. 730）
Lev	− 0. 022 （0. 986）	11. 59 *** （0. 000）	2. 954 （0. 375）	7. 720 ** （0. 011）	− 2. 001 （0. 325）	− 5. 951 ** （0. 016）
Size	0. 778 （0. 131）	1. 149 （0. 118）	0. 476 （0. 336）	− 0. 114 （0. 750）	2. 305 *** （0. 003）	1. 656 ** （0. 024）
Liquidity	1. 156 （0. 568）	− 95. 62 *** （0. 001）	10. 53 （0. 497）	− 6. 324 （0. 744）	0. 115 （0. 979）	− 3. 548 （0. 507）
CFR	− 0. 036 （0. 942）	− 2. 551 *** （0. 006）	− 0. 848 （0. 726）	− 2. 363 ** （0. 022）	1. 289 * （0. 081）	− 8. 296 *** （0. 000）
Profit	− 0. 000 （0. 139）	0. 001 ** （0. 016）	− 0. 001 （0. 512）	− 0. 000 （0. 894）	− 0. 001 * （0. 080）	0. 000 （0. 255）
Audit	− 1. 358 （0. 169）	1. 184 （0. 510）	—	—	1. 051 （0. 452）	− 4. 812 （0. 587）
Inassets	− 1. 619 （0. 368）	− 0. 373 （0. 901）	2. 085 （0. 505）	1. 157 （0. 633）	− 3. 157 （0. 272）	3. 937 （0. 143）
Turnover	− 0. 677 （0. 288）	− 1. 289 * （0. 096）	− 4. 235 * （0. 083）	− 1. 406 （0. 129）	1. 627 * （0. 052）	5. 947 *** （0. 000）
Growth	0. 000 （0. 168）	0. 000 *** （0. 004）	0. 000 （0. 618）	0. 000 （0. 580）	− 0. 000 （0. 534）	− 0. 000 （0. 316）
Constant			− 11. 26 （0. 185）	− 5. 130 （0. 427）		
LR chi2	22. 12	141. 83	14. 32	35. 48	30. 23	144. 58
− 2LL	− 130. 859	− 64. 200	− 17. 957	− 28. 185	− 66. 256	− 63. 443
Prob > chi2	0. 076 *	0. 000 ***	0. 159	0. 001 ***	0. 007 ***	0. 000 ***
Pseudo R2			0. 285	0. 386		

注：*** 表示在1%水平上显著，** 表示在5%水平上显著，* 表示在10%水平上显著。

表 6 - 5 为中国上市高科技企业的检验结果，数据列的第（1）、（3）和（5）列为企业获得政府研发支持前一年融资情况，用 "F." 加因变量表示。

企业获得政府支持的信息都在当年报告中披露（也有一些上市企业在获得支持后立即公布或借由新闻媒体公布），而在获得支持的前一年投资者并不知道企业获得政府支持这一事件，其行为并不受政府的影响，实证结果发现在这种情况下，企业融资没有明显增长。而数据列的第（2）、（4）和（6）列为企业获得政府研发支持的信息披露后，投资者的投资行为，结果验证了研发支持对投资者产生的认证效应。

表 6-6 为新三板挂牌高科技企业的检验结果，与上市公司的结果类似，投资者对企业的投资决策在企业披露获得政府研发支持相关信息的前后，存在明显差异，从而验证了政府参与企业研发项目的认证作用。

三、实证模型的内生性问题检验

即使政府在筛选企业进行政策支持时并不受到投资者关注等其他因素的影响，具有较高研发能力与发展前景的企业同样更易得到政府的关注和支持。为检验这类事前选择性的内生性问题是否存在，本书根据郭研等（2014）关于创新基金影响高科技企业创新产出的研究，将特定年度内高科技企业所在城市的高新技术产业园区内的企业数量作为工具变量识别该企业获取政府研发支持的可能性。

正如前面所述，我国自 20 世纪 90 年代起大力发展高新技术产业园区，截至 2013 年底，已建成国家级高新技术产业园区 115 所，以及省市级产业园区数百所。这些产业园区是中央或地方政府专门创立的特殊区位环境，通过大量优惠政策激励企业的技术创新，从而促进高新技术产业发展和区域经济增长。本书选取产业园区内的企业数量（HitechQTY）作为工具变量，其原因有两个：第一，园区企业数量是一个相对宏观的变量，与本书回归模型中表征企业个体属性的变量并不存在直接的相关关系，即该变量满足 $Cov(HitechQTY, u) = 0$。第二个原因在于产业园区内的企业数量越多，说明该地区高新技术产业的创新行为越活跃，可选择的企业池较大且质量相对较好，这时企业更有机会获取政府的研发支持，即 $Cov(HitechQTY, Subsidy) \neq 0$。基于以上分析，本书认为园区的企业数量是回归模型的外生变量，符合工具变量的假定条件，具有较强的可行性和可信度。

本书运用两阶段条件最大似然估计的离散选择回归模型（Rivers and

Vuong，1988）对研究中可能存在的内生性问题进行检验，结果如表 6 - 7 和表 6 - 8 所示。

表 6 - 7　　基于上市高科技企业样本的实证模型内生性问题检验结果

变量	（Listed）	（Listed）	（Listed）	（Listed）	（Listed）	（Listed）
	Step 1	Step 2	Step 1	Step 2	Step 1	Step 2
	Subsidy （1）	NSDebt （2）	Subsidy （3）	NLDebt （4）	Subsidy （5）	NEquity （6）
Subsidy		1. 467 *** （0. 002）		1. 376 * （0. 088）		3. 375 *** （0. 000）
HitechQTY	0. 000 *** （0. 001）		0. 000 ** （0. 011）		0. 000 （0. 462）	
Leverage	− 0. 003 *** （0. 000）	0. 006 *** （0. 001）	− 0. 002 *** （0. 000）	0. 006 *** （0. 001）	− 0. 001 *** （0. 000）	0. 002 *** （0. 000）
Size	0. 046 *** （0. 000）	− 0. 045 （0. 194）	0. 046 *** （0. 000）	− 0. 007 （0. 913）	− 0. 029 *** （0. 000）	0. 062 （0. 242）
Liquidity	0. 008 *** （0. 000）	− 0. 040 *** （0. 000）	0. 012 *** （0. 000）	− 0. 087 *** （0. 000）	0. 000 （0. 802）	− 0. 001 （0. 738）
CFR	0. 001 （0. 954）	− 0. 002 （0. 968）	0. 003 （0. 841）	− 0. 107 （0. 150）	− 0. 050 *** （0. 000）	0. 176 *** （0. 000）
Profit	0. 000 （0. 441）	0. 000 （0. 216）	− 0. 000 （0. 522）	0. 000 * （0. 056）	0. 000 （0. 420）	− 0. 000 （0. 542）
Audit	0. 237 ** （0. 027）	0. 244 （0. 543）	0. 214 ** （0. 047）	0. 019 （0. 968）	− 0. 025 （0. 761）	0. 116 （0. 681）
Inassets	− 0. 196 （0. 168）	− 0. 160 （0. 714）	− 0. 128 （0. 407）	1. 158 ** （0. 020）	− 0. 162 * （0. 090）	0. 583 * （0. 073）
Turnover	− 0. 022 （0. 379）	0. 198 *** （0. 005）	− 0. 044 * （0. 100）	− 0. 325 * （0. 087）	0. 094 *** （0. 000）	− 0. 245 ** （0. 032）
Growth	0. 000 （0. 525）	0. 001 * （0. 082）	0. 000 ** （0. 022）	− 0. 000 （0. 619）	0. 000 （0. 721）	0. 000 （0. 531）
Cons	− 0. 424 ** （0. 026）	− 0. 692 （0. 335）	− 0. 424 ** （0. 038）	− 1. 538 （0. 227）	− 522. 185 *** （0. 000）	1781. 498 *** （0. 000）
Wald	204. 4	204. 4	157. 2	157. 2	4114	4114
P	0. 000 ***	0. 000 ***	0. 000 ***	0. 000 ***	0. 000 ***	0. 000 ***

资源来源：作者研究整理。

表 6 – 8　　　　　　　　　基于新三板样本的模型内生性问题检验结果

变量	(OTC)	(OTC)	(OTC)	(OTC)	(OTC)	(OTC)
	Step 1	Step 2	Step 1	Step 2	Step 1	Step 2
	Subsidy (1)	NSDebt (2)	Subsidy (3)	NLDebt (4)	Subsidy (5)	NEquity (6)
Subsidy		0.705 (0.580)		2.105 *** (0.000)		– 1.960 *** (0.000)
HitechQTY	0.000 ** (0.023)		0.000 *** (0.009)		0.000 ** (0.036)	
Leverage	– 0.685 *** (0.000)	2.158 ** (0.011)	– 1.011 *** (0.000)	3.295 *** (0.000)	– 0.691 *** (0.000)	– 2.401 *** (0.000)
Size	0.116 *** (0.000)	0.083 (0.643)	0.032 (0.268)	0.025 (0.839)	0.116 *** (0.000)	0.394 *** (0.000)
Liquidity	– 0.067 (0.864)	– 8.807 ** (0.020)	– 1.425 ** (0.014)	– 0.157 (0.981)	– 0.078 (0.841)	– 0.398 (0.713)
CFR	– 0.021 (0.751)	– 0.367 (0.115)	– 0.100 (0.314)	– 0.518 (0.342)	– 0.022 (0.736)	– 1.304 * (0.080)
Profit	0.000 (0.772)	0.000 * (0.085)	0.000 (0.758)	– 0.000 (0.446)	0.000 (0.545)	0.000 (0.124)
Audit	0.348 ** (0.027)	– 0.353 (0.587)	0.618 *** (0.000)	– 1.448 *** (0.009)	0.348 ** (0.026)	0.889 ** (0.033)
Inassets	0.027 (0.795)	0.699 (0.183)	– 0.015 (0.934)	0.574 (0.465)	0.026 (0.804)	0.299 (0.473)
Turnover	– 0.009 (0.835)	0.271 ** (0.049)	– 0.097 (0.159)	– 0.361 (0.450)	– 0.009 (0.827)	0.607 * (0.093)
Growth	– 0.000 (0.871)	0.000 ** (0.014)	0.000 *** (0.007)	– 0.000 (0.845)	– 0.000 (0.852)	0.000 (0.177)
Constant	– 2.095 *** (0.000)	– 2.207 (0.479)	– 0.469 (0.428)	– 2.238 (0.390)	22.825 (0.585)	148.145 (0.199)
Wald	92.64	92.64	86.95	86.95	306.3	306.3
P	0.000 ***	0.000 ***	0.000 ***	0.000 ***	0.000 ***	0.000 ***

资源来源：作者研究整理。

　　表 6 – 7 中报告了基于上市高科技企业样本的模型内生性问题检验结果。其中第（1）列是采用工具变量检验政府研发支持信息与上市高科技企业短

期贷款间是否存在内生性问题的第一阶段回归结果。可以看到企业所在城市的产业园区内企业数量与高科技企业的政府研发支持呈显著正相关关系，证明了该工具变量与解释变量 Subsidy 间的相关性。第（2）列为第二阶段的估计值，可以发现研发支持信息与高科技企业是否获得了短期信贷融资存在显著的正相关关系，与此前得到的结果一致。同理，第（3）和第（4）列为采用工具变量检验高科技企业获得长期信贷融资的回归结果，两阶段的估计值与前文的检验结果相一致，验证了政府研发支持信息具有认证效应，有助于企业获得银行的长期贷款。第 5 列表示高科技企业股权融资的第一阶段回归结果，工具变量与政府研发支持间不存在显著相关关系，股权融资的结果并不稳健。

表 6-8 是基于新三板高科技企业样本的模型内生性问题检验结果。从表中可以看到，在高科技企业长期信贷融资过程的回归分析中（第（3）和（4）列），回归模型的估计值较显著，实证结果保持了较高的稳健性。值得一提的是，第 6 列为新三板高科技企业披露政府研发支持信息与其股权融资的相关性，回归估计值表明两者存在显著的负相关关系，这与此前的研究结论一致，但与研究假设相悖离。

综上所述，稳健性检验中排除了假设 1a 和假设 1c，本书最终验证了假设 1b：政府研发支持信息能够提升高科技企业的长期信贷融资能力。

第三节　调节作用的检验及拓展性分析

在研究知识产权保护的调节作用时，本书采用分组回归分析和多元调节回归分析两种方法，对已构建的三个与调节作用相关假设进行了检验，并初步验证了 H2b，即政府研发支持信息对高科技企业长期信贷融资能力的提升作用与知识产权保护水平呈负相关关系，实证结果具有较高的稳定性。为了进一步提高实证分析的信度与效度，本节拟通过更换知识产权保护代理变量的方法对调节作用进行稳健性检验，以更好地验证本书的理论模型。同时通过检验高科技企业披露政府研发支持信息对企业 ROA 和销售增长率的影响，探讨政府研发支持信息是否对社会大众的决策判断同样起到一定的认证效应，帮助企业获取社会大众的组织合法性，即获得其认可和支持。

一、代理变量的方法分析与实证设计

本书采用姚利民、饶艳（2009）的方法对我国省际知识产权保护水平进行度量，该方法同时考虑了国际普遍认可的 GP 指数和我国实际的执法效果，在衡量我国省际知识产权保护水平方面具有较高的认可度和广泛的接受程度。该方法虽被广泛采用，但并不是唯一可行的度量方法，在关于制度环境与企业行为的相关研究中，樊刚等编制的《中国市场化指数》同样被广泛认可。在 2010 年出版的《中国市场化指数》中，作者报告了关于省际知识产权保护水平的度量方法，该方法采用省际专利申请与受理的情况来衡量，两个二级指标分别为科技人员数平均的三种专利申请受理数量和三种专利申请批准数量与科技人员数的比例。本书认为在研究制度环境对企业投融资行为的影响时，《中国市场化指数》得到广泛认可，因此本书根据该指数中相关度量方法对我国省际知识产权保护水平进行了重新计算，作为稳健性检验采用的代理变量。

本书根据两种知识产权保护水平度量方法，对 2009 ~ 2012 年各省份知识产权保护水平进行了计算，如表 6 - 9 所示。从表中可以看到，以两种方法衡量的平均水平都显示近年来我国省际平均知识产权保护水平不断提高，但在 2012 年出现较为明显的下降。以姚利民、饶艳（2009）方法度量的知识产权保护水平标准差较为稳定，始终维持在 0.16 左右，而樊刚等（2010）度量的各省市知识产权保护水平则出现明显的波动。

表 6 - 9　　　　　两种知识产权保护水平衡量方法的结果差异

项目	2009 年	2010 年	2011 年	2012 年
	Panel 1　基于姚利民、饶艳（2009）方法的度量结果			
平均值	0.565	0.571	0.625	0.583
标准差	0.168	0.183	0.143	0.164
变异系数	0.298	0.320	0.229	0.281
项目	Panel 2　基于樊刚等（2010）方法的度量结果			
平均值	0.464	0.803	0.819	0.651
标准差	0.281	1.263	1.551	0.357
变异系数	0.606	1.573	1.895	0.549

资料来源：作者研究设计。

基于两种方法计算的 2009～2012 年我国省际知识产权保护水平显示，知识产权保护水平在各省市间存在着较大的差异，保护较好的省份主要集中在东部地区，以北京、上海、天津及广东省等发达地区为首，而在广西、西藏等经济欠发展的地区，其知识产权保护的实施效果相对较差。

总体而言，无论是以姚利民、饶艳（2009）方法还是以樊刚等（2010）的方法对我国省际知识产权保护水平进行度量，其结果在趋势上都较为一致，即随着我国经济的发展和制度的不断完善，各省份知识产权保护水平逐步得到提高，但各省市仍存在着明显的水平差异。同时，两种方法的度量结果都显示，我国在 2012 年的平均知识产权保护水平有所下滑，在提高知识产权保护水平的道路上仍有所反复，如图 6－1 所示。

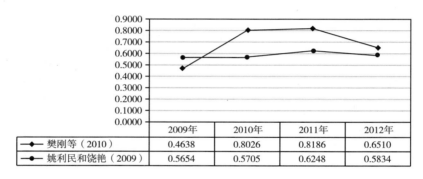

	2009年	2010年	2011年	2012年
樊刚等（2010）	0.4638	0.8026	0.8186	0.6510
姚利民和饶艳（2009）	0.5654	0.5705	0.6248	0.5834

图 6－1　省际知识产权保护水平度量结果的趋势分析

资料来源：作者研究设计。

在图 6－1 中，以姚利民、饶艳（2009）方法度量的我国省际知识产权保护水平呈现出较为稳定的增长趋势，而以樊刚等（2010）方法的度量结果则出现较为明显的波动，两者都显示在 2012 年我国知识产权保护水平普遍呈现下降态势。

二、调节作用的稳健性检验

如前文所述，本节拟采用更换代理变量的方式对省际知识产权保护的调节作用进行稳定性检验。本节参考樊刚等（2010）出版的《中国市场化指数》报告中关于省际知识产权保护水平的度量方法，采用省际专利申请与受理的情况来衡量，两个二级指标分别为科技人员数平均的三种专利申请受理数量和三种专利申请批准数量与科技人员数的比例，通过对两个指标取均值即可得到，实证结果如表 6－10 所示。

表 6－10　　　基于樊纲等（2010）方法的知识产权保护调节作用检验

变量	(Listed) NSDebt	(Listed) NSDebt	(Listed) NLDebt	(Listed) NLDebt	(Listed) NEquity	(Listed) NEquity
Subsidy	0.331 * (0.055)	− 4.505 *** (0.006)	0.954 ** (0.036)	18.13 ** (0.017)	0.456 ** (0.046)	2.419 ** (0.018)
CGPI_FG	− 0.386 (0.131)	− 5.441 ** (0.030)	− 0.433 (0.516)	28.37 ** (0.026)	− 0.006 (0.981)	0.552 (0.431)
Subsidy × IPRS_FG		4.631 ** (0.049)		− 30.73 ** (0.016)		− 0.327 (0.583)
Lev	− 0.064 *** (0.000)	− 0.121 *** (0.000)	− 0.020 * (0.073)	− 0.046 ** (0.013)	0.077 *** (0.000)	0.067 *** (0.000)
Size	− 1.972 *** (0.000)	− 4.562 *** (0.000)	− 0.879 ** (0.022)	− 1.487 ** (0.044)	− 3.486 *** (0.000)	− 4.052 *** (0.000)
Liquidity	0.122 *** (0.000)	0.160 *** (0.000)	− 0.152 ** (0.036)	− 0.107 (0.244)	− 0.011 (0.717)	− 0.002 (0.966)
CFR	0.609 *** (0.000)	0.514 *** (0.003)	− 0.112 (0.622)	0.153 (0.604)	− 0.015 (0.907)	− 0.168 (0.436)
Profit	0.001 * (0.053)	0.001 *** (0.002)	0.001 (0.176)	0.071 *** (0.001)	0.001 *** (0.008)	0.001 *** (0.004)
Audit	− 0.502 (0.578)	− 1.689 (0.153)	0.399 (0.790)	7.609 *** (0.006)	− 0.968 (0.297)	− 1.595 (0.197)
Inassets	− 1.096 (0.564)	− 0.329 (0.902)	0.328 (0.889)	− 1.833 (0.436)	1.067 (0.672)	− 0.984 (0.750)
Turnover	0.086 (0.822)	− 0.129 (0.835)	0.810 (0.192)	0.961 (0.412)	0.107 (0.835)	0.650 (0.326)
Growth	0.863 (0.184)	0.809 (0.428)	1.373 (0.146)	1.702 (0.225)	− 1.911 (0.297)	− 1.868 (0.445)
LR chi2	159.32	195.48	29.85	49.50	378.39	289.34
− 2LL	− 516.742	− 271.039	− 224.738	− 126.909	− 288.506	− 167.151
Prob > chi2	0.000 ***	0.000 ***	0.008 ***	0.000 ***	0.000 ***	0.000 ***

注：*** 表示在 1% 水平上显著，** 表示在 5% 水平上显著，* 表示在 10% 水平上显著。

从表 6 – 10 中可以看到，虽然两种衡量省际知识产权保护水平的方法各异，但在本书的实证中都展现出相似的结论：政府参与研发投资的信息对高科技企业长期债权融资能力的提升作用与知识产权保护水平呈负相关关系，即假设 2b 得到最终验证。

三、基于组织合法性理论的拓展性分析

根据组织合法性理论，企业披露政府研发支持信息不仅可以改善外部投资者对企业质量和发展前景的认知，提高其认可程度，最终获取组织合法性，而且这种认证作用也可能对更广大的社会受众产生积极影响。因此，本书通过检验企业自身的绩效水平及其销售收入的增长水平来证实这种广义认证作用的存在。本书将滞后一期的企业 ROA 和销售收入增长率分别作为因变量，建立面板数据的回归模型。同时为避免共线性，分别剔除原模型中的 Profit 和 Growth，经相关性检验，这一修改并不影响模型的有效性。经 Hausmann 检验，新三板企业样本符合随机效应模型的要求，实证结果如表 6 – 11 和表 6 – 12 所示。

表 6 – 11　　　　　　　　　政府的认证效应对企业绩效的影响

变量	(Listed) ROA	(MB) ROA	(SMEB + GEB) ROA	(OTC) ROA
Subsidy	6. 962 *** (0. 000)	4. 412 *** (0. 000)	3. 008 *** (0. 000)	1. 445 (0. 388)
Lev	0. 433 *** (0. 000)	0. 630 *** (0. 000)	0. 108 *** (0. 000)	− 4. 621 (0. 270)
Size	− 15. 75 *** (0. 000)	− 14. 76 *** (0. 000)	− 11. 37 *** (0. 000)	− 0. 132 (0. 865)
Liquidity	− 0. 077 (0. 415)	0. 609 (0. 174)	− 0. 316 *** (0. 000)	− 34. 24 *** (0. 000)
CFR	− 1. 080 ** (0. 035)	− 2. 037 (0. 328)	− 0. 425 (0. 131)	3. 236 * (0. 077)
Audit	− 9. 789 ** (0. 013)	− 10. 63 * (0. 065)	1. 015 (0. 819)	− 1. 735 (0. 620)
Inassets	6. 554 (0. 404)	25. 34 (0. 158)	− 3. 607 (0. 491)	− 3. 324 (0. 480)
Turnover	0. 379 (0. 788)	− 4. 830 * (0. 082)	2. 897 *** (0. 005)	2. 203 (0. 110)

续表

变量	(Listed) ROA	(MB) ROA	(SMEB + GEB) ROA	(OTC) ROA
Growth	19.53 *** (0.000)	2.071 (0.856)	12.22 *** (0.000)	0.000 *** (0.009)
Constant	314.6 *** (0.000)	305.9 *** (0.000)	227.3 *** (0.000)	18.84 (0.190)
R^2	0.357	0.196	0.544	0.182
Prob > F	0.000 ***	0.000 ***	0.000 ***	0.000 ***

注：*** 表示在 1% 水平上显著，** 表示在 5% 水平上显著，* 表示在 10% 水平上显著。

表 6 - 12　　政府的认证效应对企业销售收入增长率的影响

变量	(Listed) Salesgrowthrate	(MB) Salesgrowthrate	(SME + GEB) Salesgrowthrate	(OTC) Salesgrowthrate
Subsidy	0.395 * (0.083)	0.208 (0.659)	0.145 *** (0.000)	0.011 (0.877)
Lev	0.003 (0.765)	0.038 * (0.070)	0.002 * (0.066)	0.008 (0.968)
Size	− 0.775 *** (0.001)	− 1.778 *** (0.007)	− 0.343 *** (0.000)	− 0.068 ** (0.034)
Liquidity	− 0.010 (0.740)	1.286 *** (0.000)	− 0.007 * (0.060)	− 1.487 *** (0.002)
CFR	− 0.175 (0.350)	0.367 (0.640)	− 0.055 *** (0.002)	− 0.308 *** (0.006)
ROA	− 0.015 * (0.052)	− 0.027 * (0.061)	− 0.004 * (0.079)	− 0.003 (0.224)
Audit	0.637 (0.514)	1.456 (0.418)	0.444 (0.111)	− 0.070 (0.703)
Inassets	0.630 (0.803)	5.814 (0.403)	0.029 (0.931)	0.538 *** (0.004)
Turnover	− 0.950 ** (0.026)	− 1.365 (0.196)	− 0.466 *** (0.000)	− 0.202 *** (0.001)
Constant	16.38 *** (0.002)	34.39 ** (0.017)	7.031 *** (0.000)	1.777 *** (0.004)
R^2	0.011	0.115	0.108	75.32 (Wald)
Prob > F	0.000 ***	0.000 ***	0.059 *	0.000 ***

注：*** 表示在 1% 水平上显著，** 表示在 5% 水平上显著，* 表示在 10% 水平上显著。

如表 6 – 11 中所示，政府的认证效应对企业自身也同样产生积极的影响，尤其是对于上市公司，在获得政府研发支持后，其绩效水平有明显的提升，这可以解释为企业员工对企业自身的认同感和认知度上升，从而正向影响其绩效水平。当然这也不排除政府参与企业研发后，对企业的经营等方面加强的监管，引起企业绩效的提升。

如表 6 – 12 中所示，政府研发支持的认证效应对普通的社会受众也同样具有积极影响。企业向外披露获得政府研发支持的信息后，普通的消费者会对该企业的产品产生更大的信心，从而提升企业的销售收入，这种认证效应在上市的中小企业中表现得更为显著。而对于新三板挂牌的高科技企业，并不存在这种积极影响，本书认为这一结果可能的解释是新三板中的企业因为未上市，其对普通消费者的影响力本身较小，这些企业披露信息的情况并未受到社会受众的广泛关注，因此，政府参与研发投资的信息无法表现出认证效应。

至此，本章对研发支持信息与高科技企业融资能力存在相关关系的其他解释路径进行了检验，这些路径包括能力累积路径、需求刺激路径以及其他参与者路径等，并最终确认政府研发支持信息是通过提高其组织合法性，对高科技企业的融资能力产生影响的。随后，本章对实证研究中可能存在的三类内生性问题进行了深入检验：一是将财务风险指标 Z 与是否获得研发支持形成交互项进行检验；二将企业披露研发支持信息看作一个事件，实证检验披露该信息前后融资水平的变量；三是选取企业所在城市的高新技术产业园区内的企业数量作为工具变量展开内生性检验。三种方法最终验证了研发支持信息对高科技企业长期债权融资能力的提升作用明显，研究结论具有较高的稳健性。此后，本章基于樊刚等编制的《中国市场化指数》中的度量方法，对我国省际知识产权保护水平进行重新计量，通过更换代理变量的方法对知识产权保护的调节作用进行稳健性检验。同时，本章基于组织合法性理论的分析框架对政府研发支持信息可能产生的影响进行拓展性研究，通过检验企业披露研发支持信息对企业绩效水平以及销售收入增长率的影响，发现政府研发支持信息具有更广泛的认证效应，有助于企业获取社会大众的组织合法性，使其绩效水平和销售增长率都有明显的提升。

　　总体而言，本章对影响路径和内生性问题等进行了深入考察，验证了假设 1b 和假设 2b，证实了政府研发支持信息具有认证效应，能够帮助高科技企业获取组织合法性，提升其长期信贷融资能力。同时，研发支持信息也具有较为广泛的认证效应，有助于社会大众赋予企业更高的组织合法性水平，提升企业绩效和销售增长。本书认为，基于较为严谨的实证方法设计与较为全面的稳健性检验，本书的实证结果具有较高的信度与效度。

| 第七章 |

结论与展望

本章对研究内容和形成的主要结论进行总结和回顾，并对应本书的实践意义，从企业、投资者与政府三个方面提出建议。此外，本章针对研究中存在的未尽之处阐明研究不足，并对未来研究方向作出展望。

第一节　主要结论与研究特色

高科技企业普遍面临着融资约束困境。本书在分析高科技企业难以获得投资者认可的内在原因基础上，基于组织合法性理论构建了本书的理论分析模型，探讨政府研发支持信息影响高科技企业融资能力的内在机理和实现路径，并考察了知识产权保护这一宏观制度变量在其中的调节作用。本书通过数理推导和实证分析两种方法对本书的理论模型进行检验，研究结论具有较高的稳健性，在一定程度上验证了中国情境下政府研发支持信息具有认证效应，揭示了研发支持信息通过认证效应帮助企业获得组织合法性并提升其融资能力的内在作用机制。

一、主要总结

高科技企业的融资约束问题广泛存在于主要的资本市场中，学者普遍认为企业与市场间存在的信息不对称是导致企业融资困难的主要原因。因此，已有研究主要基于信息不对称理论对此进行解释并提出解决方案，目前，主要形成两种思路：一种思路延续自愿信息披露的研究范式，探讨企业如何提高披露信息质量来缓解信息不对称，从而获得投资者的支持；另一种思路属于信息经济学的研究范式，寻找可供投资者识别并理解的信号来间接反映企业的研发能力，从而缓解信息不对称，提高融资能力。

高科技企业在中国知识产权保护力度相对不足的现实情境中面临着更突

出的融资约束问题。这种情况大幅提高了无形资产的价值不确定性，也促使企业将研发等核心信息隐藏在内部，这不仅加剧了双方的信息不对称，而且严重抑制了投资者对企业研发能力与投资价值的信任和认可，使得企业难以获得市场的资金支持。因此，在知识产权保护薄弱的情境中，提升高科技企业融资能力的关键不仅在于缓解双方的信息不对称，更在于如何有效地展现企业的投资价值并获得投资者认可。

为了弥补融资约束造成的效率损失，我国政府积极开展相关工作以推动高科技企业技术创新和健康发展，针对优秀高科技企业进行的研发支持行为是最为有效且常用的手段之一。这些政府研发支持可分为两种类型：第一类是政府择优筛选有巨大商业潜力和示范作用的高科技企业提供资金支持，如《科技型中小企业创新基金》对实施技术创新的优秀高科技企业进行资助；《中小企业服务体系专项补助资金使用管理办法》中明确指出对有商业潜力的高科技企业提供补贴等多项服务。第二类是政府选择有较强研发能力的企业参与政府设定的创新研发项目，或者直接资助企业的优质研发项目，最具代表性的如国家"火炬计划"项目等。已有研究表明政府的支持行为可能具有认证效应，帮助企业获得投资者的认可。

本书立足中国现实情境，基于组织合法性理论构建本书的财务分析框架和理论模型，深入分析政府研发支持信息影响高科技企业融资能力的内在机理和实现路径，并探讨知识产权保护这一宏观制度变量在其中的调节作用。具体而言，本书认为政府研发支持信息具有认证效应，可以帮助企业提升投资者的认知和认可水平，从而赋予企业较高的组织合法性水平。而组织合法性作为一种重要的先行资源，是帮助企业顺利获取其他市场资源的重要前提，企业获取到组织合法性意味着获取到投资者的资金支持，其外在表现即为其融资能力的提升。其原因在于政府对优秀高科技企业进行研发支持的直接目的是实现社会福利最大化，其筛选过程和评价结果具有较高的独立性和可信度。同时，政府在识别企业质量与研发项目价值方面具有较强的信息优势和能力优势，其评价结果更易被市场认可和接受。另外，政府本身的公信力和声誉也在企业组织合法性的获取中起到了关键作用，使得投资者由于信任政府的选择而信任企业，从而给予企业各类资源支持，促进企业融资能力的提升。

同时，本书认为知识产权保护水平很大程度上影响着投资者对政府研发支持信息的关注度，影响着这类信息在投资者决策过程中的参考价值，也影响着其认证效应所产生的实际效果，因此知识产权保护的水平在研发支持信息影响企业组织合法性水平及其融资能力的具体路径中具有调节作用。

为验证本书的理论模型，考察政府研发支持信息影响高科技企业融资能力的内在机理与实现路径，本书采用数理推导和实证分析两种方法展开研究。

在数理推导方面，本书基于组织合法性理论和信号传递理论，在新古典经济学的研究范式下，建立不完全信息动态博弈模型。本书在构建符合中国现实情境的假设和参数体系后，建立理想模型并阐述其运行机理。此后，本书将理想模型拓展为信息不对称且企业不传递信号的情况，以及信息不对称且企业选择传递信号的情况，来验证政府研发支持信息是否具有认证效应，帮助企业获取相应的组织合法性水平，提升其融资能力。

在实证分析方面，本书在已构建的财务分析框架下，通过理论推演构建了六个研究假设，并采用上市高科技企业与新三板挂牌的高科技企业形成非平衡面板数据展开实证研究。本书采用面板数据的固定效应 Logit 回归模型对研发支持信息与高科技企业融资能力的关系进行了实证检验，此后分别采用分组回归和多元调节回归分析两种方法检验知识产权保护的调节作用。最后，本书设计细致的稳健性检验方法对实证研究中可能存在的其他解释路径、内生性问题以及代理变量选择问题进行检验，以提高实证结果的信度与效度。

综上，本书基于组织合法性理论构建研发支持信息影响高科技企业融资能力的理论模型，通过数理推导和实证研究两种方法对此理论模型进行检验，并最终得到较为稳健的研究结论。

二、主要结论

本书通过理论推演、数理推导和实证分析等方法对研究主题展开深入探讨，最终得出以下主要结论：

第一，在知识产权保护力度相对不足的情境中，政府研发支持信息对高科技企业融资能力具有显著的提升作用。

在知识产权保护力度相对不足的情境中，高科技企业面临着融资约束问题。其成因不仅来源于双方的信息不对称，更重要的是企业研发能力与投资价值难以获得投资者的信任和认可，因此，企业如何有效地展现企业的投资价值并获得投资者认可成为缓解融资约束问题的关键。本书研究发现，政府研发支持信息具有认证效应，能够帮助高科技企业提升其融资能力，特别是信贷融资能力，而且政府研发支持信息对非上市企业信贷融资的认证效应较为突出，说明政府的影响力在非上市公司中更为显著。

第二，政府研发支持信息具有认证效应，能够帮助企业获得组织合法性，提升融资能力。

本书通过建立不完全信息的动态博弈模型，验证了政府研发支持信息可以作为一类具有认证效应的信号，提高投资者对企业质量与投资价值的认知和认可水平，进而获得组织合法性，提升融资能力。本书的实证研究也验证了这一路径的有效性。此外，本书对实证结果可能存在的其他解释路径进行深入探讨，发现已有研究关于能力累积、需求刺激和其他参与者认证的解释在本书中并不显著，而基于组织合法性理论的认证效应解释路径仍然稳健，从而验证研发支持信息促进投资者赋予企业更高的组织合法性水平，给予其更多资源支持的影响机理与实现路径。

第三，知识产权保护水平在研发支持信息影响高科技企业融资能力的过程中，起着显著的调节作用。

本书基于分组回归和多元调节回归两种方法，对知识产权保护的影响进行实证分析，研究发现在知识产权保护薄弱的环境中，投资者更关注政府对企业的筛选结果。政府研发支持的认证效应对投资者的认知和判断普遍存在着积极影响，有助于企业长期信贷融资能力和股权融资能力的提升。同时，在知识产权保护较差时，股权投资者对披露政府研发支持信息的企业表现出抵触情绪，这可能是由于具有专业知识或参与企业运营的投资者本身已对企业做出了价值判断并赋予了相应的组织合法性，并不需要政府研发支持信息的认证，反而可能因为研发支持带来的成本影响其投资决策。此外，本书参考樊刚等（2010）的方法，对我国省际知识产权保护水平进行重新计算，通过更换代理变量的方式，检验知识产权保护的调节作用，实证结果保持一致。

三、研究特色

本书理论创新与实践应用并重，研究过程综合运用经济学、管理学和财务学等领域的相关基础理论和研究方法。与已有研究相比，本书的研究特色主要体现在以下四个方面。

第一，本书基于中国现实情境，立足于知识产权保护这一宏观制度视角重新审视政府研发支持信息与高科技企业融资能力间的逻辑关系，有助于揭示研发支持信息影响高科技企业融资能力的内在机理，厘清"认证效应"这一现象产生的根源。以往研究更多集中在微观层面的企业信息披露行为上，对外部环境的影响考察不足，部分相关研究也仅停留在市场化程度上，这对于市场价值严重受限于制度环境的高科技企业而言，缺乏足够的说服力。

第二，本书综合运用理论推演、数理推导及实证分析等多种研究方法。本书尝试将研发支持信息视为具有认证效应的信号，从而将政府的支持行为和投资者的信任因素纳入研究范畴，形成基于组织合法性理论的全新分析框架。为此，本书不仅需要从理论逻辑上展开推演和分析，还需要建立数理模型对这一理论模型进行理论化的验证。同时，为检验该理论模型的现实可行性，本书也通过企业数据展开实证分析，以确保理论模型与分析框架的一致性和可信度。

第三，在具体的实证设计中，为保证本书的实证结果与所构建的组织合法性理论分析框架具有一致性，本书在考察"政府研发支持信息——高科技企业融资能力"间的关系基础上展开了细致的稳健性检验。本书对实证结果可能出现的其他解释路径进行深入分析和探讨，并采用交互项、滞后回归及工具变量等分析方法对内生性问题进行研究和排除，最终形成较为稳健的实证结果，为本书的研究奠定坚实的工具基础。

第四，本书将主板、中小板和创业板的上市高科技企业与新三板挂牌高科技企业作为研究样本，基于非平衡面板数据展开实证分析，提高了研究结论的稳健性。截至2013年底，上市高科技企业共计553家，在全部高科技企业中占比仅为1%左右（据《2014中国高技术产业统计年鉴》）。大部分非上市高科技企业缺乏直接股权融资的机会，其融资约束问题更为突出[①]。已有研究主要以上市高科技企业为研究样本，缺少对其他非上市高科技企业的深

---

① 本书统计发现，在新三板的非上市高科技企业面临着严重的融资约束，仅以长期贷款为例，近5年新增银行长期贷款的企业占比平均只有约2.6%，2010年该比例仅为0.5%。

入考察。本书将全部的上市高科技企业与新三板挂牌的高科技企业都纳入考察范畴，强化了实证检验对研究问题的支持力度。

第二节　建议与展望

本书以主板、中小板、创业板和新三板的高科技企业为研究样本，形成非平衡的面板数据，检验政府研发支持信息是否通过认证效应来帮助企业获得组织合法性，从而对企业融资能力产生积极影响；同时考察知识产权保护这一宏观制度变量在其中的调节作用。研究具有重要的理论与实践意义，研究过程与结论对高科技企业、投资者和政府都具有一定的启示。因此，本节从企业、投资者和政府三方面提出建议。当然，受本书作者研究能力和客观条件的限制，本书的研究尚有未尽之处，本书对研究的不足进行总结，同时对未来研究方向做出展望。

一、政策建议

在对全书进行分析基础上，本书提出以下三点建议：

第一，在中国情境下，很多高科技企业的价值不易被市场认知和认可，从而影响其融资能力。企业需要主动且合法地参与市场竞争，并注重信息的披露与信用信息的积累，才能真正提高市场的认知和认可水平，从而获取组织合法性，提升其融资能力。同时企业需要根据自身能力积极且适度地响应政府政策，通过投资鼓励性行业等方式获得政策给予的包括税收返还和研发支持等有形资源，并重视政府对企业的支持和奖励，以此获取更多的无形资源。企业不仅可以通过这种方式提升自身能力，而且有利于解决其融资问题以及提升企业在社会受众中普遍的认知度。

第二，投资者在选择目标企业时，不仅需要结合国内外宏观环境，以及产业链、价值链、供应链等对企业进行深入分析和调研，还要考虑其他投资者和政府等社会机构对企业的评价水平，从多个维度综合评价企业的技术水平与发展前景等。这样可能会有效提升其投资效率以及风险防控能力。值得一提的是，本书研究表明在申请银行贷款时，高科技企业为获得更优惠的贷款合约，可能会向银行提供虚假信息，因此，银行需要进一步健全和完善信用风险管理制度，注重对专业技术壁垒高的贷款申请者进行风险评估和信息审核，提高信用风险管理能力。

第三，政府要处理好与市场的关系，促进市场发挥其资源配置的决定性作用，同时深入论证自身的行为决策可能产生的结果，慎重对待各项政策。政府的行为不仅直接作用于政策受众的行为方式，也可能产生间接影响，如市场各参与者将这一支持行为视为具有认证效应的信号，这又更大程度上影响了社会总体的资源配置。另外，政府应重视政策的重要影响力，在充分考察和研究的前提下制定产业政策，实施过程也要充分科学化、规范化和制度化，发挥政府在市场中的积极作用。同时，面对可能存在的市场失灵问题，政府应在尊重市场规律的前提下合理、适时、适度地履行宏观调控、政策制定和市场监管等方面的职能，发挥社会主义市场经济体制的优势。

二、研究不足与展望

本书结合理论文献与中国情境，通过理论推演方法构建了政府研发支持信息影响高科技企业融资能力的理论分析框架与理论模型，并通过数理推导和实证分析方法对这种影响的内在机理和结果进行了详细的论证，但本书的研究还存在以下几点不足：

第一，在代理变量选取方面，本书虽详细论证了研发支持信息、融资能力和知识产权保护等核心构念代理变量的选取依据，并作了较为严密的稳定性检验。但受客观环境和本人研究能力的限制，为各核心构念所选取的代理变量并不一定是最佳的。在未来条件进一步成熟的时候，本书作者将设计更为有效的核心构念代理方法，并对其作用效果加以考察。

第二，企业获取组织合法性理论的重要手段之一就是获取认证，政府研发支持可以作为提供认证的主体，而融资能力的提升可以作为企业获得组织合法性的外在表现。因此，本书不仅验证了政府研发支持信息的认证效应，而且是首次基于组织合法性理论对这一认证效应进行理论解释，并通过稳健性检验排除已有研究提及的其他解释路径，保证了实证结论较高的信度与效度。但受到笔者能力和资料获取方面的限制，本书并未通过问卷调查等方式直接测度企业获取组织合法性的水平，这在一定程度上影响了实证结果的解释力度，本书拟在条件成熟后对这一问题展开深入研究。

　　第三，本书得出政府研发支持信息对高科技企业融资能力产生积极影响有着一个重要的前提，就是政府在中国情境中最适合为企业提供有效的认证。本书并不否认信用评级机构等商业组织的认证作用，确实有研究表明信用评级机构等市场化的参与者在发达资本市场情境中可以为企业的质量和投资价值提供信号，这类参与者可以是商业合作者，如审计师或承销商等；可以是外部投资者，如风险投资或银行等；也可以是市场评价者，如媒体、分析师、认证中介机构及信用评级机构等。但是，这部分内容并不是本书关注和考察的重点，而且商业组织是否能够真正帮助企业获得融资支持，在国内外都还存在一定的争议（Dranove and Jin，2010）。特别是目前中国的信用体系尚待健全，很多市场化的中介机构在中国还处于发展的初期阶段，尚缺乏有足够信誉和能力的第三方认证机构，很多中介机构甚至还有可能与企业等存在利益关系（Dranove and Jin，2010），使得其评价的可信度还存在争议。随着我国市场化的中介机构逐步发展，相关行业的声誉和信用进一步得到提升，政府的作用也可能会变得不显著。这些市场化的机构在高科技企业融资中的作用也越发重要，本书尚没有对此进行深入考察，拟在下一步的研究中展开。

　　第四，虽然本书在设计博弈模型时已尽最大可能对现实世界进行模拟，但仍难免存在对现实高度抽象的情况。在模型中参数的设计并不具备具体的函数形式，尚无法得到明确的解析解，因此，在分析中以图形的形式展开。同时，本书模型仅对政府研发支持信息是否可以作为具有认证效应的信号进行有效性验证，尚无法仅通过数理模型对有效信号进行识别。另外，本书建立的数理模型重点突出高科技企业申请银行贷款的情形，仅将股权投资者分为机构投资者和普通中小投资者两种类型进行模型化探讨，未充分展开其信号博弈过程。笔者拟针对以上不足展开下一步的研究工作。

| 附　录 |

1. 引理一的证明

银行收益为 $\pi = (R - r_0 - 1)D + \int_0^{g(\mu(\theta))} [p(D)g(\mu(\theta))b(\tilde{u}) - DR]dF - C_c$，式中 $\mu(\theta)$ 表示银行对企业质量的估计值，对 $\mu(\theta)$ 求偏导数得：

$$\frac{\partial \pi}{\partial \mu(\theta)} = [p(D)b(\tilde{u})g(\mu(\theta)) - DR] \cdot \frac{\partial F[g(\mu(\theta))]}{\partial g(\mu(\theta))} \cdot \frac{\partial g(\mu(\theta))}{\partial \mu(\theta)}$$

由于 $g(\mu(\theta))$ 是 $\mu(\theta)$ 的单调递增函数，因此上式右边第三部分 $(\partial g(\mu(\theta)))/(\partial \mu(\theta)) > 0$。同时，$F[g(\mu(\theta))]$ 是 $g(\mu(\theta))$ 的累积分布函数，也是单调递增函数，因此上式右边第二部分 $(\partial F[g(\mu(\theta))])/(\partial g(\mu(\theta))) > 0$。由于贷款合约是建立在企业能按期还本付息基础上，即式中的第一部分必须满足 $p(D)b(\tilde{u})g(\mu(\theta)) - DR > 0$。因此当银行对企业质量估计值增加时，$\partial \pi/(\partial \mu(\theta)) > 0$，银行期望收益曲线的斜率增大，曲线以 $(0, 1 + r_0)$ 为圆心逆时针旋转。

2. 引理二的证明

企业传递信号需要支付信号成本，期望收益减少，期望收益曲线对贷款额度的偏导数为

$$\frac{\partial \omega}{\partial D} = \frac{\partial}{\partial D} \int_{g(\theta)}^{\infty} [p(D)g(\theta)b(\tilde{u}) - DR - C_m]dF$$

$$= \frac{\partial p(D)}{\partial D}b(\tilde{u}) \int_{g(\theta)}^{\infty} g(\theta)dF - R[1 - F(g(\theta))]$$

从企业角度，对于同一额度的贷款，对应期望收益曲线的斜率与不传递信号时对应期望收益曲线的斜率相同。而由于支付的信号成本，其最低收益曲线只是向下移动，需要获得更多收益才能支付这一成本，实现收支平衡。

参考文献

［1］安同良，周绍东，皮建才．R&D 补贴对中国企业自主创新的激励效应［J］．经济研究，2009（10）：87－98＋120．

［2］白俊，连立帅．信贷资金配置差异：所有制歧视抑或禀赋差异？［J］．管理世界，2012（6）：30－42＋73．

［3］边泓，周晓苏，郑嵘．启发式认知下的会计信息价值相关性研究［J］．南开管理评论，2009（2）：107－114．

［4］陈斌，李信民，杜要忠．中国股票市场个人投资者状况调查［R］．深圳证券交易所综合研究所，2002，深证综研字第 55 号．

［5］陈超，甘露润．银行风险管理、贷款信息披露与并购宣告市场反应［J］．金融研究，2013（1）：92－106．

［6］陈晓萍，徐淑英，樊景立．组织与管理研究的实证方法［M］．北京：北京大学出版社，2008．

［7］陈修德，彭玉莲，卢春源．中国上市公司技术创新与企业价值关系的实证研究［J］．科学学研究，2011（1）：138－146．

［8］程新生，谭有超，廖梦颖．强制披露、盈余质量与市场化进程——基于制度互补性的分析［J］．财经研究，2011（2）：60－71．

［9］程新生，谭有超，刘建梅．非财务信息、外部融资与投资效率——基于外部制度约束的研究［J］．管理世界，2012（7）：137－150＋188．

［10］崔学刚．公司治理机制对公司透明度的影响——来自中国上市公司的经验数据［J］．会计研究，2004（8）：72－80．

［11］崔也光，赵迎．我国高新技术行业上市公司无形资产现状研究［J］．会计研究，2013（3）：59－64＋96．

［12］德勤中国研究与洞察力中心．德勤高科技、高成长中国 50 强榜单

分析及 CEO 调查报告 ［R］. 2013：16 – 23.

［13］邓学军，夏洪胜. 企业家传奇、制度资本与竞争优势铸造：分析框架与例证 ［J］. 管理评论，2006 （11）：48 – 53 + 30 + 64.

［14］董雪兵，史晋川. 累积创新框架下的知识产权保护研究 ［J］. 经济研究，2006 （5）：97 – 105.

［15］杜运周，任兵，陈忠卫，张玉利. 先动性、合法化与中小企业成长——一个中介模型及其启示 ［J］. 管理世界，2008 （12）：126 – 138 + 148.

［16］杜运周，张玉利，任兵. 展现还是隐藏竞争优势：新企业竞争者导向与绩效 U 型关系及组织合法性的中介作用 ［J］. 管理世界，2012 （7）：96 – 107.

［17］樊纲，王小鲁，朱恒鹏. 中国市场化指数——各地区市场化相对进程 2009 年报告 ［M］. 北京：经济科学出版社，2010.

［18］方红星，戴捷敏. 公司动机、审计师声誉和自愿性内部控制鉴证报告——基于 A 股公司 2008—2009 年年报的经验研究 ［J］. 会计研究，2012 （2）：87 – 95 + 97.

［19］方红星，金玉娜. 高质量内部控制能抑制盈余管理吗？——基于自愿性内部控制鉴证报告的经验研究 ［J］. 会计研究，2011 （8）：53 – 60 + 96.

［20］高明华. 中国上市公司信息披露指数报告 NO. 2 ［M］. 北京：经济科学出版社，2012：101 – 142.

［21］高艳慧，万迪昉，蔡地. 政府研发补贴具有信号传递作用吗？——基于我国高技术产业面板数据的分析 ［J］. 科学学与科学技术管理，2012 （1）：5 – 11.

［22］国家统计局，国家发展和改革委员会，科学技术部等. 中国高技术产业统计年鉴 ［M］. 北京：中国统计出版社，2014.

［23］韩玉雄，李怀祖. 关于中国知识产权保护水平的定量分析 ［J］. 科学学研究，2005 （23）：376 – 81.

［24］简志宏，李楚霖. 信息披露时间不确定与风险债务评估 ［J］. 管理工程学报，2005 （3）：141 – 144.

［25］姜海军，惠晓峰. 基于信息不对称的信贷配给均衡模型研究 ［J］.

金融研究，2008（9）：134 – 142.

[26] 李莉，高洪利，陈靖涵．中国高科技企业信贷融资的信号博弈分析 [J]．经济研究，2015（6）：162 – 174.

[27] 李莉，高洪利，顾春霞，薛冬辉．政治关联视角的民营企业行业进入选择与绩效研究：基于 2005 – 2010 年民营上市企业的实证检验 [J]，南开管理评论，2013（4）：94 – 105.

[28] 李莉，闫斌，顾春霞．知识产权保护、信息不对称与高科技企业资本结构 [J]．管理世界，2014（11）：1 – 9.

[29] 李玉刚，杜俊．限制性行业中企业战略行为合法性研究：以中国汽车行业为例 [J]．南开管理评论，2008（4）：43 – 48.

[30] 梁莱歆，严绍东．中国上市公司 R&D 支出及其经济效果的实证研究 [J]．科学学与科学技术管理，2006（7）：34 – 38.

[31] 林斌，饶静．上市公司为什么自愿披露内部控制鉴证报告？——基于信号传递理论的实证研究 [J]．会计研究，2009（2）：45 – 52 + 93 – 94.

[32] 刘春田．知识产权法 [M]．北京：中国人民大学出版社．2000.

[33] 刘降斌，李艳梅．区域科技型中小企业自主创新金融支持体系研究——基于面板数据单位根和协整的分析 [J]．金融研究，2008（12）：193 – 206.

[34] 娄贺统，徐浩萍．政府推动下的企业技术创新：税收激励效应的实证研究 [J]．中国会计评论，2009（2）：191 – 206.

[35] 罗霞，鲁若愚，段小华．对企业 R&D 费用披露方式的建议 [J]．科学学与科学技术管理，2002（6）：29 – 32.

[36] 马克斯·韦伯．新教伦理与资本主义精神 [M]．上海：上海人民出版社，2010.

[37] 孟繁森．国家资助中小企业技术创新项目申报程序及案例分析 [M]．北京：经济科学出版社，2008.

[38] 孟晓俊，肖作平，曲佳莉．企业社会责任信息披露与资本成本的互动关系——基于信息不对称视角的一个分析框架 [J]．会计研究，2010（9）：25 – 29 + 96.

[39] 柴江艺，许和连．行业异质性、适度知识产权保护与出口技术进步

[J]. 中国工业经济, 2012 (2): 79 - 88.

[40] 乔旭东. 上市公司会计信息披露与公司治理结构的互动: 一种框架分析 [J]. 会计研究, 2003 (5): 46 - 49.

[41] 史宇鹏, 和昂达, 陈永伟. 产权保护与企业存续: 来自制造业的证据 [J]. 管理世界, 2013 (8): 118 - 125 + 135 + 188.

[42] 唐良智. 高技术企业融资研究 [M]. 武汉: 湖北人民出版社, 2004.

[43] 唐清泉, 卢珊珊, 李懿东. 企业成为创新主体与 R&D 补贴的政府角色定位 [J]. 中国软科学, 2008 (6): 88 - 98.

[44] 唐跃军, 吕斐适, 程新生. 大股东制衡、治理战略与信息披露——来自 2003 年中国上市公司的证据 [J]. 经济学 (季刊), 2008 (2): 647 - 664.

[45] 汪海粟, 方中秀. 无形资产的信息披露与市场检验——基于深圳创业板上市公司数据 [J]. 中国工业经济, 2012 (8): 135 - 147.

[46] 汪炜, 蒋高峰. 信息披露、透明度与资本成本 [J]. 经济研究, 2004 (7): 107 - 114.

[47] 王善平, 李志军. 银行持股、投资效率与公司债务融资 [J]. 金融研究, 2011 (5): 184 - 193.

[48] 王燕妮, 张书菊. R&D 投入的价值相关性实证研究 [J]. 科学学与科学技术管理, 2011 (9): 17 - 22.

[49] 王宇峰. R&D 支出信息披露的价值相关性研究 [J]. 财经理论与实践, 2011 (2): 73 - 78.

[50] 温忠麟, 侯杰泰, 张雷. 调节效应与中介效应的比较和应用 [J]. 心理学报, 2005 (2): 268 - 274.

[51] 巫升柱. 中国上市公司年度报告自愿披露影响因素的实证分析 [J]. 当代财经, 2007 (8): 121 - 124.

[52] 向显湖, 刘天. 论表外无形资产: 基于财务与战略相融合的视角——兼析无形资源、无形资产与无形资本 [J]. 会计研究, 2014 (4): 3 - 9 + 95.

[53] 许春明, 单晓光. 中国知识产权保护强度指标体系的构建及验证 [J]. 科学学研究, 2008 (4): 715 - 723.

[54] 许罡，朱卫东．管理当局、研发支出资本化选择与盈余管理动机——基于新无形资产准则研发阶段划分的实证研究 [J]．科学学与科学技术管理，2010（9）：39－43.

[55] 薛云奎，王志台．R&D 的重要性及其信息披露方式的改进 [J]．会计研究，2001（3）：20－26＋65.

[56] 杨清香，俞麟，宋丽．内部控制信息披露与市场反应研究——来自中国沪市上市公司的经验证据 [J]．南开管理评论，2012（1）：123－130.

[57] 杨如彦，李自然．认证中介的效率基础：信托市场监管规则选择的例子 [J]．经济研究，2004（12）：105－113.

[58] 姚靠华，唐家财，蒋艳辉．研发投入、研发项目进展与股价波动——基于创业板上市高新技术企业的实证研究 [J]．中国管理科学，2013（S1）：205－213.

[59] 姚利民，饶艳．中国知识产权保护地区差异与技术引进的实证研究 [J]．科学学研究，2009（8）：1177－1184.

[60] 叶康涛，陆正飞，中国上市公司股权融资成本影响因素分析 [J]．管理世界，2004（5）：127－131＋142.

[61] 尹中升．高科技企业发展研究 [M]．大连：东北财经大学出版社，2011.

[62] 曾颖，陆正飞．信息披露质量与股权融资成本 [J]．经济研究，2006（2）：69－79＋91.

[63] 张兵，范致镇，潘军昌．信息透明度与公司绩效——基于内生性视角的研究 [J]．金融研究，2009（2）：169－184.

[64] 张健华，王鹏．银行风险、贷款规模与法律保护水平 [J]．经济研究，2012（5）：18－30＋70.

[65] 张维迎，周黎安，顾全林．高新技术企业的成长及其影响因素：分位回归模型的一个应用 [J]．管理世界，2005（10）：94－101＋112＋172.

[66] 赵武阳，陈超．研发披露，管理层动机与市场认同：来自信息技术业上市公司的证据 [J]．南开管理评论，2011（4）：100－107＋137.

[67] 郑成思．知识产权法教程 [M]．北京：法律出版社，1993.

[68] 郑军．上市公司价值信息披露的经济后果研究 [J]．中国软科学，

2012 （11）：100 – 110.

[69] 郑亚莉，宋慧. 中国知识产权保护对高技术产业竞争力影响的实证研究 [J]. 中国软科学，2012 （2）：147 – 155.

[70] 中华人民共和国财政部会计司.《企业会计准则第 16 号——政府补助》. http：//kjs. mof. gov. cn/zhuantilanmu/kuaijizhuanzeshishi/200806/t20080618_46232. html.

[71] 中华人民共和国国家统计局. 中国统计年鉴 2014 [M]. 北京：中国统计出版社，2014.

[72] 周雪光. 组织社会学十讲 [M]. 北京：社会科学文献出版社，2003.

[73] 周艳，曾静. 企业 R&D 投入与企业价值相关关系实证研究——基于沪深两市上市公司的数据挖掘 [J]. 科学学与科学技术管理，2011 （1）：146 – 151.

[74] Aboody D, Lev B. Information Asymmetry, R&D, and Insider Gains [J]. The Journal of Finance, 2000, 55 （6）：2747 – 2766.

[75] Aboody D, Lev B. The value relevance of intangibles the case of software capitalization [J]. Journal of Accounting Research, 1998, 36：161 – 191.

[76] Albano G L, Lizzeri A. Strategic certification and provision of quality [J]. International Economic Review, 2001, 42 （1）：267 – 283.

[77] Aldrich H E, Fiol C M. Fools rush in? The institutional context of industry creation [J]. Academy of management review, 1994, 19 （4）：645 – 670.

[78] Allen F, Qian J, Qian M. Law, finance, and economic growth in China [J]. Journal of Financial Economics, 2005, 77 （1）：57 – 116.

[79] Anderson M, Kanatas G. Asymmetric information, dividends, and external financing [J]. Review of Quantitative Finance and Accounting, 1995, 5 （3）：271 – 290.

[80] Ang J S, Cheng Y, Wu C. Does Enforcement of Intellectual Property Rights Matter in China? Evidence from Financing and Investment Choices in the High-Tech Industry [J]. Review of Economics and Statistics, 2014, 96 （2）：332 – 348.

［81］ Ang J S, Cole R A, Lin J W. Agency Costs and Ownership Structure ［J］. The Journal of Finance, 2000, 55 (1): 81 – 106.

［82］ Anton J J, Yao D A. The sale of ideas: Strategic disclosure, property rights, and contracting ［J］. The Review of Economic Studies, 2002, 69 (3): 513 – 531.

［83］ Arrow K. Economic Welfare and the Allocation of resources for invention ［J］. The Rate and Direction of Inventive Activity, 1962, 609 – 626.

［84］ Athanasakou V, Hussainey K. The perceived credibility of forward-looking performance disclosures ［J］. Accounting and Business Research, 2014, 44 (3): 227 – 259.

［85］ Balatbat M C A. Discussion of Explaining the Short-and Long-term IPO Anomalies in the US by R&D ［J］. Journal of Business Finance & Accounting, 2006, 33 (3 – 4): 580 – 586.

［86］ Baney J. Firmresource and Sustained Competitive Advantage ［J］. Journal of Management, 1991, 17 (1): 99 – 120.

［87］ Bannier C E, Hirsch C W. The economic function of credit rating agencies: What does the watchlist tell us? ［J］. Journal of Banking & Finance, 2010, 34 (12): 3037 – 3049.

［88］ Baron R A. The Role of Affect in the Entrepreneurial Process ［J］. Academy of Management Review, 2008, 33 (2): 328 – 340.

［89］ Barreto I, Baden-Fuller C. To conform or to perform? Mimetic behaviour, legitimacy-based groups and performance consequences ［J］. Journal of Management Studies, 2006, 43 (7): 1559 – 1581.

［90］ Barth M E, Kasznik R. Share repurchases and intangible assets ［J］. Journal of Accounting and Economics, 1999, 28 (2): 211 – 241.

［91］ Baum J A, Oliver C. Institutional linkages and organizational mortality ［J］. Administrative science quarterly, 1991, 187 – 218.

［92］ Baum J A C, Powell W W. Cultivating an Institutional Ecology of Organizations: Comment on Hannan, Carroll, Dundon, and Torres ［J］. American Sociological Review, 1995, 60 (4): 529 – 538.

［93］Beatty R P. Auditor reputation and the pricing of initial public offerings ［J］. Accounting Review, 1989, 693 – 709.

［94］Benabou R, Laroque G. Using privileged information to manipulate markets: Insiders, gurus, and credibility ［J］. The Quarterly Journal of Economics, 1992, 921 – 958.

［95］Benford R D, Snow D A. Framing processes and social movements: An overview and assessment ［J］. Annual review of sociology, 2000, 611 – 639.

［96］Bharath S, Dahiya S, Saunders A, et al. So what do I get? The bank's view of lending relationships ［J］. Journal of Financial Economics, 2007, 85 （2）: 368 – 419.

［97］Bloch, Francis, and Paul Markowitz. Optimal disclosure delay in multistage R&D competition. International Journal of Industrial Organization, 1996, 14 （2）: 159 – 179.

［98］Bongaerts D, Cremers K J M, Goetzmann W N. Tiebreaker: Certification and Multiple Credit Ratings ［J］. The Journal of Finance, 2012, 67 （1）: 113 – 152.

［99］Bosch O, Steffen S. On syndicate composition, corporate structure and the certification effect of credit ratings ［J］. Journal of Banking & Finance, 2011, 35 （2）: 290 – 299.

［100］Botosan C A, Plumlee M A. A re-examination of disclosure level and the expected cost of equity capital ［J］. Journal of Accounting Research, 2002, 40 （1）: 21 – 40.

［101］Botosan C A, Stanford M. Managers' motives to withhold segment disclosures and the effect of SFAS No. 131 on analysts' information environment ［J］. The Accounting Review, 2005, 80 （3）: 751 – 772.

［102］Botosan C A. Disclosure level and the cost of equity capital ［J］. Accounting review, 1997, 323 – 349.

［103］Botosan, Christine A. Evidence that greater disclosure lowers the cost of equity capital. Journal of Applied Corporate Finance 2000. 12 （4）: 60 – 69.

［104］Bozzolan S, Trombetta M, Beretta S. Forward-looking disclosures, financial verifiability and analysts' forecasts: A study of cross-listed European firms [J]. European Accounting Review, 2009, 18 (3): 435 – 473.

[105] Branstetter L. China's financial markets: An overview [J]. China's Financial Transition at a Crossroads, 2007: 23 – 85.

[106] Brown J R, Fazzari S M, Petersen B C. Financing Innovation and Growth: Cash Flow, External Equity, and the 1990s R&D Boom [J]. The Journal of Finance, 2009, 64 (1): 151 – 185.

[107] Bushman R M, Smith A J. Financial accounting information and corporate governance [J]. Journal of accounting and Economics, 2001, 32 (1): 237 – 333.

[108] Cain D M, Loewenstein G, Moore D A. The dirt on coming clean: Perverse effects of disclosing conflicts of interest [J]. The Journal of Legal Studies, 2005, 34 (1): 1 – 25.

[109] Caldwell D F, O'Reilly C A. Responses to failure: The effects of choice and responsibility on impression management [J]. Academy of management journal, 1982, 25 (1): 121 – 136.

[110] Carlson M A, Hale G. Courage to capital? A model of the effects of rating agencies on sovereign debt roll-over [J]. working paper, 2005.

[111] Carter R, Manaster S. Initial Public Offerings and Underwriter Reputation [J]. Journal of Finance, 1990, 45 (4): 1045 – 1067.

[112] Carter R B, Dark F H, Singh A K. Underwriter Reputation, Initial Returns, and the Long-Run Performance of IPO Stocks [J]. The Journal of Finance, 1998, 53 (1): 285 – 311.

[113] Cattani G, Ferriani S, Negro G, et al. The Structure of Consensus: Network Ties, Legitimation, and Exit Rates of U. S. Feature Film Producer Organizations [J]. Administrative Science Quarterly, 2008, 53 (1): 145 – 182.

[114] Certo S T, Hodge F. Top management team prestige and organizational legitimacy: an examination of investor perceptions [J]. Journal of Managerial Issues, 2007, 19 (4): 461 – 477.

[115] Certo S T. Influencing initial public offering investors with prestige:

Signaling with board structures [J]. Academy of Management Review, 2003, 28 (3): 432 – 446.

[116] Chahine S, Filatotchev I, Wright M. Venture capitalists, business angels, and performance of entrepreneurial IPOs in the UK and France [J]. Journal of Business Finance & Accounting, 2007, 34 (3 – 4): 505 – 528.

[117] Chan L K, Lakonishok J, Sougiannis T. The stock market valuation of research and development expenditures [J]. The Journal of Finance, 2001, 56 (6): 2431 – 2456.

[118] Chen G, Hambrick D C, Pollock T G. Puttin' on the Ritz: Pre-Ipo Enlistment of Prestigious Affiliates as Deadline-Induced Remediation [J]. Academy of Management Journal, 2008, 51 (5): 954 – 975.

[119] Cho J, Lee J. The venture capital certification role in R&D: Evidence from IPO underpricing in Korea [J]. Pacific-Basin Finance Journal, 2013 (23): 83 – 108.

[120] Choi Y R, Shepherd D A. Stakeholder perceptions of age and other dimensions of newness [J]. Journal of Management, 2005, 31 (4): 573 – 596.

[121] Ciftci M. Accounting Choice and Earnings Quality: The Case of Software Development [J]. European Accounting Review, 2010, 19 (3): 429 – 459.

[122] Clarke J. Revitalizing Entrepreneurship: How Visual Symbols are Used in Entrepreneurial Performances [J]. Journal of Management Studies, 2011, 48 (6): 1365 – 1391.

[123] Cohen B D, Dean T J. Information asymmetry and investor valuation of IPOs: Top management team legitimacy as a capital market signal [J]. Strategic Management Journal, 2005, 26 (7): 683 – 690.

[124] Comyns B, Figge F, Hahn T, et al. Sustainability reporting: The role of "Search", "Experience" and "Credence" information [J]. Accounting Forum, 2013, 37 (3): 231 – 243.

[125] Corbett C J, Montes-Sancho M J, Kirsch D A. The Financial Impact of ISO 9000 Certification in the United States: An Empirical Analysis [J]. Management Science, 2005, 51 (7): 1046 – 1059.

［126］Cornelissen J P, Clarke J S. Imagining and Rationalizing Opportunities: Inductive Reasoning and the Creation and Justification of New Ventures ［J］. Academy of Management Review, 2010, 35 （4）: 539 – 557.

［127］Czarnitzki D, Hottenrott H. Financial Constraints: Routine Versus Cutting Edge R&D Investment ［J］. Journal of Economics & Management Strategy, 2011, 20 （1）: 121 – 157.

［128］Dacin M T, Oliver C, Roy J-P. The legitimacy of strategic alliances: an institutional perspective ［J］. Strategic Management Journal, 2007, 28 （2）: 169 – 187.

［129］Darrough M, Rangan S. Do Insiders Manipulate Earnings When They Sell Their Shares in an Initial Public Offering? ［J］. Journal of Accounting Research, 2005, 43 （1）: 1 – 33.

［130］Davis G F, Morrill C, Rao H, et al. Introduction: Social movements in organizations and markets ［J］. Administrative Science Quarterly, 2008, 53 （3）: 389 – 394.

［131］De Haan L, Hinloopen J. Preference hierarchies for internal finance, bank loans, bond, and share issues: evidence for Dutch firms ［J］. Journal of Empirical Finance, 2003, 10 （5）: 661 – 681.

［132］DeAngelo L E. Managerial competition, information costs, and corporate governance: The use of accounting performance measures in proxy contests ［J］. Journal of Accounting and Economics, 1988, 10 （1）: 3 – 36.

［133］Deephouse D L, Suchman M. Legitimacy in organizational institutionalism ［J］. The Sage handbook of organizational institutionalism, 2008, 49: 77.

［134］Deephouse D L. Does isomorphism legitimate? ［J］. Academy of Management Journal, 1996, 39 （4）: 1024 – 1039.

［135］Delmar F, Shane S. Legitimating first: organizing activities and the survival of new ventures ［J］. Journal of Business Venturing, 2004, 19 （3）: 385 – 410.

［136］Desa G. Resource Mobilization in International Social Entrepreneurship: Bricolage as a Mechanism of Institutional Transformation ［J］. Entrepreneurship Theory and Practice, 2012, 36 (4): 727 - 751.

[137] Desai M A, Foley C F, Hines Jr J R. The costs of shared ownership: Evidence from international joint ventures [J]. Journal of Financial Economics, 2004, 73 (2): 323 - 374.

[138] Dewan S, Hsu V. Adverse selection in electronic markets: Evidence from online stamp auctions [J]. The Journal of Industrial Economics, 2004, 52 (4): 497 - 516.

[139] Dhaliwal D S, Li O Z, Tsang A, et al. Voluntary nonfinancial disclosure and the cost of equity capital: The initiation of corporate social responsibility reporting [J]. The accounting review, 2011, 86 (1): 59 - 100.

[140] Dhaliwal D S, Radhakrishnan S, Tsang A, et al. Nonfinancial disclosure and analyst forecast accuracy: International evidence on corporate social responsibility disclosure [J]. The Accounting Review, 2012, 87 (3): 723 - 759.

[141] Diamond D W. Monitoring and reputation: The choice between bank loans and directly placed debt [J]. Journal of Political Economy, 1991, 689 - 721.

[142] Diamond D W. Reputation Acquisition in Debt Markets [J]. Journal of Political Economy, 1989, 97 (4): 828 - 862.

[143] DiMaggio P J, Powell W W. The iron cage revisited: Institutional isomorphism and collective rationality in organizational fields [J]. American sociological review, 1983, 147 - 160.

[144] Dranove D, Jin G Z. Quality Disclosure and Certification: Theory and Practice [J]. Journal of Economic Literature, 2010, 48 (4): 935 - 963.

[145] Drori I, Honig B, Sheaffer Z. The Life Cycle of an Internet Firm: Scripts, Legitimacy, and Identity [J]. Entrepreneurship Theory and Practice, 2009, 33 (3): 715 - 738.

[146] Dye R A. An evaluation of "essays on disclosure" and the disclosure literature in accounting [J]. Journal of Accounting and Economics, 2001, 32 (1): 181 - 235.

[147] Eberhart A C, Maxwell W F, Siddique A R. An Examination of Long-Term Abnormal Stock Returns and Operating Performance Following R&D Increases

［J］. The Journal of Finance, 2004, 59 （2）: 623 – 650.

［148］ Eisenman M. Understanding Aesthetic Innovation in the Context of Technological Evolution ［J］. Academy of Management Review, 2013, 38 （3）: 332 – 351.

［149］ Elsbach K D. Organizational Perception Management ［J］. Research in Organizational Behavior, 2003, 25: 297 – 332.

［150］ Eng L L, Mak Y T. Corporate governance and voluntary disclosure ［J］. Journal of accounting and public policy, 2003, 22 （4）: 325 – 345.

［151］ Etzion D, Ferraro F. The Role of Analogy in the Institutionalization of Sustainability Reporting ［J］. Organization Science, 2010, 21 （5）: 1092 – 1107.

［152］ Fabrizi S. , Lippert S. , Norback P. , Persson L. Venture Capitalists and the Patenting of Innovations. Journal of Industrial Economics, 2013, 61 （3）: 623 – 659.

［153］ Fama E F. Multiperiod Consumption-Investment Decisions ［J］. American Economic Review, 1970, 60 （1）: 163 – 174.

［154］ Farhi E, Lerner J, Tirole J. Fear of rejection? Tiered certification and transparency ［J］. The RAND Journal of Economics, 2013, 44 （4）: 610 – 631.

［155］ Feldman M P, Kelley M R. The ex ante assessment of knowledge spill-overs: Government R&D policy, economic incentives and private firm behavior ［J］. Research Policy, 2006, 35 （10）: 1509 – 1521.

［156］ Firth M. Qualified audit reports and bank lending decisions ［J］. Journal of Bank Research, 1979, 9 （4）: 237 – 241.

［157］ Fisher J, Lyons A. Information and credit access: using bankruptcy as a signal ［J］. Applied Economics, 2010, 42 （25）: 3175 – 3193.

［158］ Florin J, Lubatkin M, Schulze W. A Social Capital Model of High-Growth Ventures ［J］. Academy of Management Journal, 2003, 46 （3）: 374 – 384.

［159］ Focarelli D, Pozzolo A F, Casolaro L. The pricing effect of certification on syndicated loans ［J］. Journal of Monetary Economics, 2008, 55 （2）: 335 – 349.

［160］ Francis B, Hasan I, Huang Y, et al. Do Banks Value Innovation? Evidence from US Firms [J]. Financial Management, 2012, 41 (1): 159 – 185.

[161] Francis J R, Khurana I K, Pereira R. Disclosure incentives and effects on cost of capital around the world [J]. The Accounting Review, 2005, 80 (4): 1125 – 1162.

[162] Giudici G, Paleari S. The provision of finance to innovation: a survey conducted among Italian technology-based small firms [J]. Small Business Economics, 2000, 14 (1): 37 – 53.

[163] Glynn M A, Navis C. Categories, Identities, and Cultural Classification: Moving Beyond a Model of Categorical Constraint [J]. Journal of Management Studies, 2013, 50 (6): 1124 – 1137.

[164] Godfrey J M, Hamilton J. The impact of R&D intensity on demand for specialist auditor services [J]. Contemporary Accounting Research, 2005, 22 (1): 55 – 93.

[165] Godwin L N, Stevens C E, Brenner N L. Forced to Play by the Rules? Theorizing How Mixed-Sex Founding Teams Benefit Women Entrepreneurs in Male-Dominated Contexts [J]. Entrepreneurship Theory and Practice, 2006, 30 (5): 623 – 642.

[166] Greenwood R, Suddaby R, Hinings C R. Theorizing Change: The Role of Professional Associations in the Transformation of Institutionalized Fields [J]. Academy of Management Journal, 2002, 45 (1): 58 – 80.

[167] Grossman S J, Hart O D. Disclosure Laws and Takeover Bids [J]. The Journal of Finance, 1980, 35 (2): 323 – 334.

[168] Grossman S J. The Informational Role of Warranties and Private Disclosure about Product Quality [J]. Journal of Law and Economics, 1981, 24 (3): 461 – 483.

[169] Guiso L. High-tech firms and credit rationing [J]. Journal of Economic Behavior & Organization, 1998, 35 (1): 39 – 59.

[170] Guo D Guo Y, , Jiang K. Government-subsidized R&D and firm innovation: Evidence from China [J]. Research Policy, 2016, 45 (6): 1129 – 1144.

［171］Guo R-J, Lev B, Shi C. Explaining the Short-and Long-Term IPO Anomalies in the US by R&D［J］. Journal of Business Finance & Accounting, 2006, 33（3－4）: 550－579.

［172］Guo R-J, Lev B, Zhou N. The Valuation of Biotech IPOs［J］. Journal of Accounting, Auditing & Finance, 2005, 20（4）: 423－459.

［173］Han B H, Manry D. The value-relevance of R&D and advertising expenditures: evidence from Korea［J］. The International Journal of Accounting, 2004, 39（2）: 155－173.

［174］Hannan M T. Partiality of memberships in categories and audiences［J］. Annual Review of Sociology, 2010, 36: 159－181.

［175］Hannan, M., Carroll, G., Dundon, E. Torres, J. Organizational Evolutionin A Multinational Context: Entries of Automobile Manufacturers in Belgium, Britain, France, Germany and Italy. American Sociological Review, 1995, 60: 509－528.

［176］Hargadon A B, Douglas Y. When innovations meet institutions: Edison and the design of the electric light［J］. Administrative science quarterly, 2001, 46（3）: 476－501.

［177］Hassan M S, Saleh N M, Ali M J, et al. The value relevance of intellectual capital disclosure in Malaysian technology-based firms［M］. Bangi: Univ Kebangsaan Malaysia, 2009.

［178］Hassell J M, Jennings R H, Lasser D J. Management Earnings Forecasts: Their Usefulness As A Source Of Firm-Specific Information To Security Analysts［J］. Journal of Financial Research, 1988, 11（4）: 303－319.

［179］Haeussler C, Harhoff D, Müller E. To be financed or not-the role of patents for venture capital financing［M］. Discussion Paper University of Munich, 2009.

［180］Healy P M, Palepu K G. Information asymmetry, corporate disclosure, and the capital markets: A review of the empirical disclosure literature［J］. Journal of Accounting and Economics, 2001, 31（1－3）: 405－440.

［181］Heeley M B, King D R, Covin J G. Effects of Firm R&D Investment and Environment on Acquisition Likelihood [J]. Journal of Management Studies, 2006, 43 (7): 1513 – 1535.

[182] Hiatt S R, Sine W D, Tolbert P S. From Pabst to Pepsi: The Deinstitutionalization of Social Practices and the Creation of Entrepreneurial Opportunities [J]. Administrative Science Quarterly, 2009, 54 (4): 635 – 667.

[183] Higgins M C, Gulati R. Getting Off to a Good Start: The Effects of Upper Echelon Affiliations on Underwriter Prestige [J]. Organization Science, 2003, 14 (3): 244 – 263.

[184] Higgins M C, Gulati R. Stacking the deck: The effects of top management backgrounds on investor decisions [J]. Strategic Management Journal, 2006, 27 (1): 1 – 25.

[185] Himmelberg C P, Petersen B C. R & D and Internal Finance: A Panel Study of Small Firms in High-Tech Industries [J]. The Review of Economics and Statistics, 1994, 76 (1): 38 – 51.

[186] Hoenen S, Kolympiris C, Schoenmakers W, et al. The diminishing signaling value of patents between early rounds of venture capital financing [J]. Research Policy, 2014, 43 (6): 956 – 989.

[187] Hoenig D, Henkel J. Quality signals? The role of patents, alliances, and team experience in venture capital financing [J]. Research Policy, 2015, 44 (5): 1049 – 1064.

[188] Hooghiemstra R. Corporate communication and impression management—new perspectives why companies engage in corporate social reporting [J]. Journal of business ethics, 2000, 27 (1 – 2): 55 – 68.

[189] Hovakimian A, Opler T, Titman S. The debt-equity choice [J]. Journal of Financial and Quantitative analysis, 2001, 36 (1): 1 – 24.

[190] Human S E, Provan K G. Legitimacy Building in the Evolution of Small-Firm Multilateral Networks: A Comparative Study of Success and Demise [J]. Administrative Science Quarterly, 2000, 45 (2): 327 – 365.

[191] Hunton James E, Libby R, Mazza Cheri L. Financial reporting transparency and earnings management [J]. The Accounting Review, 2006, 81 (1):

135 – 157.

［192］Inchausti, B. G. The influence of company characteristics and accounting regulation on information disclosed by Spanish firms ［J］. European Accounting Review, 1997, 6（1）: 45 – 68.

［193］Ingram P, Qingyuan Yue L. Structure, Affect and Identity as Bases of Organizational Competition and Cooperation ［J］. The Academy of Management Annals, 2008, 2（1）: 275 – 303.

［194］Jain B A. Predictors of performance of venture capitalist-backed organizations ［J］. Journal of Business Research, 2001, 52（3）: 223 – 233.

［195］Jo H, Kim Y. Disclosure frequency and earnings management ［J］. Journal of Financial Economics, 2007, 84（2）: 561 – 590.

［196］Joel Kurtzman, Glenn Yago. Opacity Index: Measuring Global Risks ［R］. Milken Institute, 2009.

［197］Johnson V. What Is Organizational Imprinting? Cultural Entrepreneurship in the Founding of the Paris Operal ［J］. American Journal of Sociology, 2007, 113（1）: 97 – 127.

［198］Jones D A. Voluntary disclosure in R&D-Intensive industries ［J］. Contemporary Accounting Research, 2007, 24（2）: 489 – 522.

［199］Jones S. Does the Capitalization of Intangible Assets Increase the Predictability of Corporate Failure? ［J］. Accounting Horizons, 2011, 25（1）: 41 – 70.

［200］Jonsson S, Greve H R, Fujiwara-Greve T. Undeserved loss: The spread of legitimacy loss to innocent organizations in response to reported corporate deviance ［J］. Administrative Science Quarterly, 2009, 54（2）: 195 – 228.

［201］Karlsson T, Honig B. Judging a business by its cover: An institutional perspective on new ventures and the business plan ［J］. Journal of Business Venturing, 2009, 24（1）: 27 – 45.

［202］Katre A, Salipante P. Start-Up Social Ventures: Blending Fine-Grained Behaviors From Two Institutions for Entrepreneurial Success ［J］. Entrepreneurship Theory and Practice, 2012, 36（5）: 967 – 994.

［203］Khaire M. Young and No Money? Never Mind: The Material Impact of Social Resources on New Venture Growth ［J］. Organization Science, 2010, 21 (1): 168 – 185.

［204］King A A, Lenox M J, Terlaak A. The Strategic Use of Decentralized Institutions: Exploring Certification With the ISO 14001 Management Standard ［J］. Academy of Management Journal, 2005, 48 (6): 1091 – 1106.

［205］King B G, Clemens E S, Fry M. Identity Realization and Organizational Forms: Differentiation and Consolidation of Identities Among Arizona's Charter Schools ［J］. Organization Science, 2010, 22 (3): 554 – 572.

［206］Kisgen D J. Credit Ratings and Capital Structure ［J］. The Journal of Finance, 2006, 61 (3): 1035 – 1072.

［207］Kleer R. Government R&D subsidies as a signal for private investors ［J］. Research Policy, 2010, 39 (10): 1361 – 1374.

［208］Kohler E L, Cooper W W, Ijiri Y. Kohler's Dictionary for accountants ［M］. Prentice-Hall, 1983.

［209］Kollmann T, Kuckertz A. Evaluation uncertainty of venture capitalists' investment criteria ［J］. Journal of Business Research, 2010, 63 (7): 741 – 747.

［210］Kondo E K. The effect of patent protection on foreign direct investment ［J］. Journal of World Trade, 1995, 29 (6): 97 – 122.

［211］Kothari S P, Laguerre T, Leone A. Capitalization versus Expensing: Evidence on the Uncertainty of Future Earnings from Capital Expenditures versus R&D Outlays ［J］. Review of Accounting Studies, 2002, 7 (4): 355 – 382.

［212］Kurtzman J, Yago G. Opacity Index: Measuring Global Risks ［R］. Milken Institute, 2009.

［213］Lach S. Do R&D Subsidies Stimulate or Displace Private R&D? Evidence from Israel ［J］. The Journal of Industrial Economics, 2002, 50 (4): 369 – 390.

［214］Lamin A, Zaheer S. Wall Street vs. Main Street: firm strategies for defending legitimacy and their impact on different stakeholders ［J］. Organization Science, 2012, 23 (1): 47 – 66.

[215] Lang M H, Lundholm R J. Corporate disclosure policy and analyst behavior [J]. Accounting Review, 1996, 71 (4): 467 –492.

[216] Lang M H, Lundholm R J. Voluntary Disclosure and Equity Offerings: Reducing Information Asymmetry or Hyping the Stock? [J]. Contemporary Accounting Research, 2000, 17 (4): 623 –662.

[217] Lardon A, Deloof M. Financial disclosure by SMEs listed on a semi-regulated market: evidence from the Euronext Free Market [J]. Small Business Economics, 2014, 42 (2): 361 –385.

[218] Lei H, Liu X Y. The Stock Market Reaction to the Disclosure of R&D Expenditure in Chinese Companies [M]. Proceedings of the Fourth International Conference on Operations and Supply Chain Management. Wuhan: Chinese Univ Hong Kong, Economics & Mangement School, Wuhan Univ, 2010: 9 –12.

[219] Lerner J. The Government as Venture Capitalist: The Long-Run Impact of the SBIR Program [J]. Journal of Business, 1999, 72 (3): 285 –318.

[220] Lerner J. When bureaucrats meet entrepreneurs: the design of effectivepublic venture capital' programmes [J]. The Economic Journal, 2002, 112 (477): 73 –84.

[221] Lesser W. The effects of TRIPS-mandated intellectual property rights on economic activities in developing countries [J]. World Intellectual Property (WIPO) Studies, 2001, 1: 1 –24.

[222] Lev B, Sougiannis T. The capitalization, amortization, and value-relevance of R&D [J]. Journal of Accounting and Economics, 1996, 21 (1): 107 –138.

[223] Li F. Annual report readability, current earnings, and earnings persistence [J]. Journal of Accounting and economics, 2008, 45 (2): 221 –247.

[224] Lieberman M B, Asaba S. Why do firms imitate each other? [J]. Academy of Management Review, 2006, 31 (2): 366 –385.

[225] Lounsbury M, Glynn M A. Cultural entrepreneurship: stories, legitimacy, and the acquisition of resources [J]. Strategic Management Journal, 2001, 22 (6 –7): 545 –564.

［226］Luo G, Brick I, Frierman M. Strategic Decision Making of the Firm Under Asymmetric Information ［J］. Review of Quantitative Finance and Accounting, 2002, 19 (2): 215 – 237.

［227］Mansfield E. Intellectual property protection, direct investment, and technology transfer: Germany, Japan, and the United States ［M］. World Bank Publications, 1995.

［228］Marsh P. The choice between equity and debt: An empirical study ［J］. The Journal of finance, 1982, 37 (1): 121 – 144.

［229］Martens M L, Jennings J E, Jennings P D. Do the stories they tell get them the money they need? The role of entrepreneurial narratives in resource acquisition ［J］. Academy of Management Journal, 2007, 50 (5): 1107 – 1132.

［230］McKendrick D G, Carroll G R. On the genesis of organizational forms: Evidence from the market for disk arrays ［J］. Organization Science, 2001, 12 (6): 661 – 682.

［231］McKendrick D G, Jaffee J, Carroll G R, et al. In the Bud? Disk Array Producers as a (Possibly) Emergent Organizational Form ［J］. Administrative Science Quarterly, 2003, 48 (1): 60 – 93.

［232］Meek G K, Roberts C B, Gray S J. Factors influencing voluntary annual report disclosures by US, UK and continental European multinational corporations ［J］. Journal of international business studies, 1995, 555 – 572.

［233］Megginson W L, Weiss K A. Venture Capitalist Certification in Initial Public Offerings ［J］. The Journal of Finance, 1991, 46 (3): 879 – 903.

［234］Merkl-Davies D M, Brennan N. Discretionary disclosure strategies in corporate narratives : incremental information or impression management? ［J］. Journal of Accounting Literature, 2007, 26: 116 – 196.

［235］Merkley K J. Narrative Disclosure and Earnings Performance: Evidence from R&D Disclosures ［J］. Accounting Review, 2014, 89 (2): 725 – 757.

［236］Merton R C. A Simple Model of Capital Market Equilibrium with Incomplete Information ［J］. The Journal of Finance, 1987, 42 (3): 483 – 510.

［237］Meuleman M, De Maeseneire W. Do R&D subsidies affect SMEs' access to external financing? [J]. Research Policy, 2012, 41 (3): 580 –591.

[238] Meyer J W, Rowan B. Institutionalized organizations: Formal structure as myth and ceremony [J]. American Journal of Sociology, 1977, 340 –363.

[239] Milde, H., and Riley, J. G. Signaling in credit markets [J]. The Quarterly Journal of Economics, 1988, 103 (1): 101 –129.

[240] Miller B P. The Effects of Reporting Complexity on Small and Large Investor Trading [J]. The Accounting Review, 2010, 85 (6): 2107 –2143.

[241] Myers S C, Majluf N S. Corporate financing and investment decisions when firms have information that investors do not have [J]. Journal of financial economics, 1984, 13 (2): 187 –221.

[242] Narayanan V K, Pinches G E, Kelm K M, et al. The influence of voluntarily disclosed qualitative information [J]. Strategic Management Journal, 2000, 21 (7): 707 –722.

[243] Navis C, Glynn M A. How new market categories emerge: Temporal dynamics of legitimacy, identity, and entrepreneurship in satellite radio, 1990 – 2005 [J]. Administrative Science Quarterly, 2010, 55 (3): 439 –471.

[244] Nelson R.. The Simple Economics of Basic Scientific Research. Journal of Political Economy, 1959, 67 (3): 297 –306.

[245] Newson M, Deegan C. Global expectations and their association with corporate social disclosure practices in Australia, Singapore, and South Korea [J]. The International Journal of Accounting, 2002, 37 (2): 183 –213.

[246] Nicolau J L, Sellers R. The stock market's reaction to quality certification: Empirical evidence from Spain [J]. European Journal of Operational Research, 2002, 142 (3): 632 –641.

[247] Nonaka I, Takeuchi H. The knowledge-creating company: How Japanese companies create the dynamics of innovation [M]. Oxford University Press, 1995.

[248] OECD, OECD Reviews of Innovation Policy: China 2008, OECD Publishing, Paris, 2008.

[249] OECD, "Expenditure on R&D", in OECD Factbook 2013: Economic,

Environmental and Social Statistics, OECD Publishing, 2013.

［250］Pache A-C, Santos F. Inside the hybrid organization: Selective coupling as a response to conflicting institutional logics ［J］. Academy of Management Journal, 2013, 56 (4): 972 – 1001.

［251］Packalen K A. Complementing Capital: The Role of Status, Demographic Features, and Social Capital in Founding Teams' Abilities to Obtain Resources ［J］. Entrepreneurship Theory and Practice, 2007, 31 (6): 873 – 891.

［252］Palmon D, Yezegel A. R&D Intensity and the Value of Analysts' Recommendations ［J］. Contemporary Accounting Research, 2012, 29 (2): 621 – 654.

［253］Park W G, Ginarte J C. Intellectual property rights and economic growth ［J］. Contemporary Economic Policy, 1997, 15 (3): 51 – 61.

［254］Parsons T, Jones I. Structure and process in modern societies ［M］. Free Press New York, 1960.

［255］Peng J, Brucato P F. An empirical analysis of market and institutional mechanisms for alleviating information asymmetry in the municipal bond market ［J］. Journal of Economics and Finance, 2004, 28 (2): 226 – 238.

［256］Petkova A P, Rindova V P, Gupta A K. No News Is Bad News: Sense giving Activities, Media Attention, and Venture Capital Funding of New Technology Organizations ［J］. Organization Science, 2013, 24 (3): 865 – 888.

［257］Pfarrer M D, Decelles K A, Smith K G, et al. After the fall: Reintegrating the corrupt organization ［J］. Academy of Management Review, 2008, 33 (3): 730 – 749.

［258］Pollock T G, Rindova V P. Media legitimation effects in the market for initial public offerings ［J］. Academy of Management Journal, 2003, 46 (5): 631 – 642.

［259］Ponce C J. Knowledge disclosure as intellectual property rights protection ［J］. Journal of Economic Behavior & Organization, 2011, 80 (3): 418 – 434.

［260］Pontikes E G. Two Sides of the Same Coin: How Ambiguous Classification Affects Multiple Audiences' Evaluations ［J］. Administrative Science Quarterly, 2012, 57 (1): 81 – 118.

[261] Pownall G, Waymire G. Voluntary disclosure choice and earnings information transfer [J]. Journal of Accounting Research, 1989, 85 – 105.

[262] Ramalingegowda S, Wang C S, Yu Y. The Role of Financial Reporting Quality in Mitigating the Constraining Effect of Dividend Policy on Investment Decisions [J]. Accounting Review, 2013, 88 (3): 1007 – 1039.

[263] Rao H. Institutional activism in the early American automobile industry [J]. Journal of Business Venturing, 2004, 19 (3): 359 – 384.

[264] Rao H. The Social Construction of Reputation: Certification Contests, Legitimation, and the Survival of Organizations in the American Automobile Industry: 1895 – 1912 [J]. Strategic Management Journal, 1994, 15 (S1): 29 – 44.

[265] Richard R, Rozek R P. Benefits and costs of intellectual property protection in developing countries [J]. Journal of world trade, 1990, 75 (77): 75 – 102.

[266] Rindova V P, Petkova A P. When Is a New Thing a Good Thing? Technological Change, Product Form Design, and Perceptions of Value for Product Innovations [J]. Organization Science, 2007, 18 (2): 217 – 232.

[267] Rindova V P, Williamson I O, Petkova A P, et al. Being Good or Being Known: An Empirical Examination of the Dimensions, Antecedents, and Consequences of Organizational Reputation [J]. Academy of Management Journal, 2005, 48 (6): 1033 – 1049.

[268] Rivers D, Vuong Q H. Limited Information Estimators and Exogeneity Tests for Simultaneous Probit Models [J]. Journal of Econometrics, 1988, 39 (3): 347 – 366.

[269] Ross D G. The "Dominant Bank Effect:" How High Lender Reputation Affects the Information Content and Terms of Bank Loans [J]. Review of Financial Studies, 2010, 23 (7): 2730 – 2756.

[270] Ruef M, Scott W R. A Multidimensional Model of Organizational Legitimacy: Hospital Survival in Changing Institutional Environments [J]. Administrative Science Quarterly, 1998, 43 (4): 877 – 904.

[271] Saad M, Zantout Z. Stock price and systematic risk effects of discontin-

uation of corporate R&D programs [J]. Journal of Empirical Finance, 2009, 16 (4): 568 – 581.

[272] Santos F M, Eisenhardt K M. Constructing Markets and Shaping Boundaries: Entrepreneurial Power in Nascent Fields [J]. Academy of Management Journal, 2009, 52 (4): 643 – 671.

[273] Scharfstein D S, Stein J C. Herd behavior and investment [J]. The American Economic Review, 1990, 80 (3): 465 – 479.

[274] Scherer A G, Palazzo G, Seidl D. Managing Legitimacy in Complex and Heterogeneous Environments: Sustainable Development in a Globalized World [J]. Journal of Management Studies, 2013, 50 (2): 259 – 284.

[275] Scott W R. Institutions and organizations [M]. Thousand Oaks: Sage, 1995.

[276] Shepherd D A, Zacharakis A. A New Venture's Cognitive Legitimacy: An Assessment by Customers [J]. Journal of Small Business Management, 2003, 41 (2): 148 – 167.

[277] Sherwood R M. Intellectual Property in the Western Hemisphere [J]. The University of Miami Inter-American Law Review, 1997, 565 – 595.

[278] Simpson A. Analysts' Use of Nonfinancial Information Disclosures [J]. Contemporary Accounting Research, 2010, 27 (1): 249 – 288.

[279] Sine W D, David R J, Mitsuhashi H. From Plan to Plant: Effects of Certification on Operational Start-up in the Emergent Independent Power Sector [J]. Organization Science, 2007, 18 (4): 578 – 594.

[280] Singh J V, Tucker D J, House R J. Organizational legitimacy and the liability of newness [J]. Administrative science quarterly, 1986, 171 – 193.

[281] Singhvi S S, Desai H B. An empirical analysis of the quality of corporate financial disclosure [J]. Accounting review, 1971, 129 – 138.

[282] Skinner D J. Why firms voluntarily disclose bad news [J]. Journal of Accounting Research, 1994, 32 (1): 38 – 60.

[283] Skreta V, Veldkamp L. Ratings Shopping and Asset Complexity: A Theory of Ratings Inflation Journal of Monetary Economics, 2009, 56 (5): 678 –

695.

［284］Stern I, Dukerich J M, Zajac E. Unmixed signals: How reputation and status affect alliance formation ［J］. Strategic Management Journal, 2014, 35 （4）: 512 – 531.

［285］Stiglitz J E, Weiss A. Credit Rationing in Markets with Imperfect Information ［J］. Social Science Electronic Publishing, 1981, 71 （3）: 393 – 410.

［286］Stuart T E. Interorganizational Endorsements and the Performance of Entrepreneurial Ventures Interorganizational Endorsements and the Performance of Entrepreneurial Ventures ［J］. Administrative Science Quarterly, 1999, 2: 315 – 349.

［287］Suchman M C. Managing Legitimacy-Strategic and Institutional Approaches ［J］. Academy of Management Review, 1995, 20 （3）: 571 – 610.

［288］Takalo T, Tanayama T. Adverse selection and financing of innovation: is there a need for R&D subsidies? ［J］. The Journal of Technology Transfer, 2010, 35 （1）: 16 – 41.

［289］Terlaak A, King A A. The effect of certification with the ISO 9000 Quality Management Standard: A signaling approach ［J］. Journal of Economic Behavior & Organization, 2006, 60 （4）: 579 – 602.

［290］Titman S, Trueman B. Information quality and the valuation of new issues ［J］. Journal of Accounting & Economics, 1986, 8 （86）: 159 – 172.

［291］Tornikoski E T, Newbert S L. Exploring the Determinants of Organizational Emergence: A Legitimacy Perspective ［J］. Journal of Business Venturing, 2013, 22 （2）: 311 – 335.

［292］Tost L P. An integrative model of legitimacy judgments ［J］. Academy of Management Review, 2011, 36 （4）: 686 – 710.

［293］Trueman B. Why do managers voluntarily release earnings forecasts? ［J］. Journal of Accounting & Economics, 1986, 8 （86）: 53 – 71.

［294］Uberbacher F. Legitimation of New Ventures: A Review and Research Programme ［J］. Journal of Management Studies, 2014, 51 （4）: 667 – 698.

［295］Ueda M. Banks versus Venture Capital: Project Evaluation, Screening, and Expropriation [J]. The Journal of Finance, 2004, 59 (2): 601 –621.

[296] Vanacker T R, Manigart S. Pecking order and debt capacity considerations for high – growth companies seeking financing. Small Business Economics, 2010, 35 (1): 53 –69.

[297] Verrecchia R E, Weber J. Redacted Disclosure [J]. Journal of Accounting Research, 2006, 44 (4): 791 –814.

[298] Wade J B, Porac J F, Pollock T G, et al. The Burden of Celebrity: the Impact of Ceo Certification Contests on Ceo Pay and Performance [J]. Academy of Management Journal, 2006, 49 (4): 643 –660.

[299] Wagenhofer A. Voluntary disclosure with a strategic opponent [J]. Journal of Accounting and Economics, 1990, 12 (4): 341 –663.

[300] Wang C K, Wang K, Lu Q. Effects of venture capitalists' participation in listed companies [J]. Journal of Banking & Finance, 2003, 27 (10): 2015 – 2034.

[301] Weber M. Economy and society: An outline of interpretive sociology [M]. Univ of California Press, 1978.

[302] Weber, K., Heinze, K. L. and Desoucey, M. Forage for thought: mobilizing codes in the movement for grass-fed meat and dairy products. Administrative Science Quarterly, 2008, 53: 529 –567.

[303] Weber, M., The Protestant Ethic and the Spirit of Capitalism, Scribners, New York, 1958.

[304] Weiss D, Falk H, Ben Zion U. Earnings Variability and Disclosure of R&D: Evidence from Press Releases [J]. Accounting and Finance, 2013, 53 (3): 837 –865.

[305] Wry T, Lounsbury M and Glynn M A. Legitimating nascent collective identities: coordinating cultural entrepreneurship. Organization Science, 2011, 22: 449 –463.

[306] Xu B. R&D Progress, stock price volatility, and post-announcement drift: An empirical investigation into biotech firms [J]. Review of Quantitative Finance and Accounting, 2006, 26 (4): 391 –408.

［307］Yao L, Rao Y. IPRs Protection Measure and Regional Differences in China ［J］. International Business Research, 2009, 2 （3）: 108 – 112.

［308］Zhao R. Relative value relevance of R&D reporting: An international comparison ［J］. Journal of international financial management & accounting, 2002, 13 （2）: 153 – 174.

［309］Zimmerman M A, Zeitz G J. Beyond Survival: Achieving New Venture Growth by Building Legitimacy ［J］. Academy of Management Review, 2002, 27 （3）: 414 – 431.

［310］Zott C, Huy Q N. How Entrepreneurs Use Symbolic Management to Acquire Resources ［J］. Administrative Science Quarterly, 2007, 52 （1）: 70 – 105.